职业教育汽车类专业理实一体化教材
职业教育改革创新教材

# 汽车底盘构造与维修

## 第2版

主　编　胡　胜　徐　炬　张体龙
副主编　王小京　李　凯　牛　伟
参　编　刘林威　刘崇赫　张显芳　马亚男
　　　　徐秋莹　张力元　卢　亮
主　审　张志强　谢云峰

机械工业出版社

本书根据教育部职业院校汽车运用与维修专业教学指导方案、依据汽车专业领域1+X职业技能等级证书标准，在保持第1版风格和特色的基础上修订而成。

本书主要内容包括汽车底盘总体认知、汽车传动系统拆装与维修、汽车行驶系统拆装与维修、汽车转向系统拆装与维修和汽车制动系统拆装与维修五个项目。

本书配套教学资源丰富，配有电子课件、电子教案、工作页、相关动画视频和习题答案。另外，用手机扫描书中二维码便可观看相关视频与动画。

本书可作为职业院校汽车类专业教材，也可作为汽车专业领域1+X职业技能等级证书培训用书，还可作为对口升高职的考试用书。

## 图书在版编目（CIP）数据

汽车底盘构造与维修/胡胜，徐炬，张体龙主编. —2版. —北京：机械工业出版社，2022.8（2024.8重印）
职业教育汽车类专业理实一体化教材　职业教育改革创新教材
ISBN 978-7-111-70842-1

Ⅰ.①汽… Ⅱ.①胡…②徐…③张… Ⅲ.①汽车-底盘-结构-职业教育-教材②汽车-底盘-车辆修理-职业教育-教材 Ⅳ.①U472.41

中国版本图书馆CIP数据核字（2022）第088311号

机械工业出版社（北京市百万庄大街22号　邮政编码100037）
策划编辑：于志伟　　　　　　责任编辑：于志伟　葛晓慧
责任校对：张晓蓉　王　延　封面设计：鞠　杨
责任印制：邓　博
北京盛通印刷股份有限公司印刷
2024年8月第2版第7次印刷
184mm×260mm·14印张·388千字
标准书号：ISBN 978-7-111-70842-1
定价：58.00元

电话服务　　　　　　　　　　网络服务
客服电话：010-88361066　　　机　工　官　网：www.cmpbook.com
　　　　　010-88379833　　　机　工　官　博：weibo.com/cmp1952
　　　　　010-68326294　　　金　书　网：www.golden-book.com
封底无防伪标均为盗版　　　　机工教育服务网：www.cmpedu.com

# 前　言

本书第 1 版自 2018 年出版以来，受到了广大职业院校师生一致的认可与好评。为了适应职业教育发展的新变化与新需要，在保持第 1 版风格和特色的基础上进行修订。

本书特色：

1. 课程思政

"汽车底盘构造与维修"是汽车专业的一门专业核心课程，在书中加入思想政治教育内容，使之有机融入课程中，起到润物细无声的教学效果，从而落实立德树人根本目标。

2. 课证融通

为适应 1 + X 职业技能等级证书考试的需要，将 1 + X 职业技能等级标准有关内容及要求有机融入教材中，推进书证融通、课证融通。

3. 校企双元编写

本书主编有多年汽车维修企业工作经验，既有丰富的理论知识，又有很强的专业实践能力。另外，还聘请企业技术骨干参与教材的编写。

4. 课程资源丰富

本书配套教学资源丰富，配有电子课件、电子教案、工作页、相关动画视频和习题答案。另外，用手机扫描书中二维码便可观看相关视频与动画。

本书学时分配建议如下表：

| 项目 | 内　　容 | 理论学时 | 实训学时 | 项目学时 |
|---|---|---|---|---|
| 一 | 汽车底盘总体认知 | 4 | 7 | 11 |
| 二 | 汽车传动系统拆装与维修 | 20 | 14 | 34 |
| 三 | 汽车行驶系统拆装与维修 | 10 | 4 | 14 |
| 四 | 汽车转向系统拆装与维修 | 5 | 2 | 7 |
| 五 | 汽车制动系统拆装与维修 | 13 | 7 | 20 |
| 总学时 | | | | 86 |

本书由胡胜、徐炬、张体龙担任主编，王小京、李凯、牛伟担任副主编，参加编写的还有刘林威、刘崇赫、张显芳、马亚男、徐秋莹、张力元、卢亮。全书由重庆市九龙坡职业教育中心张志强、谢云峰主审。重庆市金博汽车维修有限公司机电维修技师周海龙为本书的编写提供了大量技术支持，在此表示衷心感谢。

本书的编写参考和引用了很多文献资料及图片，在此向相关作者表示衷心的感谢。

由于编者水平有限，书中难免有错误和不当之处，敬请专家和各位读者批评指正。

编　者

# 目 录

前言

**项目一　汽车底盘总体认知** ............................................. 1
 学习目标 ................................................................. 1
 典型工作任务 ............................................................ 1
 知识准备 ................................................................. 1
 第一课　汽车底盘的发展概况与行驶原理 ........................ 1
 第二课　汽车底盘的总体构造 ...................................... 3
 第三课　汽车底盘维修常用的设备 ................................ 7
 任务实施 ................................................................ 13
 任务一　认识汽车底盘 ............................................. 13
 任务二　举升汽车 ................................................... 14
 任务三　更换备胎 ................................................... 15
 任务四　使用四轮定位仪 ......................................... 16
 巩固与提高 ............................................................ 17

**项目二　汽车传动系统拆装与维修** ................................... 18
 学习目标 ............................................................... 18
 典型工作任务 ......................................................... 18
 知识准备 ............................................................... 18
 第一课　汽车传动系统概述 ...................................... 18
 第二课　汽车离合器 ............................................... 21
 第三课　手动变速器 ............................................... 32
 第四课　万向传动装置 ............................................ 55
 第五课　驱动桥 ..................................................... 61
 任务实施 ............................................................... 73
 任务一　拆装离合器 ............................................... 73
 任务二　调整离合器 ............................................... 73
 任务三　拆装手动变速器 ......................................... 74
 任务四　更换变速器润滑油 ...................................... 75
 任务五　拆装万向传动装置 ...................................... 76
 任务六　拆装驱动桥 ............................................... 76

任务七　更换驱动桥润滑油 …………………………………………………………… 77
　　巩固与提高 …………………………………………………………………………… 78

## 项目三　汽车行驶系统拆装与维修 …………………………………………………… 81

　　学习目标 ……………………………………………………………………………… 81
　　典型工作任务 ………………………………………………………………………… 81
　　知识准备 ……………………………………………………………………………… 81
　　第一课　汽车行驶系统概述 ………………………………………………………… 81
　　第二课　车架 ………………………………………………………………………… 82
　　第三课　车桥 ………………………………………………………………………… 84
　　第四课　车轮和轮胎 ………………………………………………………………… 91
　　第五课　悬架 ………………………………………………………………………… 102
　　任务实施 ……………………………………………………………………………… 110
　　任务一　调整前轮前束 ……………………………………………………………… 110
　　任务二　车轮总成动平衡 …………………………………………………………… 111
　　任务三　拆装轮胎 …………………………………………………………………… 111
　　任务四　轮胎换位 …………………………………………………………………… 112
　　巩固与提高 …………………………………………………………………………… 113

## 项目四　汽车转向系统拆装与维修 …………………………………………………… 115

　　学习目标 ……………………………………………………………………………… 115
　　典型工作任务 ………………………………………………………………………… 115
　　知识准备 ……………………………………………………………………………… 115
　　第一课　汽车转向系统概述 ………………………………………………………… 115
　　第二课　汽车转向操纵机构 ………………………………………………………… 118
　　第三课　转向器 ……………………………………………………………………… 119
　　第四课　转向传动机构 ……………………………………………………………… 121
　　第五课　助力转向系统 ……………………………………………………………… 123
　　任务实施 ……………………………………………………………………………… 128
　　任务一　拆装齿轮齿条式转向器 …………………………………………………… 128
　　任务二　拆装循环球式转向器 ……………………………………………………… 129
　　巩固与提高 …………………………………………………………………………… 129

## 项目五　汽车制动系统拆装与维修 …………………………………………………… 131

　　学习目标 ……………………………………………………………………………… 131
　　典型工作任务 ………………………………………………………………………… 131
　　知识准备 ……………………………………………………………………………… 131
　　第一课　汽车制动系统概述 ………………………………………………………… 131
　　第二课　车轮制动器 ………………………………………………………………… 133
　　第三课　驻车制动器 ………………………………………………………………… 144
　　第四课　制动传动装置 ……………………………………………………………… 147
　　第五课　防抱死制动系统（ABS） ………………………………………………… 164

任务实施 ……………………………………………………………………… 168
　　任务一　拆装盘式车轮制动器并检查 ………………………………… 168
　　任务二　拆装鼓式车轮制动器并检查 ………………………………… 169
　　任务三　调整驻车制动器 ……………………………………………… 170
　　任务四　液压式制动系统排空气 ……………………………………… 171
　　巩固与提高 ……………………………………………………………… 171

**参考文献** ……………………………………………………………………… **174**

**汽车底盘构造与维修工作页**

# 项目一  汽车底盘总体认知

1. 知道汽车底盘发展史。
2. 能描述汽车行驶原理。
3. 能说出汽车底盘的作用及组成。
4. 会使用汽车底盘维修常用的设备。
5. 家国情怀教育和树立正确的价值观。

任务一  认识汽车底盘
任务二  举升汽车
任务三  更换备胎
任务四  使用四轮定位仪

## 第一课  汽车底盘的发展概况与行驶原理

### 一、汽车底盘技术的应用与发展

早期汽车底盘的许多零部件都是从自行车的零部件改进而来的，如钢管构架、滚动轴承、链传动等。世界上第一辆汽车如图1-1所示。汽车底盘技术经历了以下重要事件与阶段：1889年，法国的别儒研制成功齿轮变速器和差速器；1891年，法国首先采用了发动机前置后轮驱动技术；1891年，法国研发成功了摩擦片式离合器；1895年，开始采用充气轮胎；1898年，开始采用密封箱式变速器、万向节传动轴和锥齿轮主减速器；1902年，开始采用流传至今的狄第安后桥半独立悬架，使汽车底盘的发展进入了一个崭新的阶段。20世纪50年代，汽车设计主要考虑人体工程学和汽车外观完美的流线型；20世纪60年代，随着汽车保有量以及汽车行驶速度的增加，交通事故的频发已成为比较严重的社会问题，汽车的设计更加注重制动装置和安全装置；20世纪70年代，能源危机和环境保护是汽车产业面临的重大问题，汽车设计强调轻量化、低油耗和在底盘方面如何减少行驶阻力，此时的汽车以机械控制系统或液压控制系统为主；20世纪80年代，随着电子技术的发展，汽车底盘开始采用许多电子控制技术；当今，汽车底盘引进了微机控制技术，使汽车的安全性、舒适性和环保性大大提高。

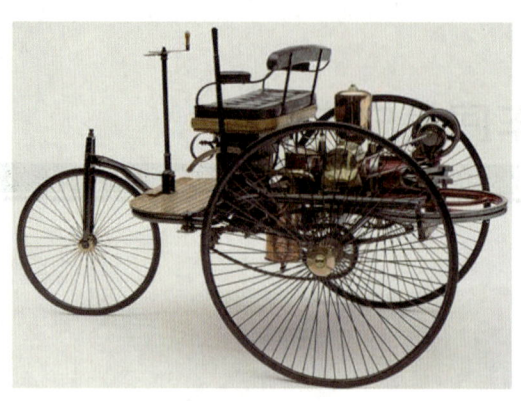

图 1-1　世界上第一辆汽车

目前，在汽车底盘中采用的技术主要有主动悬架、四轮转向、四轮驱动、防抱死制动、牵引控制等。汽车底盘控制技术正向电子化、信息化、网络化、集成化方向发展。

## 二、汽车行驶原理

**1. 汽车行驶阻力**

汽车行驶阻力有滚动阻力、空气阻力、上坡阻力和加速阻力四种。

（1）**滚动阻力**（$F_f$）　滚动阻力主要是由于车轮滚动时路面与轮胎的变形以及车轮轴承内的摩擦所引起的阻力。滚动阻力的大小与轮胎结构、轮胎气压、路面性质及汽车总质量有关。汽车在松软路面上行驶时，滚动阻力主要是由路面变形引起的；汽车在硬路面上行驶时，滚动阻力主要是由轮胎变形引起的。

（2）**空气阻力**（$F_w$）　空气阻力是汽车在行驶时，其表面与空气相摩擦，同时，车身前部受到迎面气体压力及车身后部因空气涡流而产生真空度所引起的阻力，如图 1-2 所示。空气阻力的大小与汽车迎风面积、汽车与空气的相对速度、汽车外廓形状和表面摩擦因数有关，它包括摩擦阻力和压力阻力两大部分。汽车在路面上高速行驶时，主要克服空气阻力。

（3）**上坡阻力**（$F_i$）　上坡阻力是指汽车上坡时，由于汽车重力和坡度所引起的阻力，如图 1-3 所示。上坡阻力的大小与汽车总质量和道路纵向坡度有关。当汽车下坡时，上坡阻力变为汽车行驶的动力。

图 1-2　空气阻力

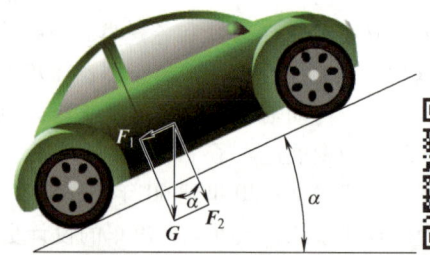

图 1-3　上坡阻力

（4）**加速阻力**（$F_j$）　加速阻力是指汽车在起步和加速时由于惯性所引起的阻力。加速阻力的大小与飞轮的转动惯量、车轮的转动惯量以及传动系统的传动比有关。

汽车行驶的总阻力为

$$F = F_f + F_w + F_i + F_j$$

滚动阻力和空气阻力是在任何行驶条件下均存在的，上坡阻力和加速阻力仅在一定行驶条件下存在，汽车在水平路面上等速行驶时就没有上坡阻力和加速阻力。

**2. 汽车驱动力的产生**

当汽车行驶时，发动机的输出转矩通过传动系统传给驱动轮，使驱动轮得到一个转矩 $M_t$，由于汽车轮胎与地面接触，在转矩的作用下，轮胎边缘接触面上对地面产生一个向后的圆周力 $F_0$，它的方向与汽车的行驶方向相反。根据作用力与反作用力的关系，地面对轮胎边缘施加一个向前的反作用力 $F_t$，其大小与 $F_0$ 相等但方向相反。$F_t$ 为驱动汽车的外力，称为汽车的驱动力（又称牵引力），如图1-4所示。

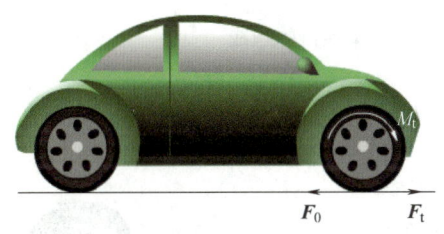

**图1-4　汽车的驱动力**

当 $F_t > F_f + F_w + F_i$ 时，汽车将加速行驶；当 $F_t = F_f + F_w + F_i$ 时，汽车将等速行驶；当 $F_t < F_f + F_w + F_i$ 时，汽车将无法起步。

**3. 附着力**

附着力是指由路面提供的切向反作用力的最大值，其大小取决于轮胎与地面的附着系数和轮胎所受的载荷。通常轮胎的气压越低、车速越慢、使用越野花纹轮胎、干燥水泥或柏油路面以及增加载荷质量等都能使附着力增大。地面切向反作用力不能大于附着力，否则，会发生驱动力滑转，汽车将不能行驶。

驱动力必须不小于各阻力之和且不大于附着力，此为汽车的行驶条件。

##  第二课　汽车底盘的总体构造

### 一、汽车底盘的作用

汽车底盘的作用是支承、安装汽车发动机及其各部件、总成，形成汽车的整体造型，并接收发动机的动力，使汽车产生运动，保证正常行驶。

### 二、汽车底盘的组成

汽车底盘由传动系统、行驶系统、转向系统和制动系统四部分组成，如图1-5所示。

**1. 传动系统**

传动系统的主要作用是将发动机的动力传递给驱动轮，以保证汽车能在不同的使用条件下正常行驶，并具有良好的动力性和燃油经济性。因此，无论是什么形式的传动系统，至少都应具备变速、变向、差速、中断动力四种基本功能。普通传动系统由离合器、变速器、万向传动装置和驱动桥等部分组成，如图1-6所示。

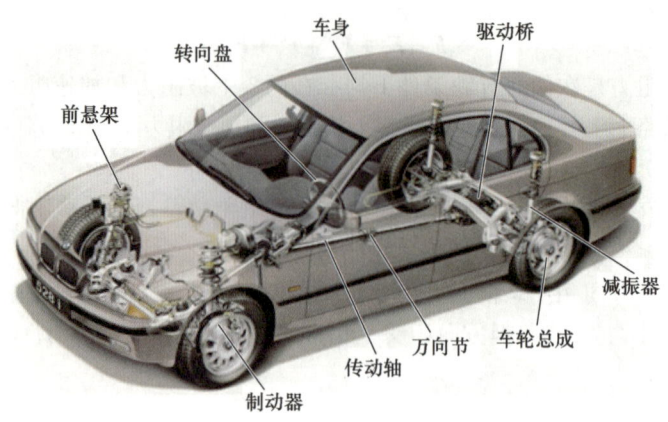

图1-5 汽车底盘的组成

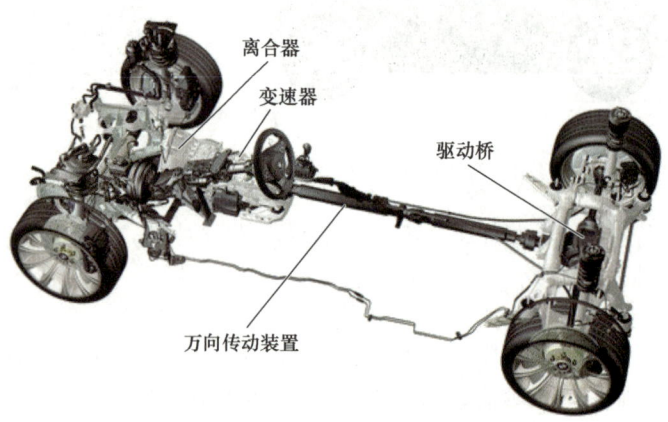

图1-6 传动系统的组成

**2. 行驶系统**

行驶系统的作用是支承汽车的重量,并承受和传递路面作用在车轮上的各种力;接收传动系统传来的转矩并转化为汽车行驶的驱动力;缓和冲击,减少振动,保证汽车平顺行驶。行驶系统一般由车架、车桥、车轮和轮胎和悬架等部分组成,如图1-7所示。

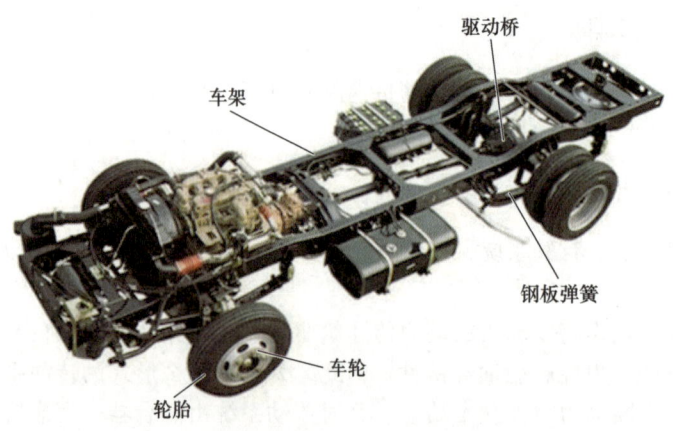

图1-7 行驶系统的组成

## 3. 转向系统

转向系统的作用是按照驾驶人的意愿控制汽车的行驶方向。转向系统结构形式多种多样,但都包括转向操纵机构、转向器和转向传动机构三个基本组成部分,如图1-8所示。

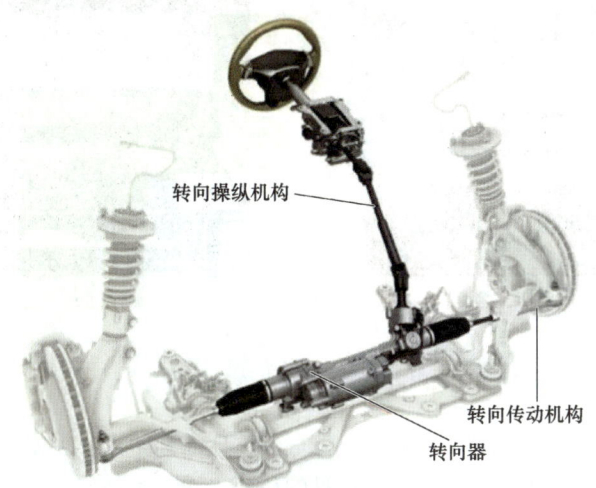

图1-8 转向系统的组成

## 4. 制动系统

制动系统的作用是使行驶中的汽车按照驾驶人的要求进行强制减速或停车;使已停驶的汽车在各种道路条件下(包括在坡道上)稳定驻车;使下坡行驶的汽车速度保持稳定。制动系统一般由行车制动装置和驻车制动装置等部分组成,主要部件包括制动器、制动主缸、真空助力器、驻车制动拉索等,如图1-9所示。

### 三、汽车底盘的性能参数

(1) 车长(mm) 汽车长度方向两极端点间的距离,如图1-10所示。

(2) 轴距(mm) 汽车前轴中心至后轴中心的距离,如图1-10所示。

(3) 前悬(mm) 汽车最前端至前轴中心的距离,如图1-10所示。

(4) 后悬(mm) 汽车最后端至后轴中心的距离,如图1-10所示。

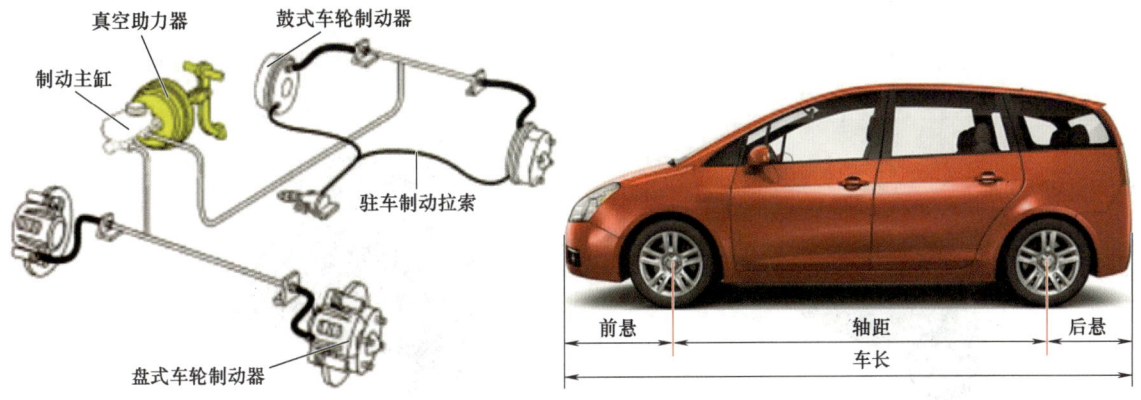

图1-9 制动系统的组成　　　　图1-10 车长、轴距、前悬和后悬

(5) 车高(mm) 汽车最高点至地面间的距离,如图1-11所示。

（6）车宽（mm）　汽车宽度方向两极端点间的距离，如图1-11所示。

（7）轮距（mm）　同一车桥左右轮胎胎面中心线间的距离，如图1-11所示。

图1-11　车高、车宽和轮距

（8）最小离地间隙（mm）　汽车满载时，最低点至地面的距离，如图1-12所示。

（9）最大涉水深度（mm）　指汽车所能通过的最深水域，也是安全深度，如图1-12所示。

（10）接近角（°）　汽车前端突出点向前轮引的切线与地面的夹角，如图1-13所示。

（11）离去角（°）　汽车后端突出点向后轮引的切线与地面的夹角，如图1-13所示。

图1-12　最小离地间隙和最大涉水深度　　　　图1-13　接近角和离去角

（12）最大爬坡度（%）　汽车满载时的最大爬坡能力，以坡度起止点的高度差与其水平距离的比值（正切值）的百分数来表示，如图1-14所示。

（13）最大侧倾角（°）　汽车车身发生倾斜，车本身可以承受的车身平面与地面所达到的最大夹角（大于这个角度即发生翻车），如图1-15所示。

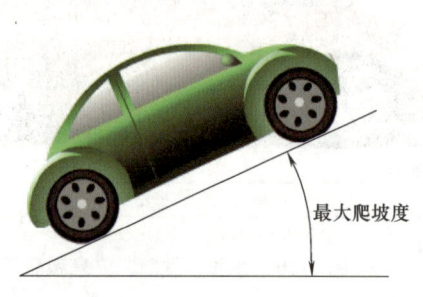

图1-14　最大爬坡度　　　　图1-15　最大侧倾角

项目一　汽车底盘总体认知

## 第三课　汽车底盘维修常用的设备

汽车底盘维修主要使用的设备有举升机、千斤顶、轮胎拆装机、车轮动平衡机和四轮定位仪等。

### 一、举升机

**1. 举升机的认识**

举升机是汽车维修行业用于汽车举升的汽车保护设备。汽车开到举升机工位，通过人工操作可使汽车举升到一定的高度，便于汽车维修。常见的举升机有两柱式举升机、四柱式举升机、剪式举升机和地沟式举升机等，如图1-16所示。举升机在汽车维修及养护中发挥着非常重要的作用，现在的汽修厂都配备了举升机，它是汽车维修厂的必备设备之一。

a) 两柱式举升机　　　　　　　b) 四柱式举升机

c) 剪式举升机　　　　　　　d) 地沟式举升机

图1-16　举升机

**2. 举升机的安全操作规程**

汽车举升机安全操作规程如下：

1）使用前应清除举升机附近妨碍作业的器具及杂物，并检查操作手柄是否正常。
2）操作机构应灵敏有效，液压系统不允许有爬行现象。
3）支车时，四个支角应在同一平面上，调整支角胶垫高度使其接触车辆底盘支撑部位。
4）待举升车辆驶入后，应将举升机支撑块调整移动对正该车型规定的举升点。
5）支车时，车辆不可支得过高，支起后四个托架要锁紧。
6）举升时人员应离开车辆，举升到需要高度时，必须插入保险锁销，并确保安全可靠才可开始车底作业。
7）除低保及小修项目外，其他烦琐笨重作业，不得在举升机上进行。
8）举升机不得频繁起落。
9）支车时举升要稳，降落要慢。
10）有人作业时严禁升降举升机。

11）发现操作机构不灵，电动机不同步、托架不平或液压部分漏油，应及时报修，不得"带病"操作。

12）作业完毕应清除杂物，打扫举升机周围，以保持场地整洁。

13）定期（半年）排除举升机液压缸积水，并检查油量，油量不足应及时加注相同牌号的液压油。同时，应检查、润滑举升机传动齿轮及链条。

> 职场健康与安全：
> 升起汽车前要先看维修手册，找到正确的支撑点，错误的支撑点不仅危险，而且会破坏汽车的结构。

## 二、千斤顶

### 1. 千斤顶的认识

汽车千斤顶是一种最常用、最简单的起重工具，按照其工作原理可分为机械式和液压式两种，如图1-17所示。按照所能顶起的质量可分为3000kg、5000kg和9000kg等多种不同的规格，目前广泛使用的是液压式千斤顶。千斤顶放在汽车的工具箱里面，用于在更换备用轮胎时顶起车身。由于不同车型的车重不同，需要不同承载力的千斤顶来配合换胎。

a) 机械式千斤顶

b) 液压式千斤顶

图1-17 千斤顶

### 2. 千斤顶的使用

千斤顶的安全使用规程如下：

1）将车辆固定好。在用千斤顶将车子举升起来之前，要先将车子固定好，避免车子被举升后不稳，落下来引发事故。

2）做好安全警示措施（野外）。停稳车辆后，不能忽略必要的安全警示措施，要把警示三角牌摆到车后的安全距离。

3）注意固定千斤顶底部。使用千斤顶时，一定要注意地面情况，应该尽量选择适合千斤顶固定的地面进行操作。假如车子处于松软的地面，又没有办法找到坚固平整的路面固定千斤顶，那么可以在千斤顶下面垫上面积大且坚硬的支撑物（如木板、地砖和铁板等），协助千斤顶固定在地面。

4）留意千斤顶的最大承重量。每个千斤顶都有其承重极限，而这个承重极限都会标示在千斤顶的标签上。在使用千斤顶之前，必须了解清楚这个最大承重量。

5）对准车辆底盘支撑点。车辆底盘支撑点指的是汽车底盘大梁部分或加强筋的位置，如图1-18所示。千斤顶的安放位置应该是在车辆底盘支撑点，否则会损伤汽车底盘或千斤顶。

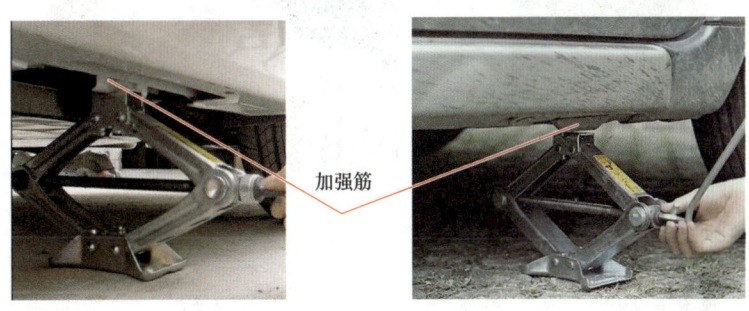

图1-18　加强筋位置

6）在车底放个备胎更安全。将车辆举升起来后，先别急着把轮胎螺母卸下来，做好安全措施才是最重要的事情。换备胎前，建议将备胎放在车底，以防因千斤顶损坏，车辆掉落而伤人。

7）举升操作要稳、要慢。举升操作时用力不能过急、过猛，以免发生安全事故。

### 三、轮胎拆装机

轮胎拆装机，也叫拆胎机、扒胎机，用于安装和拆卸汽车轮胎，可以为汽车、摩托车和重型货车等不同车辆更换轮胎。轮胎拆装机是汽车维修厂和4S店的必备设备，有气动式和液压式两种，最常用的是气动式。轮胎拆装机主要由主机工作台、分离臂和脚踏板组成，如图1-19所示。

1）主机工作台：轮胎主要是在主机工作台上被拆的，主要起到放置轮胎和旋转等作用。

2）分离臂：位于拆轮胎机的一侧，主要是用来将轮胎与轮辋分离，使拆胎顺利进行。

3）脚踏板开关：在轮胎拆装机的下面有3个脚踏板开关，即顺时针逆时针旋转开关、分离夹紧开关、分离轮辋和轮胎开关。

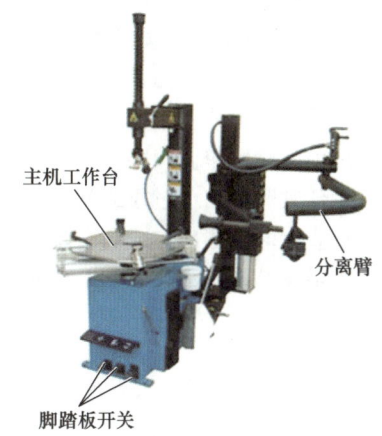

图1-19　轮胎拆装机

### 四、车轮动平衡机

**1. 车轮动平衡机的认识**

（1）车轮的动平衡　汽车的车轮总成是由车轮和轮胎两大部分组成，如图1-20所示。由于制造上的原因，使车轮整体各部分的质量分布不可能非常均匀。当汽车车轮高速旋转起来后，就会形成动不平衡状态，造成车辆在行驶中车轮抖动、转向盘振动的现象。为了避免或者消除这种现象，就要使车轮在动态情况下通过增加配重的方法，使车轮各边缘部分的不平衡得到校正。这个校正的过

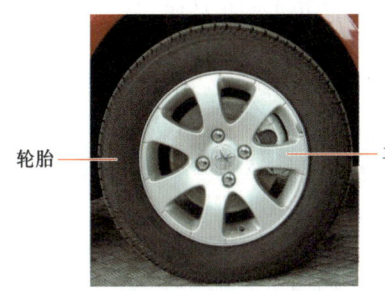

图1-20　车轮总成

程就是动平衡,也就是通常所说的加装平衡块。平衡块是用铅合金做成的,以 g 为单位,有 5g、10g、15g 等。

加装平衡块按位置的不同分为外挂式和内贴式两种,如图 1-21 所示。外挂式不美观,但是方便安装,内贴式较为美观。

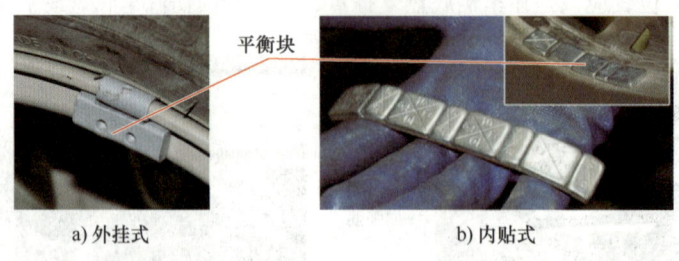

a) 外挂式　　　　　　b) 内贴式

图 1-21　平衡块的位置

(2) 车轮动平衡机的原理　车轮动平衡机是测量旋转件(转子)不平衡量大小和位置的设备,如图 1-22 所示。任何旋转件在围绕其轴线旋转时,由于相对轴线的质量分布不均匀,而产生离心力,它是造成设备振动及噪声的原因。车轮动平衡机通过传感器来测量离心力的大小或离心力造成的振动位移、速度、加速度,以及测出不平衡量的位置相位。

**2. 车轮需要做动平衡的情况**

车轮需要做动平衡的情况如下:
1) 更换新胎或发生碰撞事故维修后。
2) 前后轮胎单侧偏磨。
3) 驾驶时转向盘过重或飘浮发抖。
4) 直行时汽车向左或向右跑偏。
5) 虽无以上状况,但出于维护目的,建议新车在驾驶 3 个月后做一次,以后每半年或 10000km 做一次。

图 1-22　车轮动平衡机

### 五、四轮定位仪

**1. 四轮定位仪的认识**

汽车四轮定位仪是用于检测汽车车轮定位参数,并与原厂设计参数进行对比,指导使用者对车轮定位参数进行相应调整,使其符合原设计要求,以达到理想的汽车行驶性能,即操纵轻便、行驶稳定可靠、减少轮胎偏磨损的精密测量仪器。

四轮定位分为前轮定位和后轮定位,前轮定位包括主销后倾角、主销内倾角、前轮外倾角和前轮前束 4 个内容,后轮定位包括车轮外倾角和后轮前束。一般情况下,新车驾驶 3 个月后,就应做四轮定位,之后每行驶 10000km,就应轮胎换位,如果发生碰撞,应及时做四轮定位。

特斯拉 3D 四轮定位仪如图 1-23 所示,它采用 3D 视觉技术和空间姿态运算模型,动态跟踪目标盘进行三维姿态数据采集,通过对这些海量的姿态数据进行科学分析,真实还

图 1-23　特斯拉 3D 四轮定位仪

原车轮的精确姿态数据,得到需要的车辆参数,依据得到的车辆数据进行分析和调整。

**2. 四轮定位仪的使用**

四轮定位仪的使用步骤如下:

1)将汽车开到四轮定位工位上,如图1-24所示。
2)安装后轮轮胎防滑器,如图1-25所示。

图1-24　将汽车开到四轮定位工位上

图1-25　安装后轮轮胎防滑器

3)举升汽车到方便操作的高度,如图1-26所示。
4)安装靶标,如图1-27所示。

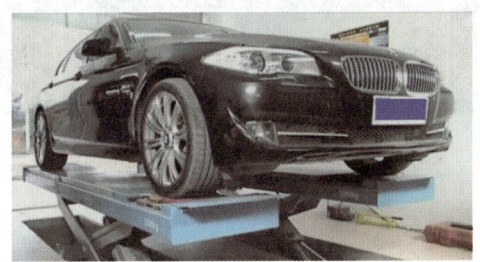

图1-26　举升汽车到方便操作的高度

图1-27　安装靶标

**职场健康与安全:**

尽可能保证夹具垂直。

5)将转向盘方向固定在水平位置,如图1-28所示。
6)开机进入"TSL"操作系统,检查靶标是否在相机视野范围内,如图1-29所示。

图1-28　将转向盘方向固定在水平位置

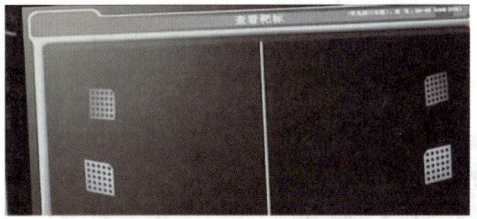

图1-29　检查靶标是否在相机视野范围内

7)输入车辆信息——选择车型,如图1-30所示。
8)检查轮胎气压,如图1-31所示。

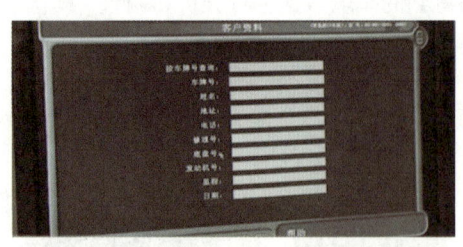 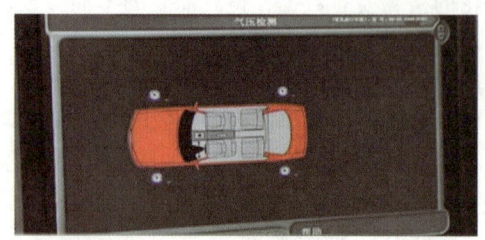

图 1-30　输入车辆信息——选择车型　　　　图 1-31　检查轮胎气压

9）拿掉防滑垫，按指示灯或 ECU 引导向后推车，出现"STOP"后推车停止，如图 1-32 所示。

10）按指示灯或 ECU 引导向前推车，出现"STOP"后停止推车。

11）按"零"键进入主销角度测量，如图 1-33 所示。

 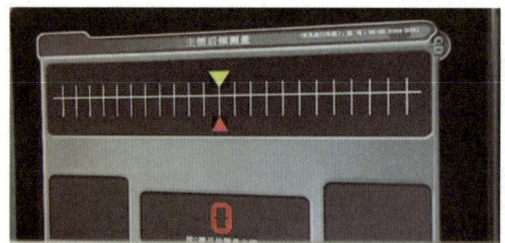

图 1-32　向后推车，出现"STOP"后停止推车　　　图 1-33　按"零"键进入主销角度测量

12）拔掉转盘插销，移开过渡板，如图 1-34 所示。

13）按指示灯或 ECU 的引导转动方向，如图 1-35 所示。

图 1-34　拔掉转盘插销，移开过渡板　　　图 1-35　按指示灯或 ECU 的引导转动方向

14）程序自动进入"测量结果"界面，如图 1-36 所示。

15）按下一步，程序进入"后轮调整"界面，如图 1-37 所示。

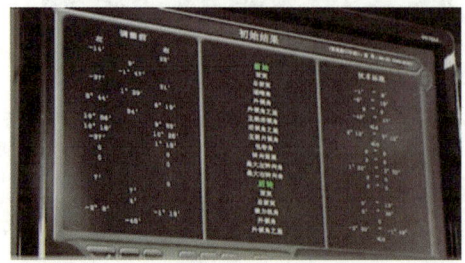 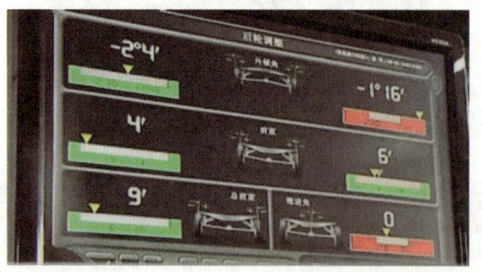

图 1-36　程序自动进入"测量结果"界面　　　图 1-37　程序进入"后轮调整"界面

项目一　汽车底盘总体认知

16）按下一步，程序进入"前轮调整"界面，如图1-38所示。
17）按下一步，程序进入调整后数据报表，如图1-39所示。

图1-38　程序进入"前轮调整"界面

图1-39　程序进入调整后数据报表

18）按保存键保存数据，如图1-40所示。

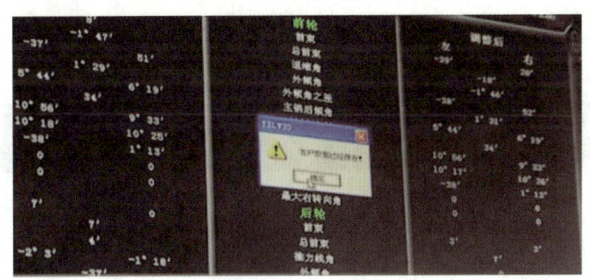

图1-40　按保存键保存数据

## 任务一　认识汽车底盘

**1. 任务目的**

1）知道汽车底盘的作用。
2）能在汽车上指出底盘的四大系统。
3）能积极主动参与任务，能与小组成员团结协作，能执行实训室"6S"规定。

**2. 任务准备**

1）知识准备：完成项目一第二课"汽车底盘的总体构造"的学习。
2）设备准备：汽车、举升机、演示课件（或操作视频）。

**3. 任务步骤**

1）老师演示或播放视频：汽车底盘的总体构造。
2）学生操作观看汽车底盘的总体构造（或老师演示时同步观看），并完成汽车底盘构造与维修工作页相应部分内容的填写。
观看汽车底盘的组成，观看内容包括传动系统、行驶系统、转向系统和制动系统。

**4. 任务评价**

任务评价内容及标准见表1-1。

表1-1 任务评价内容及标准

| 序号 | 项 目 | 操作内容 | 分值 | 评分标准 | 得分 |
|---|---|---|---|---|---|
| 1 | 准备 | 清点工具、清理工位 | 5分 | 酌情扣分 | |
| 2 | 观看 | 传动系统 | 20分 | 识别不当扣1～20分 | |
| | | 行驶系统 | 20分 | 识别不当扣1～20分 | |
| | | 转向系统 | 15分 | 识别不当扣1～15分 | |
| | | 制动系统 | 15分 | 识别不当扣1～15分 | |
| 3 | 完成时间 | 160min | 10分 | 超时1～5min扣1～5分<br>超时5min以上扣10分 | |
| 4 | 安全文明 | 无安全隐患，无不文明操作 | 5分 | 未达标扣1～5分 | |
| 5 | 结束 | 工具清洁归位 | 5分 | 漏一项扣1分，未做扣5分 | |
| | | 工作场地清洁 | 5分 | 清洁不彻底扣1～5分，未做扣5分 | |
| | | 总分 | 100分 | | |

## 任务二　举升汽车

**1. 任务目的**

1）掌握举升机的使用方法。

2）能在老师的指导下举升汽车，练习举升机的使用。

3）能积极主动参与任务，能与小组成员团结协作，能执行实训室"6S"规定。

**2. 任务准备**

1）知识准备：完成项目一第三课"汽车底盘维修常用的设备"的学习。

2）设备准备：汽车、举升机、演示课件（或操作视频）。

**3. 任务步骤**

1）老师演示或播放视频：举升机的使用。

2）学生练习举升机的使用（或老师演示时同步练习），并完成汽车底盘构造与维修工作页相应部分内容的填写。

举升汽车练习，练习内容包括举升汽车和降落汽车两个过程。

**4. 任务评价**

任务评价内容及标准见表1-2。

表1-2 任务评价内容及标准

| 序号 | 项 目 | 操作内容 | 分值 | 评分标准 | 得分 |
|---|---|---|---|---|---|
| 1 | 准备 | 清点工具、清理工位 | 5分 | 酌情扣分 | |
| 2 | 调整 | 支角胶垫接触底盘支撑部位 | 15分 | 操作不当扣1～15分 | |
| 3 | 举升 | 举升汽车 | 10分 | 操作不当扣1～10分 | |
| 4 | 检查 | 检查汽车支撑稳定情况 | 10分 | 操作不当扣1～10分 | |
| 5 | 再次举升 | 再次举升汽车到所需高度 | 10分 | 操作不当扣1～10分 | |
| 6 | 去保险 | 拉出保险锁销 | 15分 | 操作不当扣1～15分 | |
| 7 | 降落 | 降落汽车 | 10分 | 操作不当扣1～10分 | |

项目一　汽车底盘总体认知

（续）

| 序号 | 项　目 | 操作内容 | 分值 | 评分标准 | 得分 |
|---|---|---|---|---|---|
| 8 | 完成时间 | 40min | 10 分 | 超时 1~5min 扣 1~5 分<br>超时 5min 以上扣 10 分 | |
| 9 | 安全文明 | 无安全隐患，无不文明操作 | 5 分 | 未达标扣 1~5 分 | |
| 10 | 结束 | 工具清洁归位 | 5 分 | 漏一项扣 1 分，未做扣 5 分 | |
| | | 工作场地清洁 | 5 分 | 清洁不彻底扣 1~5 分，未做扣 5 分 | |
| | | 总分 | 100 分 | | |

## 任务三　更换备胎

**1. 任务目的**

1）掌握车轮总成的拆装过程。

2）能在老师的指导下更换备胎，练习轮胎套筒和千斤顶的使用。

3）能积极主动参与任务，能与小组成员团结协作，能执行实训室"6S"规定。

**2. 任务准备**

1）知识准备：完成项目一第三课"汽车底盘维修常用的设备"的学习。

2）设备准备：汽车、轮胎套筒、千斤顶、演示课件（或操作视频）。

**3. 任务步骤**

1）老师演示或播放视频：更换备胎。

2）学生练习更换备胎（或老师演示时同步练习），并完成汽车底盘构造与维修工作页相应部分内容的填写。

更换备胎，内容包括拆下旧的轮胎和换上新的轮胎。

**4. 任务评价**

任务评价内容及标准见表 1-3。

表 1-3　任务评价内容及标准

| 序号 | 项　目 | 操作内容 | 分值 | 评分标准 | 得分 |
|---|---|---|---|---|---|
| 1 | 准备 | 清点工具、清理工位 | 5 分 | 酌情扣分 | |
| 2 | 拆卸 | 拧松轮胎所有紧固螺母 | 15 分 | 操作不当扣 1~15 分 | |
| | | 举升汽车，拧下所有紧固螺母，卸下车轮总成 | 15 分 | 操作不当扣 1~15 分 | |
| 3 | 检查 | 检查备胎 | 10 分 | 操作不当扣 1~10 分 | |
| 4 | 安装 | 预紧轮胎所有紧固螺母 | 15 分 | 操作不当扣 1~15 分 | |
| | | 轮胎落地，拧紧轮胎所有紧固螺母 | 15 分 | 操作不当扣 1~15 分 | |
| 5 | 完成时间 | 40min | 10 分 | 超时 1~5min 扣 1~5 分<br>超时 5min 以上扣 10 分 | |
| 6 | 安全文明 | 无安全隐患，无不文明操作 | 5 分 | 未达标扣 1~5 分 | |
| 7 | 结束 | 工具清洁归位 | 5 分 | 漏一项扣 1 分，未做扣 5 分 | |
| | | 工作场地清洁 | 5 分 | 清洁不彻底扣 1~5 分，未做扣 5 分 | |
| | | 总分 | 100 分 | | |

## 任务四 使用四轮定位仪

**1. 任务目的**

1）掌握四轮定位仪的使用方法。

2）能按流程规范使用四轮定位仪。

3）能积极主动参与任务,能与小组成员团结协作,能执行实训室"6S"规定。

**2. 任务准备**

1）知识准备：完成项目一第三课"汽车底盘维修常用的设备"的学习。

2）设备准备：汽车、举升机、四轮定位仪、演示课件（或操作视频）。

**3. 任务步骤**

1）老师演示或播放视频：四轮定位仪的使用。

2）学生练习四轮定位仪的使用（或老师演示时同步练习），并完成汽车底盘构造与维修工作页相应部分内容的填写。

**4. 任务评价**

任务评价内容及标准见表1-4。

表1-4 任务评价内容及标准

| 序号 | 项 目 | 操作内容 | 分值 | 评分标准 | 得分 |
|---|---|---|---|---|---|
| 1 | 准备 | 清点工具、清理工位 | 5分 | 酌情扣分 | |
| 2 | 车辆到位 | 将汽车开到四轮定位工位上 | 5分 | 操作不当扣1~5分 | |
| 3 | 安装 | 安装后轮轮胎防滑器 | 5分 | 操作不当扣1~5分 | |
| 4 | 举升汽车 | 举升汽车到方便操作的高度 | 5分 | 操作不当扣1~5分 | |
| 5 | 安装 | 安装靶标 | 5分 | 操作不当扣1~5分 | |
| 6 | 固定 | 将方向固定在水平位置 | 5分 | 操作不当扣1~5分 | |
| 7 | 开机 | 开机进入"TSL"操作系统 | 10分 | 操作不当扣1~10分 | |
| 8 | 检测前轮 | 检测前轮定位参数 | 15分 | 操作不当扣1~15分 | |
| 9 | 检测后轮 | 检测后轮定位参数 | 15分 | 操作不当扣1~15分 | |
| 10 | 保存 | 保存检测数据 | 5分 | 操作不当扣1~5分 | |
| 11 | 完成时间 | 40min | 10分 | 超时1~5min扣1~5分<br>超时5min以上扣10分 | |
| 12 | 安全文明 | 无安全隐患,无不文明操作 | 5分 | 未达标扣1~5分 | |
| 13 | 结束 | 工具清洁归位 | 5分 | 漏一项扣1分,未做扣5分 | |
| | | 工作场地清洁 | 5分 | 清洁不彻底扣1~5分,未做扣5分 | |
| | | 总分 | 100分 | | |

## 巩固与提高

### 一、填空题
1. 汽车行驶阻力有_____、_____、_____和_____四种。
2. 汽车底盘由_____系统、_____系统、_____系统和_____系统四部分组成。
3. 汽车底盘维修主要设备有_____、千斤顶、轮胎拆装机、_____和四轮定位仪等。

### 二、单项选择题
1. 汽车的牵引力是指(　　)。
   A. 发动机实际输出的转矩　　　　B. 轮胎与地面的附着力
   C. 行驶中的空气阻力　　　　　　D. 路面对轮胎的反作用力
2. 汽车在路面上高速行驶时,主要克服(　　)。
   A. 空气阻力　　B. 加速阻力　　C. 上坡阻力　　D. 滚动阻力
3. 当牵引力大于行驶阻力时,汽车处于(　　)。
   A. 静止　　　　B. 减速　　　　C. 匀速　　　　D. 加速
4. 当前车辆的牵引力为300N,要让车辆匀速行驶,其总阻力为(　　)。
   A. 200N　　　　B. 250N　　　　C. 300N　　　　D. 350N
5. 汽车在平路行驶时,不可能受到的行驶阻力是(　　)。
   A. 空气阻力　　B. 上坡阻力　　C. 加速阻力　　D. 滚动阻力
6. 为使汽车在路面上行驶时不打滑,其附着力必须(　　)牵引力。
   A. 不小于　　　B. 大于　　　　C. 等于　　　　D. 小于

### 三、判断题
1. 滚动阻力是指汽车在起步和加速时由于惯性作用所引起的阻力。(　　)
2. 汽车在水平路面上等速行驶时没有空气阻力。(　　)
3. 滚动阻力和空气阻力是汽车在任何行驶条件下均存在的。(　　)
4. 车宽是指汽车宽度方向除反光镜外两极端点间的距离。(　　)

### 四、简答题
1. 汽车驱动力是如何产生的?
2. 驱动力与附着力有什么关系?

# 项目二 汽车传动系统拆装与维修

## 学习目标

1. 能描述汽车传动系统的动力传递过程。
2. 能按流程规范拆装传动系统主要总成。
3. 能更换变速器和驱动桥润滑油。
4. 民族自豪感、环保意识的培养和诚信教育。

## 典型工作任务

任务一　拆装离合器
任务二　调整离合器
任务三　拆装手动变速器
任务四　更换变速器润滑油
任务五　拆装万向传动装置
任务六　拆装驱动桥
任务七　更换驱动桥润滑油

## 知识准备

### 第一课　汽车传动系统概述

#### 一、汽车传动系统的作用和组成

**1. 汽车传动系统的作用**

汽车传动系统的作用是将发动机产生的动力按照需要传递给驱动轮,并保证汽车正常行驶。

**2. 汽车传动系统的组成**

汽车传动系统以机械式和液力机械式应用最为广泛。普通轿车机械式传动系统的组成和布置示意图,如图 2-1 所示,它由离合器、变速器、万向传动装置(包括传动轴和万向节)和驱动桥(包括主减速器、差速器和半轴)等组成。

使用了自动变速器的车辆没有离合器,取而代之的是液力变矩器。对于四轮驱动的汽车,在变速器与万向传动装置之间还装有分动器,其作用是将发动机的动力分配给前、后驱动桥。

#### 二、传动系统的布置形式

汽车传动系统的布置形式主要与发动机的安装位置及汽车的驱动形式有关。现代轿车一般用4

个车轮,其中只有 2 个驱动轮,其驱动形式可表示为 4×2。越野汽车的 4 个车轮全部为驱动轮,其驱动形式可表示为 4×4。

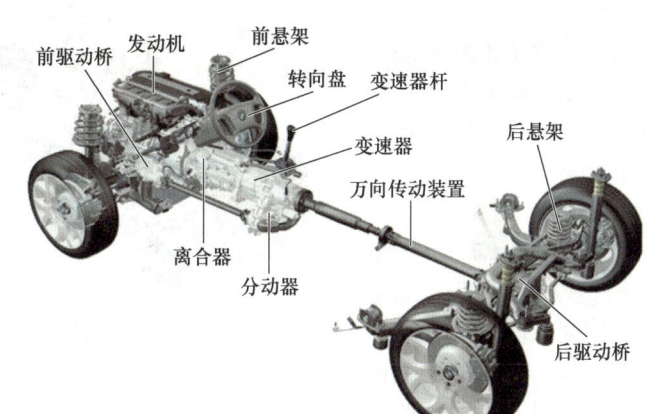

图 2-1 普通轿车机械式传动系统的组成和布置示意图

**1. 发动机前置前轮驱动**

发动机前置前轮驱动简称前置前驱(FF),其变速器、主减速器和差速器制成一体,称为变速驱动桥,它同离合器、发动机一起集中安装在汽车前部。这种布置形式根据发动机安装方向的不同又可分为发动机横置前驱和发动机纵置前驱两种形式,如图 2-2 所示。这种布置形式在重心较低的微型、普通级和中级轿车上广泛采用。

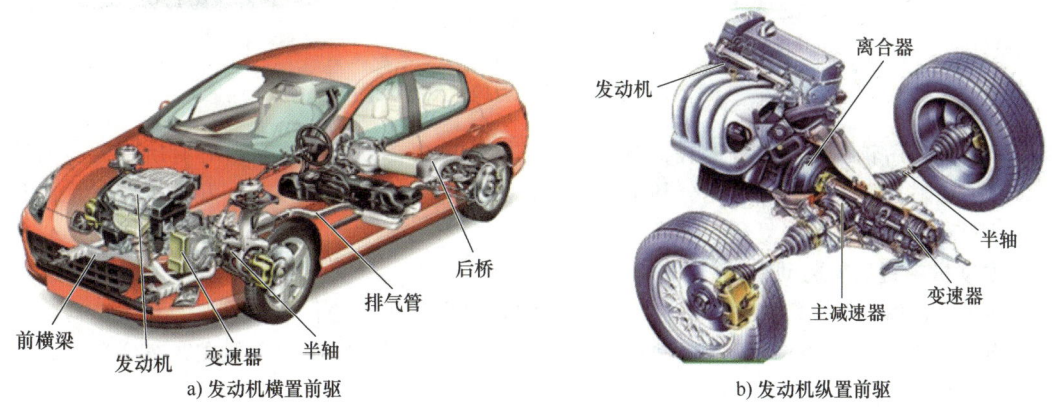

图 2-2 发动机前置前轮驱动示意图

发动机前置前轮驱动具有发动机散热条件好、操纵方便、结构紧凑(省去了很长的传动轴)、雨雪天气易于保证方向的稳定性等优点。但上坡时前轮附着力减小而使操纵稳定性变坏,下坡制动时前轮载荷过重,高速时易发生翻车现象。发动机前置前轮驱动,前轮既要提供驱动力,又要提供转向时必需的横向力,最容易产生转向不足的现象。

**2. 发动机前置后轮驱动**

发动机前置后轮驱动简称前置后驱(FR),它是将发动机、离合器和变速器连成一个整体安装在汽车前部,而由主减速器、差速器和半轴组成的驱动桥则安装在汽车后部,两者之间通过万向传动装置相连,如图 2-3 所示。这种布置形式主要为载货汽车所广泛采用,部分客车以及中高级轿车也常采用。

发动机前置后轮驱动的布置形式，发动机散热条件好，便于驾驶人直接操纵发动机、离合器和变速器，因而操纵机构简单，维修方便，且后轮驱动的附着力大，容易获得足够的驱动力。发动机前置后轮驱动，由于驱动轮变成了后轮，在高速转弯时，容易产生转向过度，甚至产生180°的原地掉头。

### 3. 发动机后置后轮驱动

发动机后置后轮驱动简称后置后驱（RR），其变速器、主减速器和差速器制成一体，称为变速驱动桥，它同离合器、发动机一起集中安装在汽车后部。这种布置形式多应用在大型客车上，某些跑车也采用，如图2-4所示。

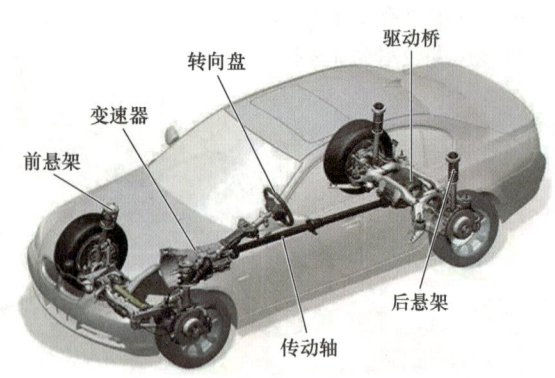

图2-3　发动机前置后轮驱动示意图

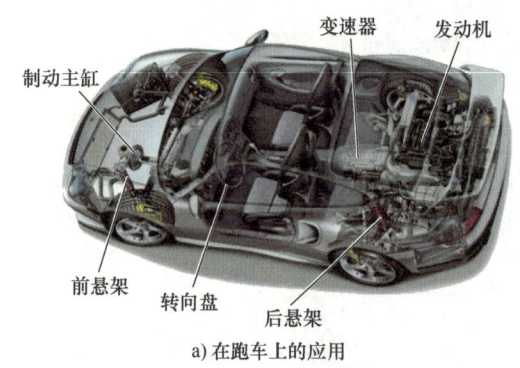

a) 在跑车上的应用

b) 在大型客车上的应用

图2-4　发动机后置后轮驱动示意图

发动机后置后轮驱动的布置形式，传动系统结构紧凑，传动效率高，重心有所降低，前轮不易过载，后轮附着力大，并能更充分利用车厢面积。但发动机散热条件差，发动机、离合器和变速器的远距离操纵机构变得复杂，维修调整不便。

### 4. 发动机中置后轮驱动

发动机中置后轮驱动简称中置后驱（MR），它是将发动机布置在汽车后部，与差速器和手动变速器连成一体，后轮为驱动轮。这种布置形式为大多数运动型轿车和方程式赛车所采用，某些大、中型客车也采用，如图2-5所示。

发动机中置后轮驱动的布置形式，能实现前后轴载荷理想的分配，具有优异的转向特性，起步和加速性能较好。但车内空间狭小，实用性较差。

### 5. 发动机前置四轮驱动

发动机前置四轮驱动简称四驱（英文缩写为4WD），其前桥既是转向桥，也是驱动桥。为了将发动机的动力分配给前、后驱动桥，在变速器与万向传动装置之间装有分动器，如图2-6所示。这种布置形式为越野车和部分工程车辆所广泛采用，一些高档轿车也有应用。

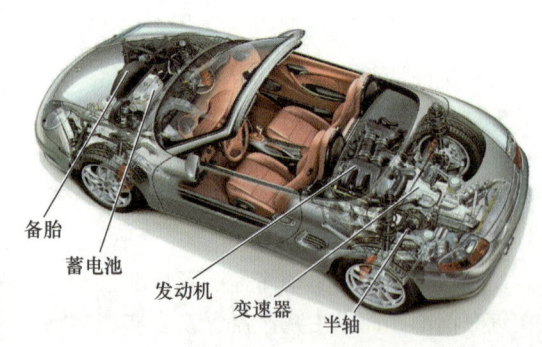

图2-5　发动机中置后轮驱动示意图

项目二　汽车传动系统拆装与维修

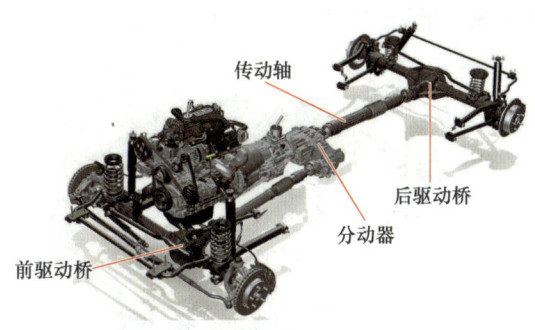

图 2-6　发动机前置四轮驱动示意图

 第二课　汽车离合器

### 一、汽车离合器的安装位置

汽车离合器安装在发动机与变速器之间，如图 2-7 所示，是汽车传动系统中直接与发动机相联系的总成，用来实现发动机与变速器之间的动力传递。

图 2-7　离合器安装位置示意图

### 二、汽车离合器的作用

汽车离合器的作用是：储存发动机的能量；传递发动机的转矩；保证汽车平稳起步；保证变速器换档平顺；防止传动系统过载。

### 三、汽车离合器的类型

1）按从动盘的数目不同可分为单片式、双片式和多片式。
2）按压紧弹簧的形式和布置形式不同可分为膜片弹簧式、周布弹簧式和中央弹簧式。
3）按操纵机构不同可分为机械式（杠杆式和绳索式）、液压式和空气助力式等。

### 四、汽车离合器结构及工作原理

**1. 膜片弹簧离合器的结构及工作原理**

（1）膜片弹簧　膜片弹簧由薄弹簧钢板冲压而成，不受力时自由形状为锥形，类似一个碟子，如图 2-8 所示。它的中心部分两个切槽之间的钢板形成一个弹性杠杆，既是压紧弹簧又是分离杠杆。

膜片弹簧两侧有钢丝支承圈，借铆钉将其安装在离合器盖上，如图2-9所示。

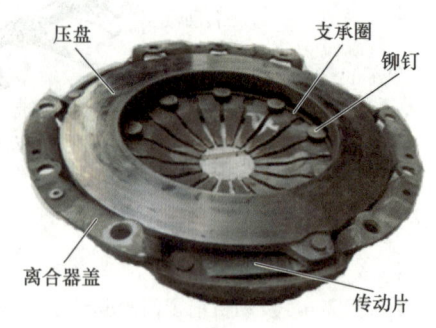

图2-8 膜片弹簧　　　图2-9 膜片弹簧安装位置示意图

离合器盖未固定到飞轮上时，离合器盖与飞轮之间有一个距离$s$，膜片弹簧不受力，处于自由状态，如图2-10a所示。当离合器盖用螺栓固定于飞轮上时，从动盘与压盘迫使膜片弹簧以右侧支承圈为支点发生弹性变形，使膜片弹簧外端对压盘与传动片产生压紧力，使离合器接合，如图2-10b所示。

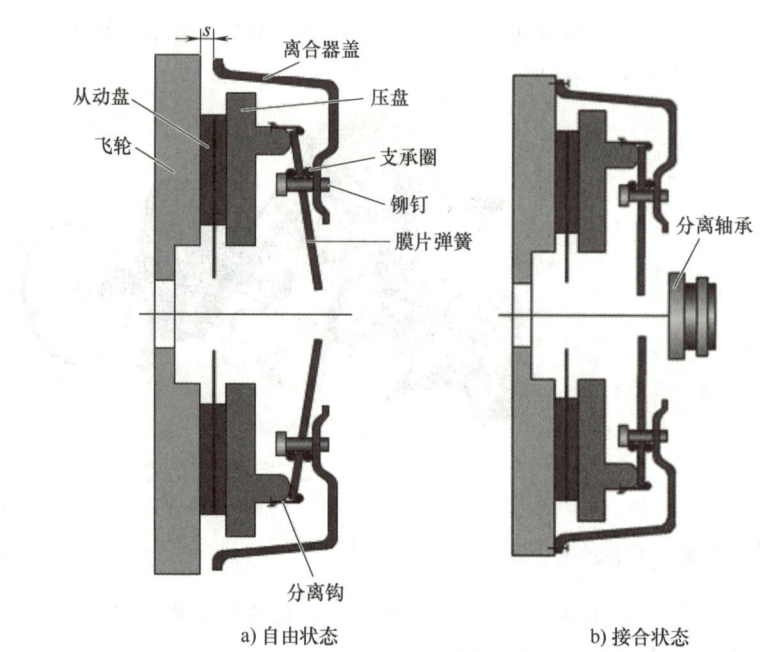

a) 自由状态　　　b) 接合状态

图2-10 膜片弹簧离合器安装过程示意图

（2）从动盘　从动盘结构如图2-11所示，主要由两块摩擦片，从动盘本体及与之铆接的波形弹簧片和扭转减振器四部分组成。扭转减振器的主要作用是防止传动系与发动机发生共振以及缓和冲击。

（3）膜片弹簧离合器总体构造　膜片弹簧离合器主要由主动部分、从动部分、压紧机构和操纵机构四部分组成，其结构分解图如图2-12所示。

1）主动部分：主动部分包括飞轮、压盘和离合器盖。主动部分无论离合器处于接合状态还是分离状态，均随发动机一起旋转。

2）从动部分：从动部分为从动盘，即离合器片。从动盘位于飞轮与压盘之间，从动盘毂内孔的花键与从动轴（变速器输入轴）上的花键联结，并可沿轴做轴向移动。

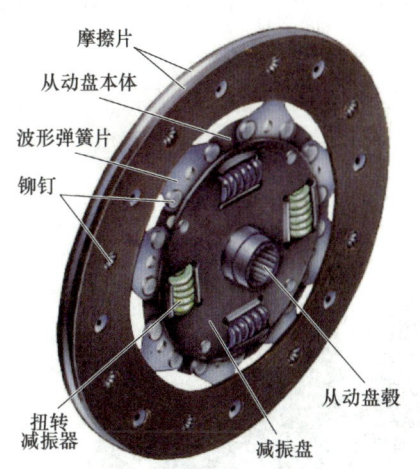
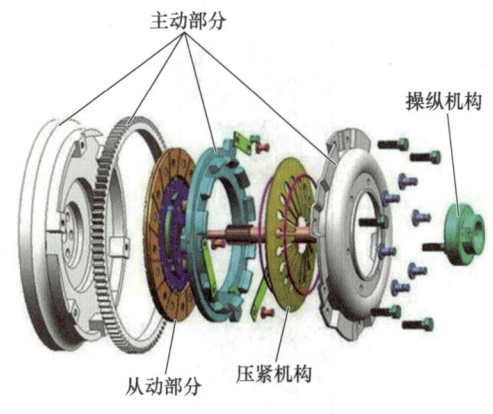

图 2-11　从动盘结构示意图　　图 2-12　膜片弹簧离合器结构分解图

3）压紧机构：主要是指膜片弹簧。
4）操纵机构：主要包括分离套筒、分离轴承、分离拨叉、离合器踏板及调节装置。

分离拨叉中部多支承在离合器盖上，分离轴承与分离套筒套装在变速器输入轴轴承盖的套管上，并可沿其轴向移动，分离轴承又可随膜片弹簧一起转动。

膜片弹簧离合器的结构特点：
① 利用一个膜片弹簧代替了压紧弹簧和分离杠杆，使机构更简单。
② 膜片弹簧工作中的压紧力几乎不受转速影响，并具有高速时压紧力稳定的特点。
③ 膜片与压盘接触面积大，压力分布均匀，压盘不易变形，接合柔和，分离彻底。
④ 结构简单、紧凑，轴向尺寸小，零件少，质量轻，容易平衡。

此种结构工作性能稳定，适用于各种小型货车、乘用车。

**（4）膜片弹簧离合器工作原理**

1）分离过程。当踩下离合器踏板时，分离轴承左移，推动膜片弹簧内侧左移，迫使膜片弹簧以右侧支承圈为支点进一步变形，于是其外端右移，通过分离钩向右拉动压盘，解除了飞轮和压盘对摩擦片的压紧力，从动盘不再随主动部分一起旋转，切断了发动机的动力传递，离合器处于分离状态，如图2-13所示。

2）接合过程。当需要恢复动力传递时，缓慢抬起离合器踏板，分离轴承减少对膜片弹簧内端的压力，压盘便在膜片弹簧作用下逐渐压紧从动盘，并使所传递的转矩逐渐增大，如图2-10b所示。当所能传递的转矩小于汽车起步阻力时汽车不动，从动盘不转；当所能传递的转矩达到足以克服汽车开始起步的阻力时，从动盘开始旋转，汽车开始移动，但从动盘的转速仍低于飞轮的转速，即摩擦面间存在打滑现象。随着压紧力的不断增加和汽车的不断加速，主、从动部分的转速差逐渐减小，直到转速相等打滑现象消失，离合器完全接合为止，接合过程结束。

**2. 周布弹簧离合器的结构及工作原理**

**（1）周布弹簧离合器的压紧弹簧**　周布弹簧离合器的压紧弹簧，如图2-14所示。压紧弹簧位于离合器盖和压盘之间，沿压盘周向对称布置，靠弹簧的压紧力将压盘压向飞轮，并将从动盘夹在中间，使离合器处于接合状态。

**（2）周布弹簧离合器总体构造**　周布弹簧离合器总体构造，如图2-15所示。离合器盖和压盘之间通过多组传动片连接在一起，传动片用弹簧钢片制成，每组两片，其一端用铆钉铆在离合器盖上，另一端则用螺钉紧固在压盘上。离合器盖用螺钉固定在飞轮上，因此，压盘既可以随飞轮一起旋转，又可以相对于飞轮做轴向移动。

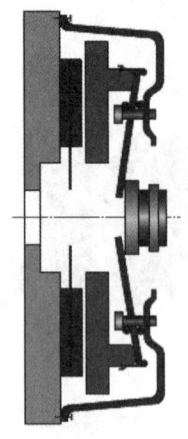

图 2-13　离合器分离状态

图 2-14　周布弹簧离合器的压紧弹簧

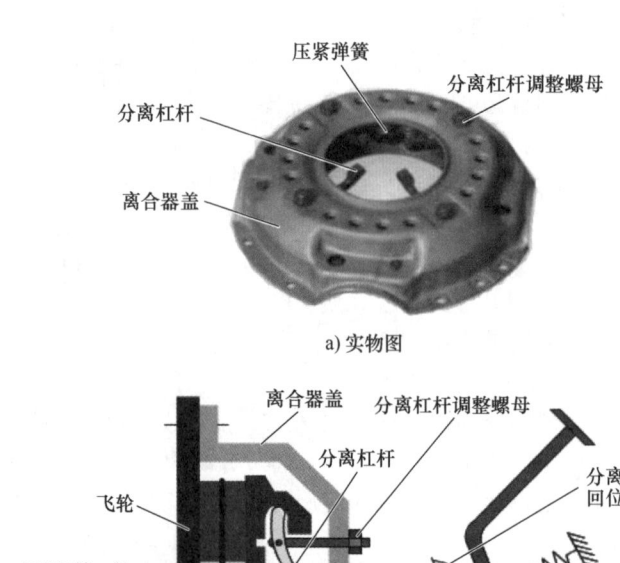

a) 实物图

b) 结构示意图

图 2-15　周布弹簧离合器的总体构造

周布弹簧离合器的结构简单，制造方便。但其弹簧直接与压盘接触，易受热退火。当发动机的转速很高时，周布弹簧将受离心力的作用而严重鼓出，从而影响工作。

（3）周布弹簧离合器工作原理　当在分离杠杆内端施加一个向左的水平推力时，杠杆将绕支点转动，其外端通过摆动支承片推动压盘克服压紧弹簧的弹力而右移，从而撤除对从动盘的压紧力，于是摩擦作用消失，离合器不再传递转矩，即离合器处于分离状态，如图 2-16 所示。

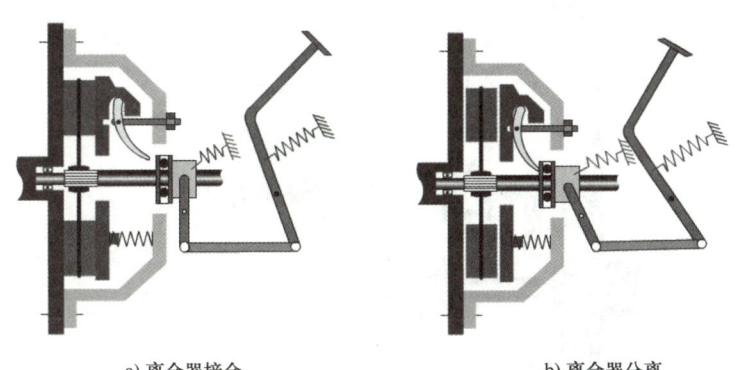

a）离合器接合　　　　　　　　　b）离合器分离

图 2-16　周布弹簧离合器工作原理

### 五、汽车离合器的操纵机构

**1. 机械式操纵机构**

机械式操纵机构通常有杠杆式和绳索式两种。杠杆式操纵机构，如图 2-17 所示，其结构简单，工作可靠，广泛应用于各种汽车上。但杠杆间的铰接多，中间磨损大，当车身和车架发生变形时，影响其正常工作。

绳索式操纵机构，如图 2-18 所示，它可消除杠杆式操纵机构的一些缺点，并采用便于驾驶人操纵的吊挂式踏板，但绳索寿命较短，拉伸刚度较小，故只适用于轻型、微型汽车和轿车。

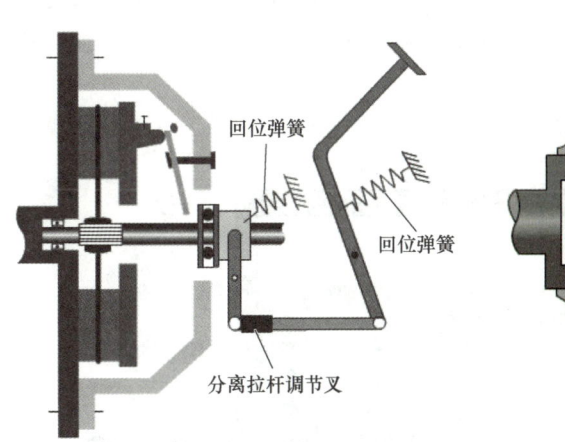
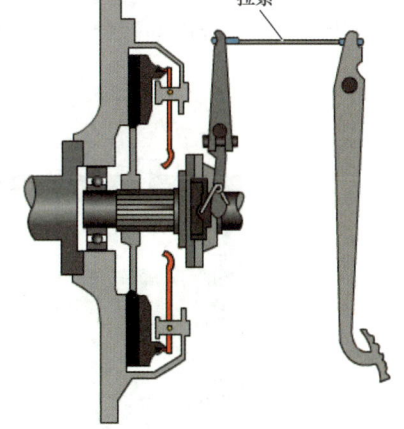

图 2-17　杠杆式操纵机构示意图　　　图 2-18　绳索式操纵机构示意图

**2. 液压式操纵机构**

液压式操纵机构，如图 2-19 所示，具有摩擦阻力小、质量小、操纵轻便、接合柔和、布置方便、不受车身车架变形的影响等优点。另外，由于采用了吊挂式踏板，提高了车身内的密封性，因此应用较为广泛。

离合器主缸的结构,如图 2-20 所示。主缸上部是储油室,补偿孔和进油孔连通主缸储油室。主缸活塞中部较细,与主缸间形成环状油室。活塞前后端分装有主缸皮碗和密封圈。活塞顶部有沿圆周均布的 6 个小孔,回位弹簧将皮碗、活塞垫片压向活塞,盖住 6 个小孔,形成单向阀,并把活塞推向最右位置。此时皮碗和活塞前部环台位于补偿孔和进油孔之间,两孔都开放。

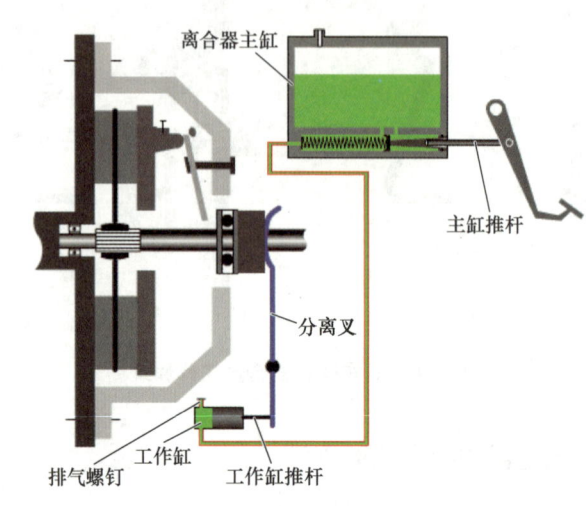

图 2-19 液压式操纵机构示意图

当踏下离合器踏板时,主缸推杆推动主缸活塞左移,当皮碗将补偿孔关闭后,活塞前方油压升高,压力油通过管路到工作缸推动工作缸活塞工作。

当迅速放松踏板时,主缸回位弹簧使活塞较快右移,由于管路中的阻尼作用,油液回流较迟缓,从而在活塞前方会产生一定真空度。这样在活塞前后液压差的作用下,少量油液即从进油孔经环形油室,推开活塞垫片所形成的单向阀,经 6 个小孔和被向前压弯的皮碗周围,流到前方填补真空。当活塞退回原位后补偿孔开放,进入的多余油液便经补偿孔流回储油室。同理,在温度变化引起系统内油液体积变化时,系统内油液便经补偿孔得到适当增减而调节,以保证系统工作的可靠性。

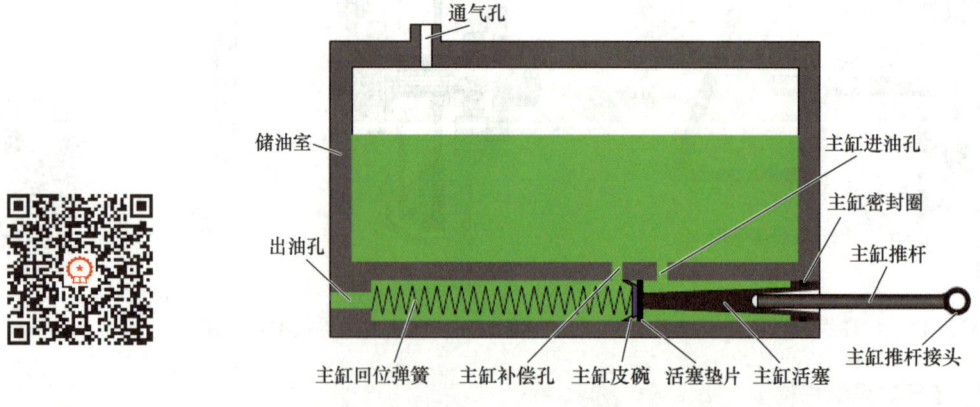

图 2-20 离合器主缸结构示意图

有的汽车已实现制动器制动液与离合器油的共用,如图 2-21 所示。

图 2-21　制动液与离合器油共用

**3. 离合器气压助力式液压操纵机构**

离合器气压助力式液压操纵机构，如图 2-22 所示。它是在具有液压式离合器操纵机构中加上气压助力装置组成的，目的是为了使操纵轻便，改善驾驶人劳动条件。

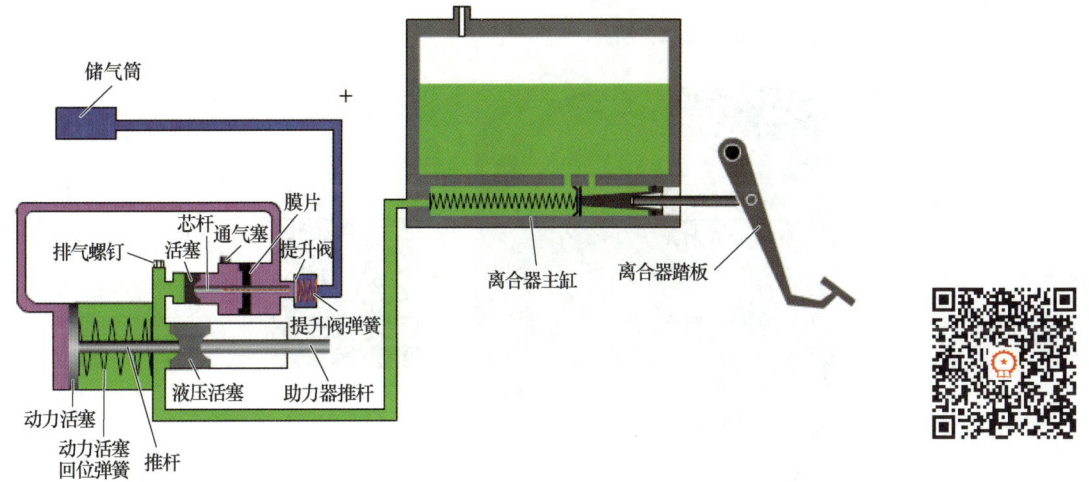

图 2-22　离合器气压助力式液压操纵机构示意图

踩下离合器踏板时，从离合器主缸压出的液压油通过油管进入助力器内腔，随着踏板行程的增加，进入助力器的油量增多，并使油压增高，这时液压油推动活塞和芯杆膜片总成右移，芯杆端部的排气孔被提升阀堵住，并打开提升阀门，这样来自储气筒的压缩空气通过芯杆膜片总成的右腔进入动力活塞的左腔，随着提升阀开启行程增大，压缩空气推动动力活塞、推杆、液压活塞、助力器推杆右移并推动离合器分离叉旋转，使离合器分离轴承向前推动分离杠杆，从而使离合器分离，如图 2-23 所示。

当松开离合器踏板时，油压下降，在压盘弹簧的作用下，反推助力器推杆、液压活塞、推杆和动力活塞，压缩空气使芯杆膜片总成向左移动，提升阀在回位弹簧的作用下关闭，膜片右腔和动力活塞左腔的压缩空气通过芯杆中的排气孔流入膜片左腔，经通气塞排入大气。在助力器推杆的作用下，液压活塞回位，液压油反流入离合器主缸，如图 2-24 所示。

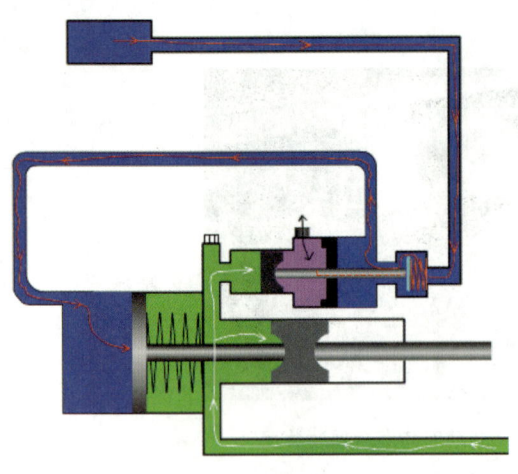

图 2-23　踩下离合器踏板

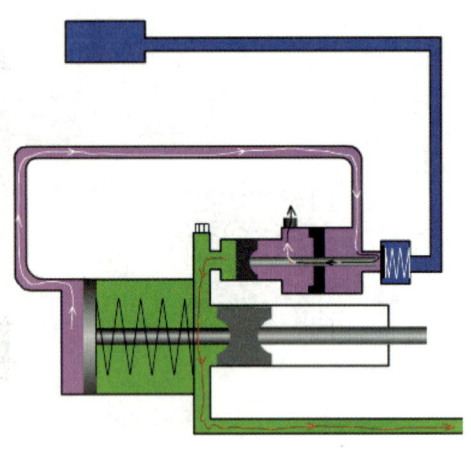

图 2-24　松开离合器踏板

### 六、汽车离合器的拆装及分解

**1. 汽车离合器的拆装**

1）拆卸离合器固定螺栓，如图 2-25 所示。

图 2-25　拆卸离合器固定螺栓

在拆卸离合器固定螺栓前，做好离合器盖与飞轮之间的装配标记，然后交叉对称地拧松离合器盖及压盘总成与飞轮之间的固定螺栓。

2）取下从动盘和离合器盖及压盘总成，如图 2-26 所示。

图 2-26　取下从动盘和离合器盖及压盘总成

3）检查维修。

4）安装离合器。安装离合器盖及压盘总成时，需用导向定位器或对变速器输入轴进行中心定位，使从动盘与压盘同心，以便安装变速器输入轴，如图2-27所示。

图2-27 安装离合器

**职场健康与安全：**

从动盘两面的结构不一样，一面的从动盘毂长，一面的从动盘毂短，如图2-28所示。从动盘的安装具有方向性，以避免从动盘毂的连接长度不足、摩擦片悬空、顶分离轴承等现象，其安装方向因车型而异。

a）从动盘毂短　　　　　b）从动盘毂长

图2-28 从动盘

### 2. 离合器盖及压盘总成的分解

膜片弹簧式离合器的离合器盖及压盘总成主要由铆钉铆接而成，不能分解。此处离合器盖及压盘总成的分解，讲述的是周布弹簧式离合器盖及压盘总成的分解，其分解步骤如下：

1）用螺旋压杆将离合器盖与压盘固定好，拆卸弹簧压紧螺母，如图2-29所示。

2）取下离合器盖，并把取出的零件按顺序放置，然后检查各零件，如图2-30所示。

## 七、汽车离合器的调整与维修

### 1. 离合器的调整

（1）分离杠杆高度的调整　膜片弹簧离合器无此调整内容，周布弹簧离合器才有。分离杠杆高度指的是分离杠杆内端面至离合器从动盘端面的距离。离合器型号不同，该距离值不同，调整部位也不同。调整部位一般在分离杠杆外端、分离杠杆支点和分离杠杆内端，各杠杆内端高度差不大于0.50mm。若分离杠杆高度不一致，在离合器分离和接合过程中，压盘位置会歪斜，致使分离不彻底，并且在汽车起步时会发生颤抖现象。

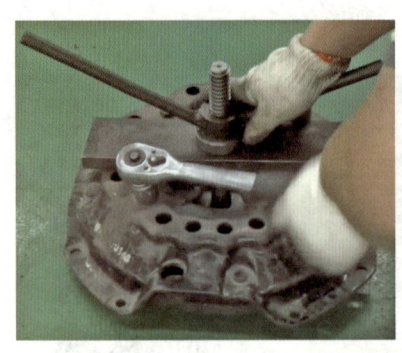
图 2-29　拆卸弹簧压紧螺母

图 2-30　取出各零件并检查

（2）离合器踏板自由行程的调整　当离合器处于正常接合状态下，分离轴承和分离杠杆（或膜片弹簧）内端之间应留有一定量的间隙，以保证摩擦片在正常磨损后仍能处于完全接合状态，如图 2-31 所示。为此，在分离轴承和分离杠杆（或膜片弹簧）内端之间预留一定的间隙，称为离合器的自由间隙，一般为几毫米。

离合器分离时，为消除离合器自由间隙和分离机构、操纵机构零件的磨损及变形所需踩下的踏板行程称为离合器踏板的自由行程，如图 2-32 所示。离合器踏板的自由行程过小将引起离合器打滑，离合器踏板的自由行程过大将引起离合器分离不彻底。

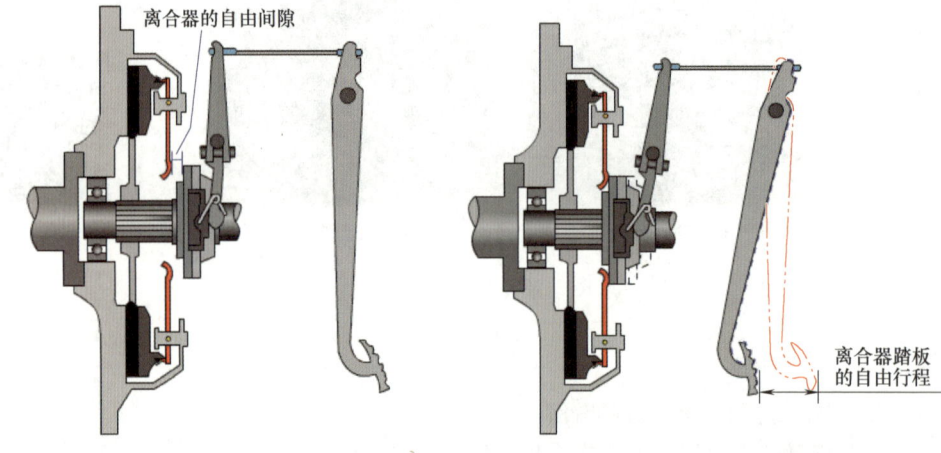

图 2-31　离合器的自由间隙　　　　图 2-32　离合器踏板的自由行程

杠杆式操纵机构离合器踏板自由行程的调整，参考图 2-17 所示。在分离拉杆上调整，缩短拉杆的有效长度，即旋进调整螺母，踏板自由行程减少，反之则增大踏板自由行程。

绳索式操纵机构离合器踏板自由行程的调整，参考图 2-18 所示。在拉索或拉索套端调整，通过改变拉索或拉索套的有效长度调整离合器踏板的自由行程。缩短拉索的有效长度或增加拉索套的有效长度，踏板自由行程减少或增加。

液压式操纵机构离合器踏板自由行程的调整，需要调整主缸推杆和工作缸分离杠杆两项内容，如图 2-19 所示。调整主缸推杆的有效长度，使推杆与主缸活塞在自由状态下留有 1.0mm 左右的间隙，使之不妨碍主缸活塞回位。工作缸分离杠杆的有效长度增加，离合器分离轴承与分离杠杆（或膜片弹簧）内端的距离减少，踏板的自由行程则减少。

## 2. 离合器的维修

**（1）液压式操纵机构离合器排空气**　液压式操纵系统中渗入空气，会使踏板的自由行程异常变大，以致不能操纵离合器。所以液压式操纵系统在更换、添加制动液后，要排出系统中的空气。

排空气的方法是：一人在驾驶室踩住离合器踏板，另外一个人旋松如图 2-33 所示的排气螺钉，放出混有空气的制动液。如此循环，直至排气螺钉处无泡沫状出液时，迅速旋紧排气螺钉。

图 2-33　液压式操纵机构离合器排空气

> **职场健康与安全：**
> 排放空气过程中要注意随时补充制动液，并收集好排放出的制动液，不要污染环境。

**（2）从动盘的维修**　从动盘常见损伤有磨损、烧蚀、开裂、油污、铆钉松动和钢片翘曲变形，其中磨损和烧蚀是主要的损伤形式。从动盘磨损严重、铆钉头埋入深度小于 0.50mm，应更换新件，如图 2-34 所示。

从动盘严重烧蚀、开裂，应更换新件，如图 2-35 所示。

图 2-34　磨损到极限的从动盘　　　　图 2-35　烧蚀的从动盘

从动盘摩擦片有轻微的油污时，可用汽油清洗，然后烘干即可。摩擦片表面轻微硬化和烧蚀，可用砂布打磨。钢片翘曲变形，其外缘轴向圆跳动一般应不超过 0.50～0.80mm，超过规定时可用专用扳手进行找正或更换。

**（3）离合器盖及压盘总成的维修**　离合器盖应平整，无凹陷变形，平面度误差不得大于 0.5mm，否则，应更换新件。

压盘在使用中常见的损伤形式有工作面磨损不均、磨损过甚变薄、产生沟槽、翘曲及发蓝等，如图 2-36 所示。压盘工作面平面度误差不得超过 0.12mm，厚度应不小于标准厚度 2mm。

图 2-36　压盘发蓝

## 第三课　手动变速器

### 一、变速器的作用

**1. 改变传动比**

变速器通过改变传动比，从而改变汽车的行驶速度和汽车驱动轮上转矩的大小，以使汽车适应在各种情况下行驶的要求。

**2. 实现倒车**

变速器在倒档，能在保持发动机原转动方向不变的情况下实现汽车倒车。

**3. 中断动力传递、实现空档**

变速器在空档，不管离合器是处于接合或分离状态，均可中断动力传递，以使发动机能够起动、怠速、滑行，并便于变速器换档或进行动力输出。

### 二、变速器的类型

**1. 变速器按操纵方式不同分**

（1）手动变速器　手动变速器的英文缩写为 MT。驾驶人通过用手操纵变速杆来选定档位，并直接操纵变速器的换档机构进行档位变换，变速杆的每一个位置对应一个档位。如图 2-37 所示为一款 5 速手动变速器的变速杆。

（2）手自一体变速器　手自一体变速器的英文缩写为 AMT。手自一体变速器是在机械变速器原有的基础上改变了手动换档操纵部分，即在总体传动结构不变的情况下通过加装微型计算机控制自动操纵系统来实现换档。图 2-38 所示为一款手自一体变速器的变速杆。

图 2-37　手动变速器变速杆

图 2-38　手自一体变速器变速杆

（3）液力自动变速器 液力自动变速器的英文缩写为AT。液力自动变速器在驾驶室内没有离合器踏板，驾驶人只需操纵方向盘、加速踏板和制动踏板，变速器的控制系统就会根据发动机的负荷信号和车速信号来实现前进档位传动比的自动变化，如图2-39所示为一款自动变速器的变速杆，各档位含义如下：

P位——驻车档，停车时使用。

R位——倒档，倒车时使用。

N位——空档，用于短暂停车时使用。

D位——前进档，这个位置下变速器会在一至五档根据速度和节气门情况自动切换。

"2"——二档，挂此位置时，变速器就在二档上，用于湿滑路面起步，或者慢速前进时作为限制档使用，可避免一和二档以及二和三档间的跳档。

L位——低速档，这个档位时变速器会保持在1档而不升档。

### 2. 变速器按变速方式不同分

（1）有级变速器 采用齿轮传动，具有有限个固定传动比的变速器，称为有级变速器。比如，一个变速器一档传动比是7.31，二档是4.31，三档是2.45，四档是1.54，五档是1，总共只有5个值（即有5级），所以称为有级变速器。根据所采用的齿轮传动机构的不同分为：普通斜齿轮变速器和行星齿轮变速器。通常，手动变速器采用普通斜齿轮，而自动变速器采用行星齿轮。图2-40所示为普通斜齿轮传动手动变速器。

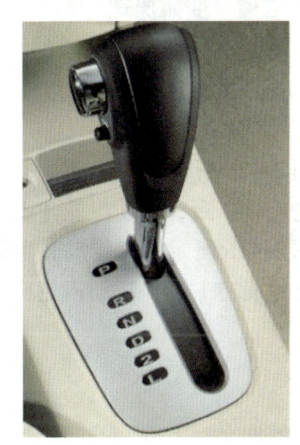

图2-39 液力自动变速器变速杆

（2）无级自动变速器 无级自动变速器的英文缩写为CVT。传动比在一定范围内可按无限级变化的变速器，称为无级变速器。目前的无级变速器一般都是采用金属钢链或金属钢带来传递动力，通过主、从动锥面链轮直径的变化来实现无级变速，如图2-41所示。

图2-40 普通斜齿轮传动手动变速器

图2-41 无级自动变速器

### 3. 变速器按所用轴的数目不同分

（1）两轴式手动变速器 这种结构只适用于传动比不大的轿车变速器，特别是发动机前置前驱或发动机后置后驱的轿车变速器。

（2）三轴式手动变速器 其突出的特点是：在同样的径向尺寸条件下可获得较大的传动比，且可获得直接传动。因此，在载货汽车和部分小型汽车上采用。

**4. 变速器按前进档数的不同分**

变速器按前进档数不同可分为四速手动变速器、五速手动变速器、六速手动变速器等。

### 三、手动变速器的工作原理

**1. 变速、变矩原理**

主动齿轮（即输入轴）的转速 $n_1$ 与从动齿轮（即输出轴）的转速 $n_2$ 之比称为传动比，用字母 $i$ 表示，转速比与其齿数成反比，即

$$i = n_1/n_2 = Z_{从动}/Z_{主动}$$

图2-42a 所示齿轮传动，主动齿轮齿数为10，从动齿轮齿数为20，此时传动比等于2。表示主动齿轮旋转2圈，从动齿轮才旋转1圈，此过程称为齿轮减速传动。

图2-42b 所示齿轮传动，主动齿轮齿数为20，从动齿轮齿数为10，此时传动比等于0.5，表示主动齿轮旋转1圈，从动齿轮旋转2圈，此过程称为齿轮加速传动。

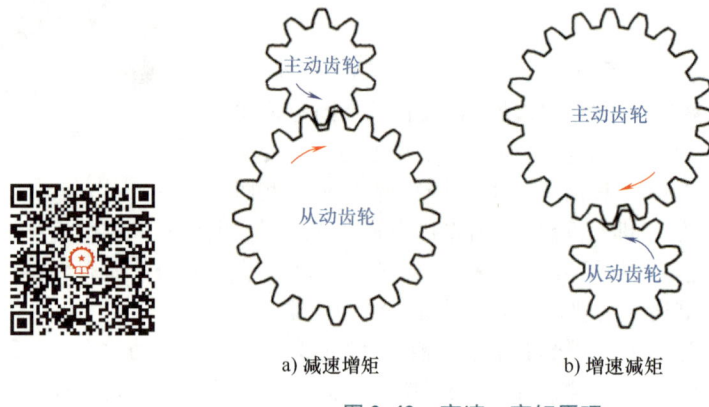

a) 减速增矩　　b) 增速减矩

图2-42　变速、变矩原理

通过改变传动齿轮的齿数多少，从而得到不同的转速，这就是齿轮传动的变速原理。一对齿轮传动只能得到一个固定的传动比，从而得到一种输出转速，并构成一个档位。所谓几档变速器是指其前进档数。

根据齿轮传动的原理，齿轮传动的转矩与其转速成反比。由此可知，手动变速器在改变转速的同时，也改变了输出转矩。档位越低，传动比越大，输出转速越低，则输出转矩越大；反之，档位越高，传动比越小，输出转速越高，则输出转矩越小。手动变速器就是通过变换各档的传动比来改变输出转速和转矩，以适应汽车行驶条件的变化。

**2. 变向原理**

手动变速器采用的是外啮合普通斜齿轮传动，其两个齿轮传动的旋转方向相反。因此，只要改变外啮合齿轮的个数，就可以在不改变发动机曲轴旋转方向的条件下实现汽车的前进或倒车，如图2-43 和图2-44 所示（以发动机前置后驱为例）。

图2-44a 所示的3个齿轮传动，3个齿轮的齿数依次为10、8和20，其总传动比为

$$i = (8/10) \times (20/8) = 2$$

### 四、手动变速器的传动机构

**1. 三轴式手动变速器的传动机构**

三轴式手动变速器有三根主要轴，即第一轴、第二轴和中间轴，另外还有倒档轴。其特点是输入轴和输出轴轴线同心，且都与中间轴和倒档轴平行，传动比的变化范围大，使传动效率提高。

三轴式手动变速器广泛用于发动机前置后轮驱动的汽车上。

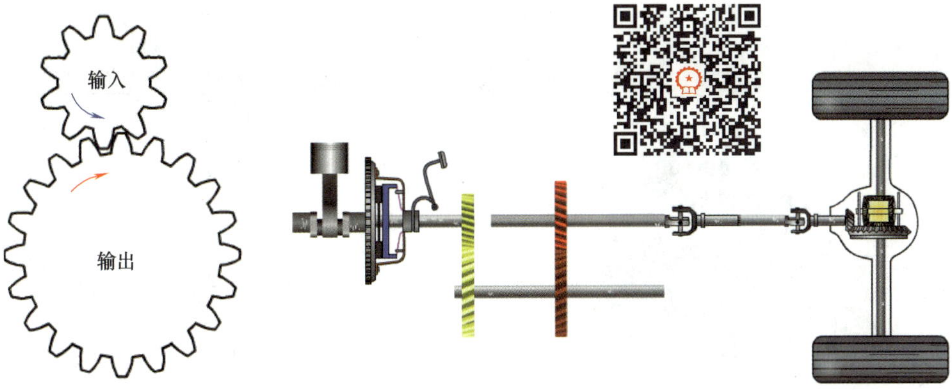

a) 2个齿轮传动　　　　b) 汽车前进动力传递路线示意图

图 2-43　汽车前进

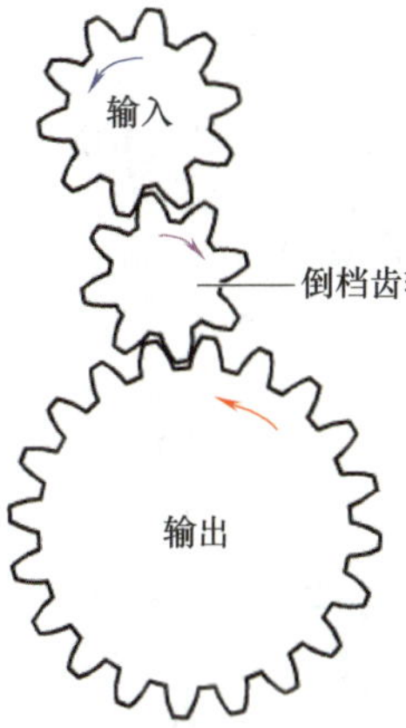

a) 3个齿轮传动

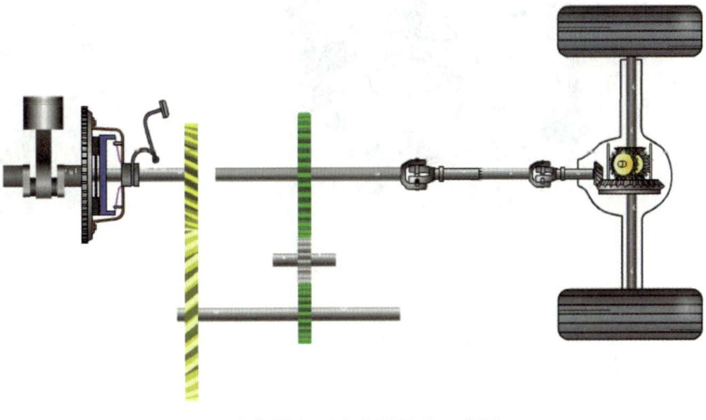

b) 汽车倒车动力传递路线示意图

图 2-44　汽车倒车

（1）**结构分析**　图 2-45b 所示是典型的三轴五速变速器示意图，由变速器壳体和支承轴承、输入轴、输出轴、中间轴和倒档轴及轴上的齿轮组成，具有五个前进档和一个倒档，第五档为直接档，装有两只同步器。

 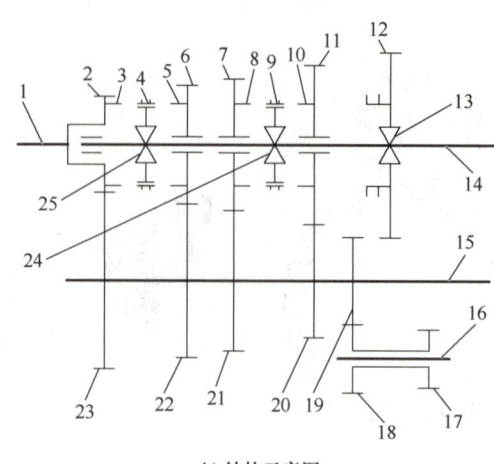

a) 实物图　　　　　　　　　　　b) 结构示意图

图 2-45　三轴五速变速器

1—第一轴　2—第一轴常啮合传动齿轮　3—第一轴齿轮接合齿圈　4—四、五档同步器接合套　5—四档齿轮接合齿圈　6—第二轴四档齿轮　7—第二轴三档齿轮　8—三档齿轮接合齿圈　9—二、三档同步器接合套　10—二档齿轮接合齿圈　11—第二轴二档齿轮　12—第二轴一、倒档滑动齿轮　13—一、倒档滑动齿轮花键毂　14—第二轴　15—中间轴　16—倒档轴　17、18—倒档中间齿轮　19—中间轴一、倒档齿轮　20—中间轴二档齿轮　21—中间轴三档齿轮　22—中间轴四档齿轮　23—中间轴常啮合传动齿轮　24—二、三档同步器花键毂　25—四、五档同步器花键毂

1）变速器壳体。变速器壳体，如图 2-46 所示。壳体材料为灰铸铁，变速器输入轴、输出轴、中间轴、倒档轴相互平行，安装于壳体上。变速器以壳体前端面上的四个螺栓固定于飞轮后端面上，其上开有加油孔和放油孔，变速器齿轮用规定的齿轮润滑油。

图 2-46　变速器壳体

2）输入轴。输入轴的前端由曲轴后端承孔支承，后端由变速器壳体前壁支承。其主动齿轮与轴制成一体，后端短齿为直接档齿圈，如图 2-47 所示。

图 2-47　变速器输入轴

3) 中间轴。中间轴前后由轴承支承在变速器壳体上，有与第一轴齿轮常啮合的齿轮，二、三、四档齿轮分别用半圆键装在轴上，一档和倒档齿轮与轴制成一体，如图2-48所示。

4) 输出轴。输出轴的前端用轴承支承在输入轴的中心孔内，后端用轴承支承在变速器壳体上，如图2-49所示。一档和倒档齿轮可轴向滑动，二、三、四档齿轮分别通过滚针轴承与轴配合，并与中间轴齿轮常啮合，其上均有传力齿圈。前端花键上套有四、五档花键毂，用卡环轴向定位，接合套可以在花键毂上轴向滑动，实现档位转换。在二、三档齿轮之间套装二、三档花键毂，接合套可以在花键毂上轴向滑动，实现换档。

图2-48 变速器中间轴

5) 倒档轴。倒档轴安装在变速器壳体上，两个倒档齿轮制成一体并通过滚针轴承套装在倒档轴上，如图2-50所示。其中一个齿轮与中间轴一、倒档齿轮常啮合，如图2-48所示。

图2-49 变速器输出轴（图中四、五档同步器未安装）

图2-50 倒档齿轮

(2) 各档的动力传递情况

1) 空档。空档时，各同步器的滑套位于中间位置，不传递动力，如图2-51所示。此时，除输出轴上的四、五档同步器、二、三档同步器和一档、倒档滑动齿轮不旋转外，其他都在旋转。

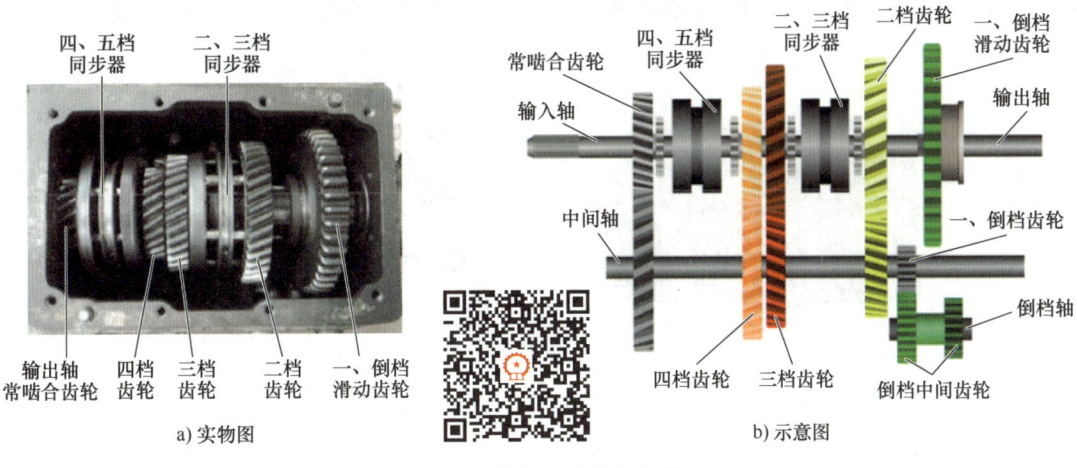

图2-51 空档动力传递路线

2) 一档。在空档位置的基础上操纵变速杆，通过一档、倒档拨叉使输出轴上的一档、倒档滑动齿轮左移与中间轴上的一档、倒档齿轮啮合。一档动力传递路线：输入轴→常啮合齿轮→中间轴→中间轴一档、倒档齿轮→一档、倒档滑动齿轮→一档、倒档滑动齿轮花键毂→输出轴，如图2-52所示。

图 2-52　一档动力传递路线

3）二档。在空档位置的基础上操纵变速杆，通过二、三档拨叉使输出轴上的二、三档同步器接合套右移与输出轴上的二档齿轮接合齿圈啮合。二档动力传递路线：输入轴→常啮合齿轮→中间轴→中间轴二档齿轮→输出轴二档齿轮接合齿圈→二、三档接合套→二、三档花键毂→输出轴，如图 2-53 所示。

图 2-53　二档动力传递路线

4）三档。在空档位置的基础上操纵变速杆，通过二、三档拨叉使输出轴上的二、三档同步器接合套左移与输出轴上的三档齿轮接合齿圈啮合。三档动力传递路线：输入轴→常啮合齿轮→中间轴→中间轴三档齿轮→输出轴三档齿轮接合齿圈→二、三档接合套→二、三档花键毂→输出轴，如图 2-54 所示。

图 2-54　三档动力传递路线

5）四档。在空档位置的基础上操纵变速杆，通过四、五档拨叉使输出轴上的四、五档同步器接合套右移与输出轴上的四档齿轮接合齿圈啮合。四档动力传递路线：输入轴→常啮合齿轮→中间轴→中间轴四档齿轮→输出轴四档齿轮接合齿圈→四、五档接合套→四、五档花键毂→输出轴，如图 2-55 所示。

6）五档。在空档位置的基础上操纵变速杆，通过四、五档拨叉使输出轴上的四、五档同步器接合套左移与输入轴上的常啮合齿轮接合齿圈啮合。五档动力传递路线：输入轴→输入轴常啮合齿轮接合齿圈→四、五档接合套→四、五档花键毂→输出轴,如图 2-56 所示。

图 2-55　四档动力传递路线

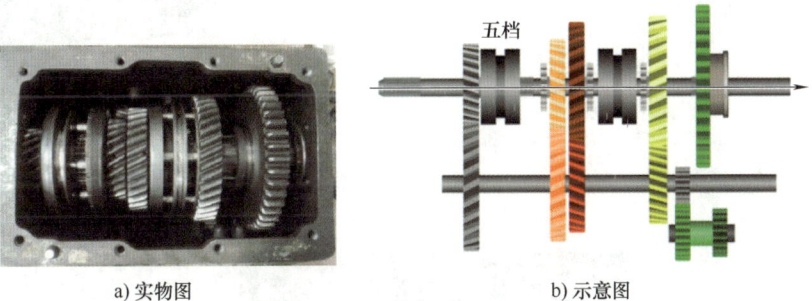

图 2-56　五档动力传递路线

7）倒档。在空档位置的基础上操纵变速杆,通过一档、倒档拨叉使输出轴上的一档、倒档滑动齿轮右移与倒档轴上的倒档齿轮啮合。倒档动力传递路线：输入轴→常啮合齿轮→中间轴→中间轴一档、倒档齿轮→倒档轴倒档中间齿轮→一档、倒档滑动齿轮→一档、倒档滑动齿轮花键毂→输出轴,如图 2-57 所示。

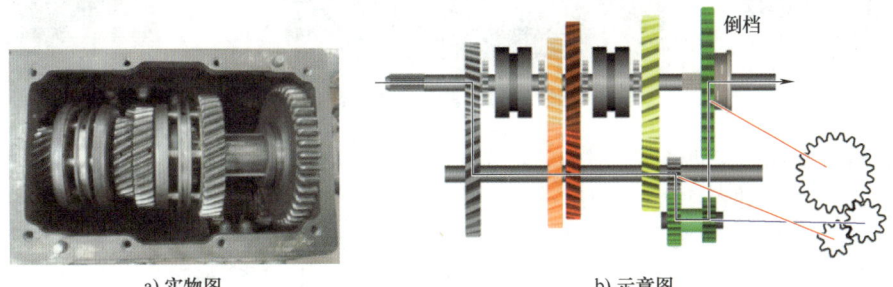

图 2-57　倒档动力传递路线

图 2-58 所示为一个三轴五速变速器示意图,已知 $z_1 = 19$,$z_2 = 25$,$z_3 = 31$,$z_4 = 39$,$z_5 = 43$,$z_6 = 13$,$z_7 = 21$,$z_8 = 22$,$z_9 = 20$,$z_{10} = 28$,$z_{11} = 36$,$z_{12} = 42$。试计算各档的传动比。

**解**　$i_1 = \dfrac{z_{12}}{z_1} \times \dfrac{z_5}{z_6} = \dfrac{42}{19} \times \dfrac{43}{13} = 7.31$　$i_2 = \dfrac{z_{12}}{z_1} \times \dfrac{z_4}{z_9} = \dfrac{42}{19} \times \dfrac{39}{20} = 4.31$

$i_3 = \dfrac{z_{12}}{z_1} \times \dfrac{z_3}{z_{10}} = \dfrac{42}{19} \times \dfrac{31}{28} = 2.45$　$i_4 = \dfrac{z_{12}}{z_1} \times \dfrac{z_2}{z_{11}} = \dfrac{42}{19} \times \dfrac{25}{36} = 1.54$

$i_5 = 1$　$i_R = \dfrac{z_{12}}{z_1} \times \dfrac{z_8}{z_6} \times \dfrac{z_5}{z_7} = \dfrac{42}{19} \times \dfrac{22}{13} \times \dfrac{43}{21} = 7.66$

### 2. 二轴式手动变速器的传动机构

二轴式手动变速器主要包括输入轴、输出轴、倒档轴、各档齿轮以及轴承等,其特点是输入轴、输出轴及倒档轴相互平行，且无中间轴。二轴式手动变速器用于发动机前置前轮驱动的汽车，前置发动机有纵向布置和横向布置两种形式，与其配用的二轴式手动变速器也有两种不同的结构形式。发动机纵置时，主减速器为一对锥齿轮，如图 2-59 所示；发动机横置时，主减速器为一对圆柱斜齿轮，如图 2-60 所示。

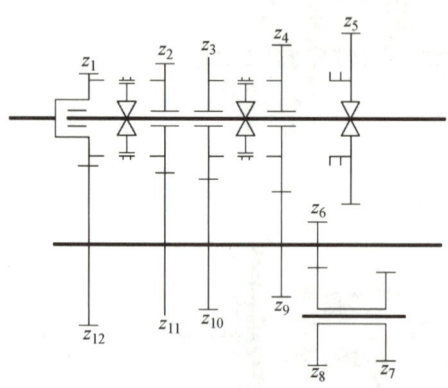

图 2-58　三轴五速变速器示意图

图 2-59　发动机纵置时的二轴式手动变速器

图 2-60　发动机横置时的二轴式手动变速器

（1）结构分析（以发动机横置时的二轴式五速变速器为例）

1）输入轴。在变速器输入轴上有一档、倒档、二档、三档、四档、五档主动齿轮，其中，一档、倒档、二档主动齿轮铸造在输入轴上，而三档、四档、五档主动齿轮通过轴承空套在输入轴上。三档和四档共用一个同步器，五档单独用一个同步器，如图 2-61 所示。

2）输出轴。在变速器输出轴上有一档、倒档、二档、三档、四档、五档从动齿轮，其中，一档和二档从动齿轮通过轴承空套在输出轴上，而三档和四档从动齿轮铸造在输出轴上，五档从动齿轮通过花键与输出轴连接。一档和二档共用一个同步器，且同步器接合套的外圈带有直齿，即构成倒档从动齿轮。同时，驱动桥内主减速器的主动圆柱斜齿轮直接安装在输出轴的伸出端，如图 2-62 所示。变速器输入轴和输出轴靠合在一起，如图 2-63 所示。

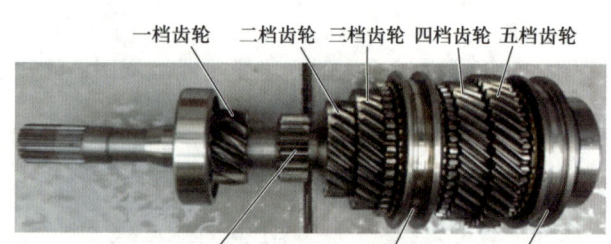

图 2-61　变速器输入轴

图 2-62 变速器输出轴

图 2-63 输入轴和输出轴靠合在一起

**（2）各档的动力传递情况**（以发动机纵置时的二轴式五速变速器为例） 图 2-64 所示是发动机纵置时的二轴五速变速器结构示意图，由变速器壳体和支承轴承、输入轴、输出轴和倒档轴及轴上的齿轮组成，具有五个前进档和一个倒档，装有三只同步器。

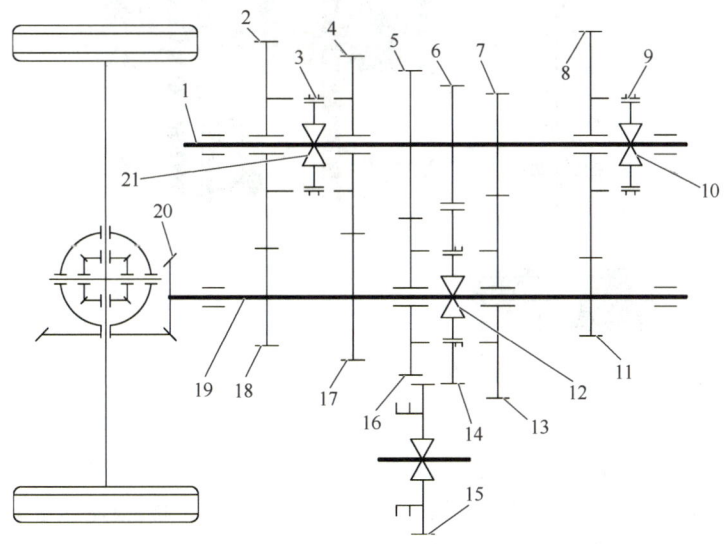

图 2-64 二轴五速变速器结构示意图

1—输入轴 2、18—四档齿轮 3—三、四档同步器接合套 4、17—三档齿轮 5、16—二档齿轮 6—倒档齿轮 7、13—一档齿轮 8、11—五档齿轮 9—五档同步器接合套 10—五档同步器花键毂 12—一、二档同步器花键毂 14—一、二档同步器接合套及倒档齿轮 15—倒档滑动齿轮 19—输出轴 20—主减速器主动锥齿轮 21—三、四档同步器花键毂

1）空档。空档时，各同步器的滑套位于中间位置，不传递动力，如图 2-65 所示。此时，除输入轴上的三、四、五档同步器，输入轴上的一、二、倒档齿轮，输出轴上的一、二档齿轮在旋转外，其他都不旋转。

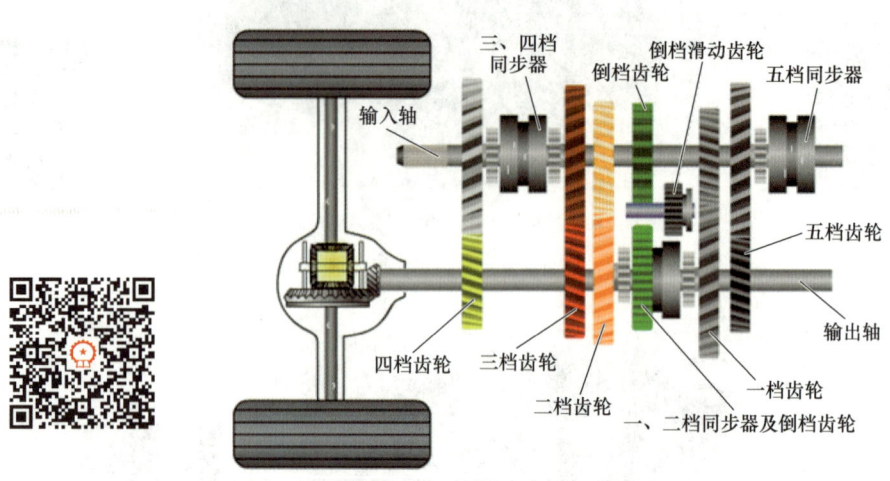

图 2-65　空档动力传递路线

2）一档。在空档位置的基础上操纵变速杆，通过一、二档同步器及倒档齿轮拨叉使输出轴上的一、二档同步器及倒档齿轮接合套右移与输出轴上的一档齿轮接合齿圈啮合。一档动力传递路线：输入轴→一档齿轮→一档齿轮接合齿圈→一、二档同步器及倒档齿轮接合套→一、二档同步器及倒档齿轮花键毂→输出轴，如图 2-66 所示。

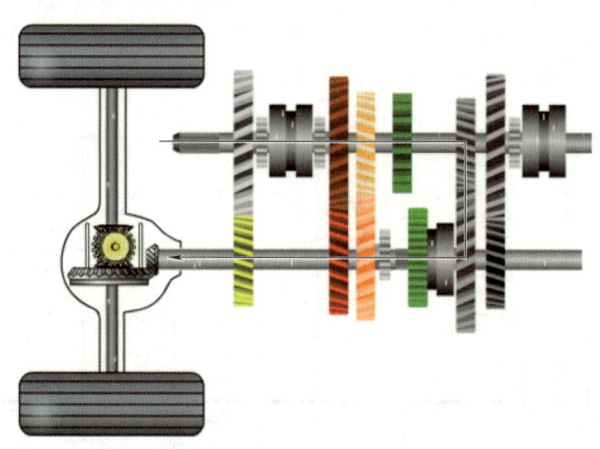

图 2-66　一档动力传递路线

3）二档。在空档位置的基础上操纵变速杆，通过一、二档同步器及倒档齿轮拨叉使输出轴上的一、二档同步器及倒档齿轮接合套左移与输出轴上的二档齿轮接合齿圈啮合。二档动力传递路线：输入轴→二档齿轮→二档齿轮接合齿圈→一、二档同步器及倒档齿轮接合套→一、二档同步器及倒档齿轮花键毂→输出轴，如图 2-67 所示。

4）三档。在空档位置的基础上操纵变速杆，通过三、四档拨叉使输入轴上的三、四档同步器接合套右移与输入轴上的三档齿轮接合齿圈啮合。三档动力传递路线：输入轴→三、四档同步器花键毂→三、四档同步器接合套→输入轴三档齿轮接合齿圈→三档齿轮→输出轴，如图 2-68 所示。

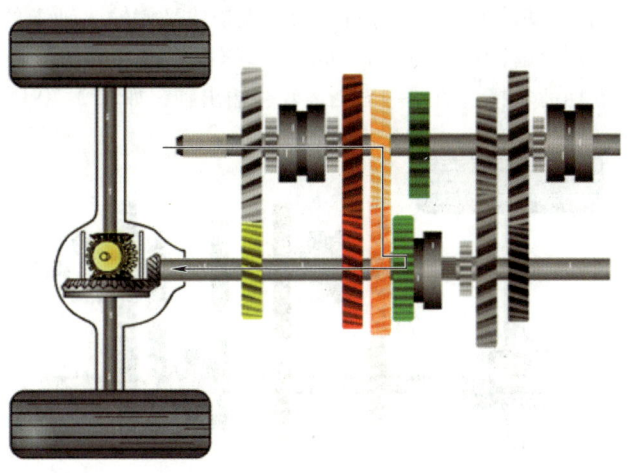

图 2-67 二档动力传递路线

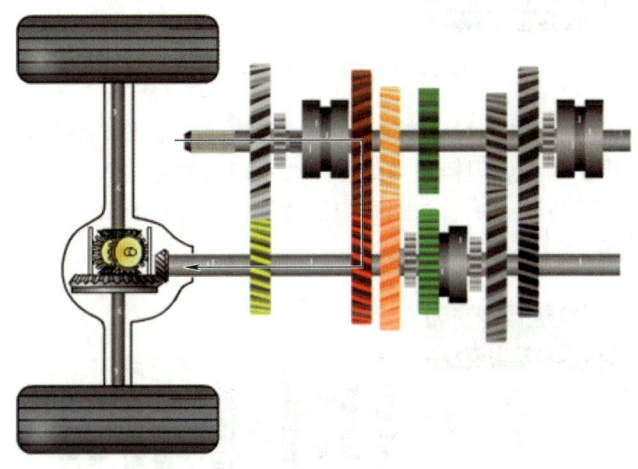

图 2-68 三档动力传递路线

5) 四档。在空档位置的基础上操纵变速杆,通过三、四档拨叉使输入轴上的三、四档同步器接合套左移与输入轴上的四档齿轮接合齿圈啮合。四档动力传递路线:输入轴→三、四档同步器花键毂→三、四档同步器接合套→输入轴四档齿轮接合齿圈→四档齿轮→输出轴,如图 2-69 所示。

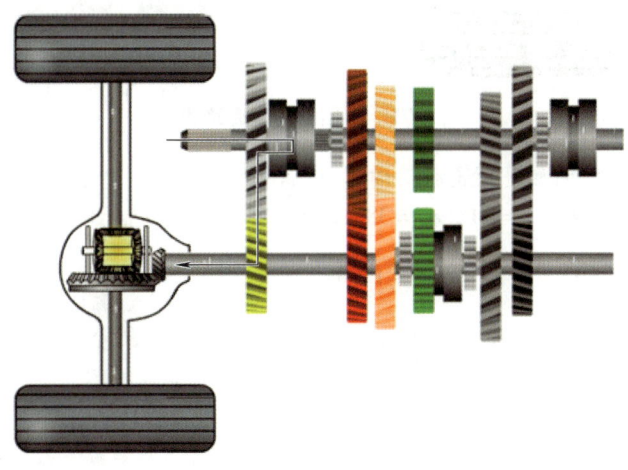

图 2-69 四档动力传递路线

6）五档。在空档位置的基础上操纵变速杆，通过五档拨叉使输入轴上的五档同步器接合套左移与输入轴上的五档齿轮接合齿圈啮合。五档动力传递路线：输入轴→五档同步器花键毂→五档同步器接合套→输入轴五档齿轮接合齿圈→五档齿轮→输出轴，如图2-70所示。

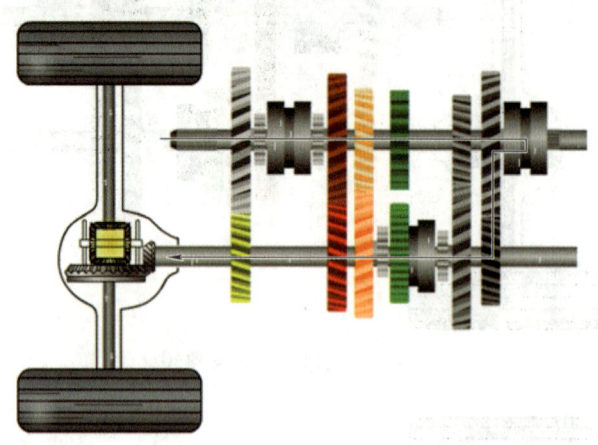

图 2-70　五档动力传递路线

7）倒档。在空档位置的基础上操纵变速杆，通过倒档拨叉使倒档轴上的倒档滑动齿轮左移与输入、输出轴上的倒档齿轮啮合。倒档动力传递路线：输入轴→输入轴倒档齿轮→倒档轴倒档齿轮→一、二档同步器及倒档齿轮→一、二档同步器及倒档齿轮接合套→一、二档同步器及倒档齿轮花键毂→输出轴，如图2-71所示。

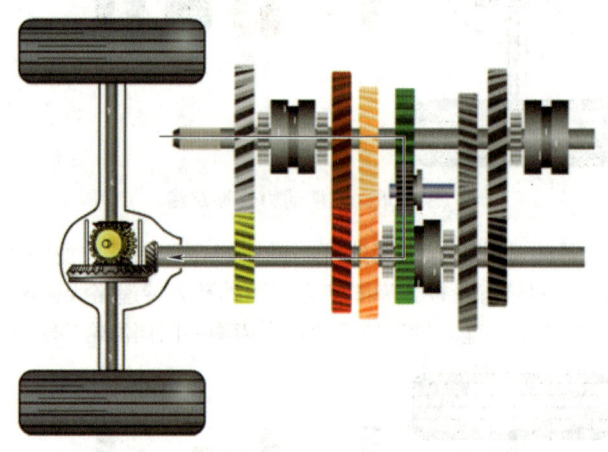

图 2-71　倒档动力传递路线

图2-72所示为一个二轴五速变速器结构示意图，已知 $z_1=33$，$z_2=30$，$z_3=28$，$z_4=36$，$z_5=19$，$z_6=34$，$z_7=12$，$z_8=38$，$z_{10}=11$，$z_{11}=38$，$z_{12}=30$，$z_{13}=24$。试计算各档的传动比。

**解**　$i_1 = \dfrac{z_{11}}{z_{10}} = \dfrac{38}{11} = 3.455$　　$i_2 = \dfrac{z_6}{z_5} = \dfrac{34}{19} = 1.789$

$i_3 = \dfrac{z_4}{z_3} = \dfrac{36}{28} = 1.286$　　$i_4 = \dfrac{z_2}{z_1} = \dfrac{30}{33} = 0.909$

$i_5 = \dfrac{z_{13}}{z_{12}} = \dfrac{24}{30} = 0.8$　　$i_R = \dfrac{z_9}{z_7} \times \dfrac{z_8}{z_9} = \dfrac{z_8}{z_7} = \dfrac{38}{12} = 3.167$

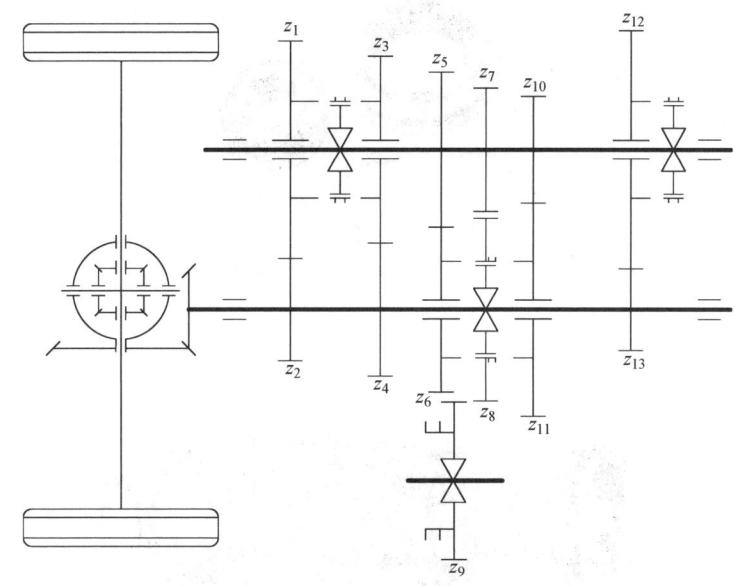

图 2-72 二轴五速变速器结构示意图

## 五、手动变速器换档装置

汽车手动变速器的换档装置有两种：一种是采用直齿滑动齿轮；另外一种是采用同步器。同步器安装在两个浮动齿轮的中间，它可分为常压式、惯性式和自增力式三种类型。目前，广泛采用的是惯性式同步器。惯性式同步器是依靠摩擦作用实现同步的，其作用是保证接合套与待接合齿圈迅速达到同步，并阻止二者在未达到同步时进入啮合，从而消除换档冲击，改善换档质量。惯性式同步器按结构不同又可分为锁环式和锁销式两种。

**1. 锁环式惯性同步器**

锁环式惯性同步器结构紧凑，但传力小，故多用于轿车和轻型车辆的变速器中。

（1）锁环式惯性同步器结构 锁环式惯性同步器由花键毂、接合套、锁环（也称同步环）、滑块和弹簧圈等组成，如图 2-73 所示。花键毂以其内花键套装在相应轴的外花键上，并用卡环轴向固定，而且花键毂上制有三个均布的轴向槽，用于安装滑块。两个锁环分别装在花键毂与接合齿圈之间。锁环具有内锥面，接合齿圈则具有相同的外锥面，两者之间通过锥面相接触。为了增加其接触锥面之间的摩擦力，在锁环内锥面上车有细密的螺纹槽，以使两锥面接触后能够破坏锥面间的油膜，提高摩擦因数。锁环上有短花键齿，其短花键齿的断面形状和尺寸与接合齿圈上的外花键齿均相同。接合齿圈和锁环上的花键齿，在对着接合套的一端都制有倒角，称为锁止角，且与接合套内花键齿齿端的倒角相同。锁环的端部沿圆周相间均布着三个缺口。三个滑块分别装在花键毂上三个均布的轴向槽内，沿槽可以轴向移动。安装在三个滑块下面的两个弹簧圈将滑块压向接合套，滑块中部的凸起部位压嵌在接合套中部的凹槽内，其作用是保证接合套在空档处于中间位置。滑块两端伸入锁环的缺口中，滑块窄缺口宽，两者之差等于锁环上的花键齿宽。锁环相对于滑块顺转和逆转都只能转动一个齿宽，且只有当滑块位于锁环缺口的中央时，接合套与锁环才能接合。

（2）锁环式惯性同步器工作原理

1）空档位置。锁环式惯性同步器在空档时，如图 2-74 所示。变速齿轮接合齿圈、锁环齿圈与接合套内花键均未啮合，处于分离状态。

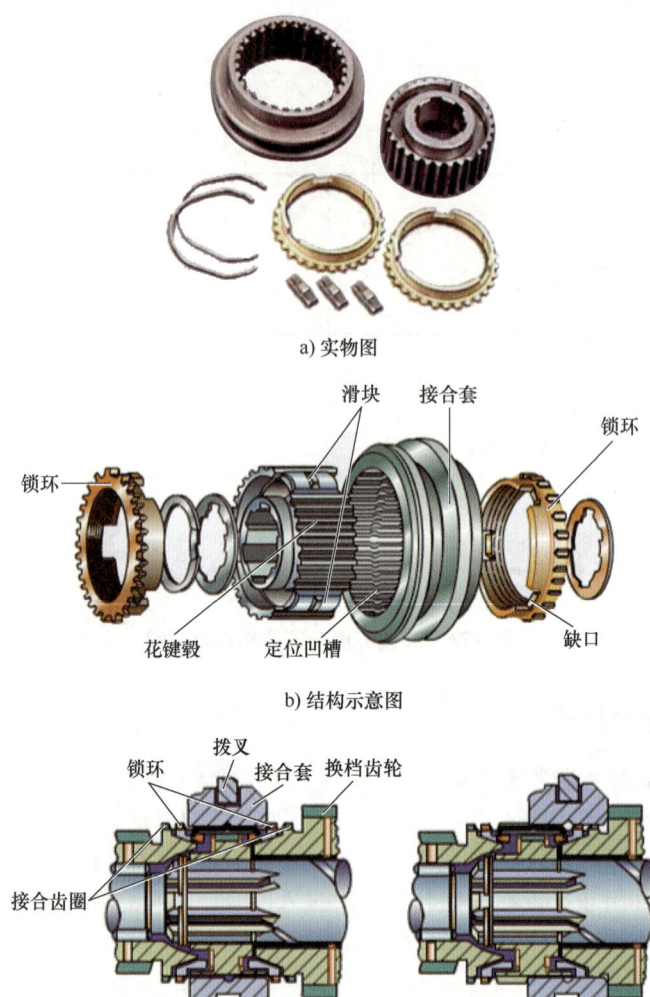

图 2-73 锁环式惯性同步器

2）挂档。驾驶人通过变速杆使拨叉推动接合套、滑块、锁环左移，如图 2-75 所示。变速齿轮带动锁环相对于接合套转过一个角度，使滑块端头位于锁环缺口一侧，锁环阻止接合套继续移动。

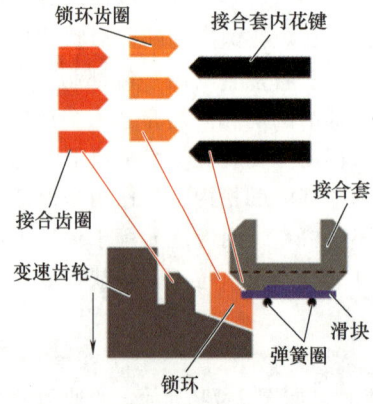

图 2-74 锁环式惯性同步器空档位置　　图 2-75 锁环式惯性同步器挂档位置

3)锁止。驾驶人的轴向推力使接合套内花键齿齿端倒角面与锁环短花键齿齿端倒角面之间产生正压力,形成一个企图拨动锁环相对于接合套反转的力矩,称为拨环力矩。这样,在锁环上同时作用着方向相反的摩擦力矩和拨环力矩,同步器的结构参数可以保证在同步前拨环力矩始终小于摩擦力矩。所以,在同步之前无论驾驶人施加多大的操纵力,都不会挂上档,即产生锁止作用,如图 2-76 所示。

4)同步啮合。随着驾驶人施加于接合套的推力加大,锁环与变速齿轮锥面压紧,两者发生强有力的摩擦作用,迅速达到同步。同步后,作用在锁环上的摩擦力矩消失。此时,在拨环力矩作用下,锁环退转一个角度,使滑块端头位于锁环缺口中央,接合套通过滑块压下弹簧圈继续左移,接合套先与锁环齿啮合,然后再与变速齿轮啮合,顺利挂上新档位,如图 2-77 所示。

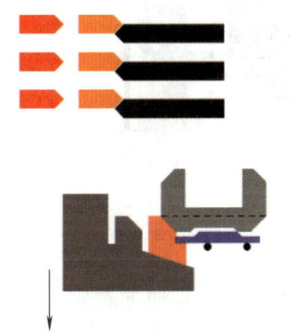

图 2-76 锁环式惯性同步器锁止

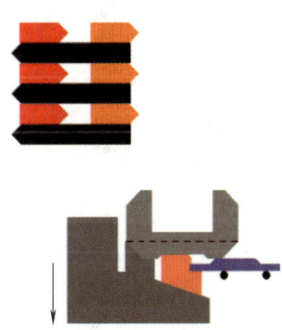

图 2-77 锁环式惯性同步器同步啮合

**2. 锁销式惯性同步器**

锁销式惯性同步器结构尺寸大,传递转矩大,故多用于中、重型车辆的变速器中。

(1)锁销式惯性同步器结构　锁销式惯性同步器主要由定位销、锁销、摩擦锥环、摩擦锥盘、接合套和花键毂等组成,如图 2-78 所示。两个带有内锥面的摩擦锥盘以其内花键分别固装在带有齿圈的斜齿轮上,随齿轮一起转动。与之相配合的两个带有外锥面的摩擦锥环(锥环上有螺纹),通过三个均布的锁销和定位销与接合套连接。定位销与接合套的相应孔为滑动配合,接合套可沿定位销轴向移动。定位销的正中间切有一小段环槽,相应的接合套上钻有斜孔,内装有弹簧、钢球。钢球在弹簧作用下落入定位销的环槽中,起到空档定位作用。定位销的两端伸入两个锥环的内侧面,并留有间隙,可使锥环相对于接合套能转过一定的角度。锁销中间一段也制有环槽,其直径变化处切有倒角,接合套相应孔的两端也切有同样的倒角,故只有当锁销与接合套的相应孔对准时,接合套才能沿锁销轴向移动。锁销两端与锥环铆接,从而使两个摩擦锥环、三个锁销、三个定位销及一个接合套构成一个整体。

a) 空档位置

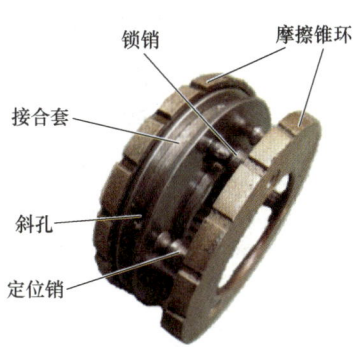

b) 已挂档

图 2-78 锁销式惯性同步器

**(2) 锁销式惯性同步器工作原理**

1) 空档位置。锁销式惯性同步器在空档时，如图 2-79 所示。摩擦锥盘与摩擦锥环之间有间隙，变速齿轮接合齿圈与接合套内花键未啮合，处于分离状态。

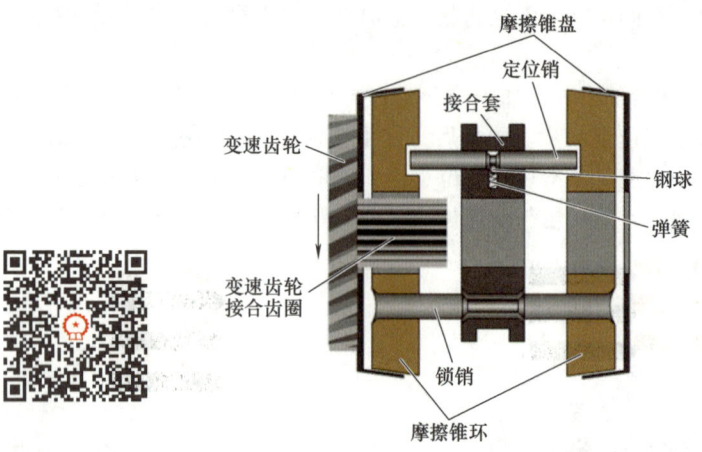

图 2-79 锁销式惯性同步器空档位置

2) 挂档。驾驶人通过变速杆使拨叉推动接合套向左移动，接合套便通过定位钢球和定位销推动左侧摩擦锥环向左移动，使之与左侧的摩擦锥盘相接触，如图 2-80 所示。

3) 锁止。摩擦锥环与摩擦锥盘一接触，便在其摩擦锥面摩擦力矩的作用下，使摩擦锥环连同锁销一起相对于接合套转过一个角度，使锁销中部倒角与接合套销孔端倒角的锥面互相抵触，从而使锁销产生锁止作用，阻止接合套向左移动，如图 2-81 所示。

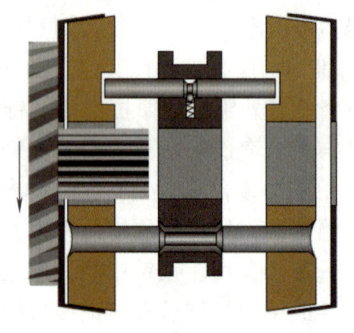

图 2-80 锁销式惯性同步器挂档位置

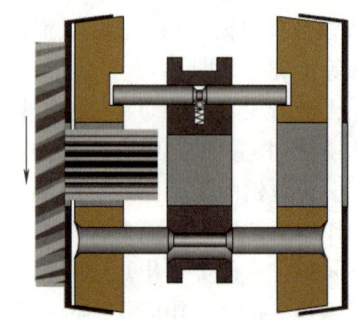

图 2-81 锁销式惯性同步器锁止

4) 同步啮合。在锥环与锥盘未达到同步前，由左侧锥盘所形成的摩擦力矩总是大于拨环力矩，因而可以阻止接合套与接合齿圈在同步之前进入啮合。而只有达到同步后惯性力矩消失，拨环力矩才可拨动锁销及摩擦锥环、锥盘和变速齿轮接合齿圈等一起相对于接合套转过一个角度，使锁销重新与接合套的销孔对中，接合套便在轴向推力的作用下，压入定位钢球而沿定位销和锁销向左移动，与变速齿轮接合齿圈啮合，顺利挂上新档位，如图 2-82 所示。

## 六、手动变速器操纵机构

手动变速器操纵机构由换档拨叉机构和定位锁止装置

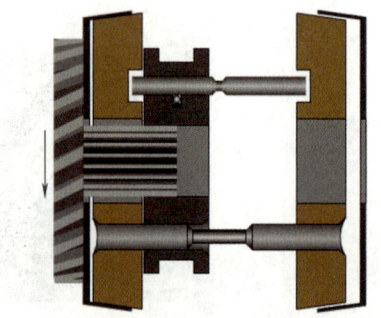

图 2-82 锁销式惯性同步器同步啮合

两部分组成,其作用是保证驾驶人能准确可靠地使变速器挂入所需要的任一档位工作,并可随时使之退入空档。根据变速杆和变速器的相对位置不同,手动变速器操纵机构可分为直接操纵式和远距离操纵式两种类型。直接操纵式的变速杆设置在变速器盖上,驾驶人可直接操纵变速杆来拨动变速器壳体内的换档拨叉机构,如图2-83所示。远距离操纵式,由于变速器的安装位置离驾驶人座椅较远,为此在变速杆和变速器之间加装了一套传动杆件或钢索,构成远距离操纵的形式,如图2-84所示。

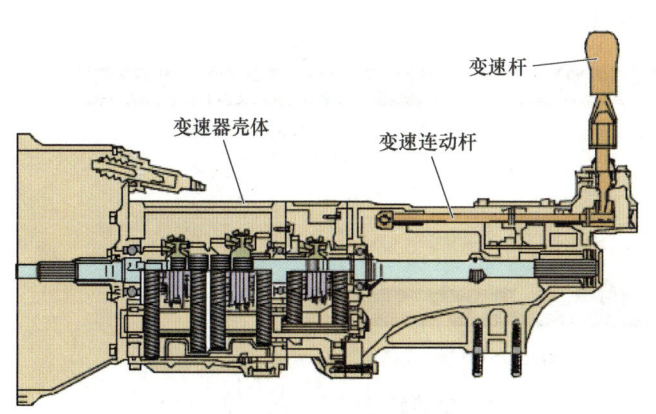

图2-83 直接操纵式

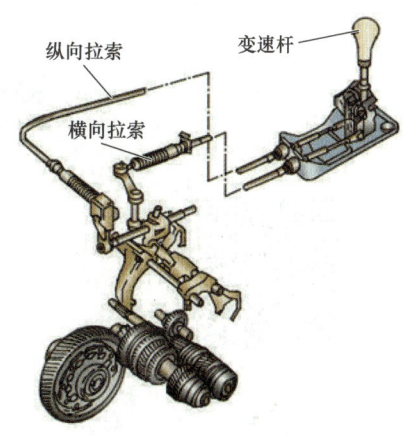

图2-84 远距离操纵式

### 1. 换档拨叉机构

换档拨叉机构包括变速杆、拨叉及拨叉轴三部分,如图2-85所示。驾驶人通过拨动变速杆来带动变速器壳体内的拨叉轴移动,安装在拨叉轴上的拨叉便带动变速器换档装置(即同步器),从而挂入驾驶人预先选定的档位。

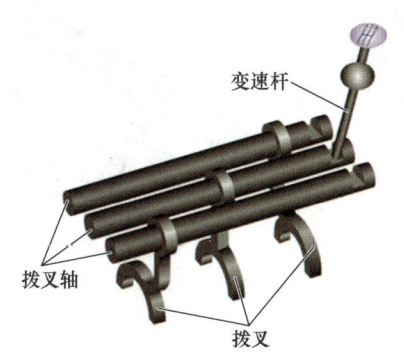

图2-85 换档拨叉机构

### 2. 定位锁止装置

(1) **自锁装置** 自锁装置由自锁弹簧、自锁钢球和拨叉轴上的自锁凹槽组成。自锁装置的作用是防止变速器自动脱档,并保证轮齿全齿长啮合,使驾驶人具有明显的手感。当任何一根拨叉轴轴向移动到空档或某档位时,必有一个凹槽正好对准自锁钢球,钢球在自锁弹簧压力作用下嵌入凹槽内,以防止拨叉及拨叉轴自行移动,起到自锁定位的作用,如图2-86所示。

(2) **互锁装置** 互锁装置由互锁钢球、互锁销等组成,如图2-87a所示。互锁装置的作用是防止变速器换档时同时挂入两个档位,造成变速器齿轮"卡死",甚至使机件严重损坏。中间拨叉轴两侧均有互锁凹槽,两侧拨叉轴的互锁凹槽位于轴内侧。互锁销插入中间拨叉轴通孔中,其销长度等于拨叉轴直径减去一个互锁凹槽的深度。每两颗互锁钢球直径之和正好等于相邻两根拨叉轴表面之间的距离加上一个凹槽的深度。在空档位置，各拨叉轴上互锁凹槽处于一条直线上。若移动第一拨叉轴并挂入一个档位，此时第一拨叉轴内侧互锁钢球被挤出，从而将第二、第三拨叉轴刚性地锁止在空档位置，如图2-87b所示。若需要移动第二或第三拨叉轴，必须先将第一拨叉轴退回空档位置后才行。

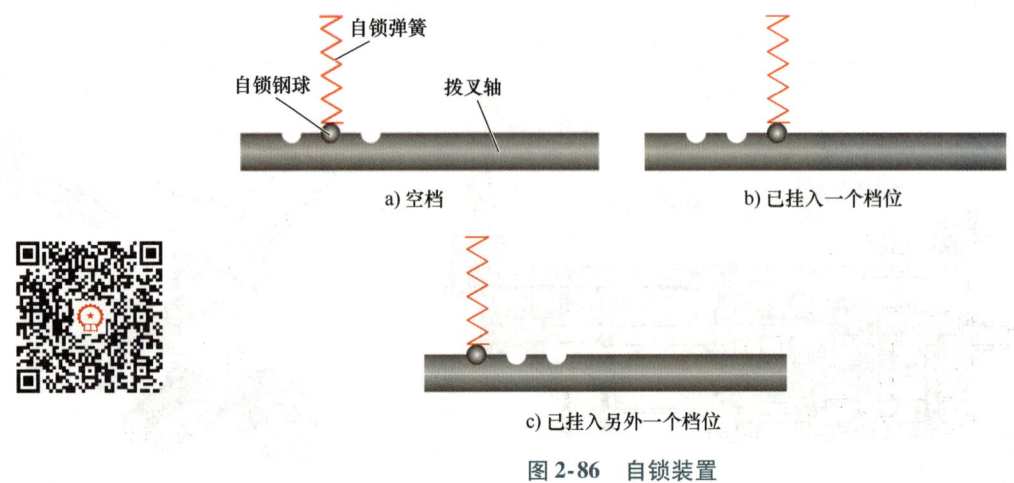

图 2-86 自锁装置

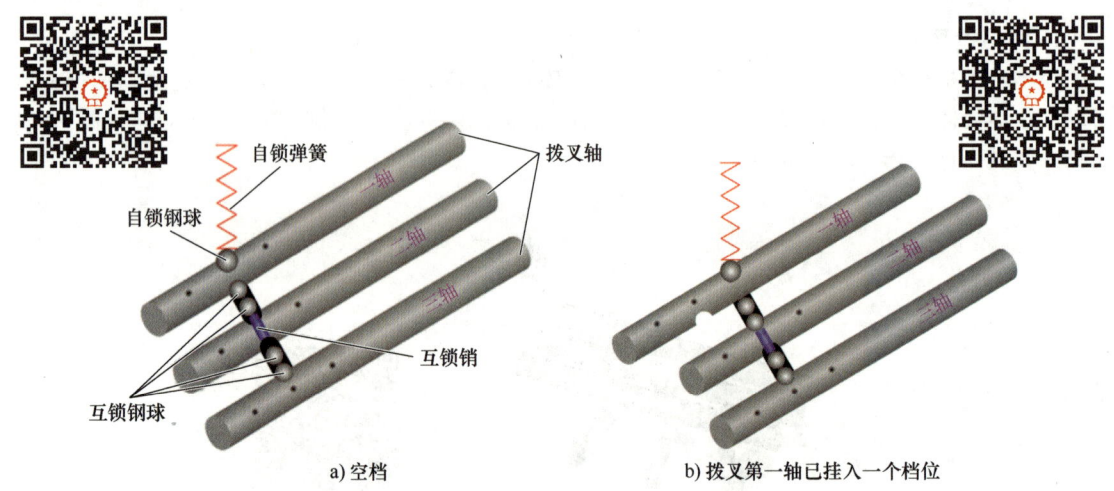

图 2-87 互锁装置

（3）倒档锁装置　倒档锁装置的作用是防止驾驶人误挂倒档，以免发生变速器齿轮冲击和交通安全事故。图2-88a所示为弹簧锁销式倒档锁。当驾驶人要挂倒档时，必须用较大的力摆动变速杆，使其下端克服倒档弹簧力，并将倒档锁销推入倒档拨块孔中，才能移动倒档拨叉轴挂入倒档，如图2-88b所示。

### 七、变速器的润滑与密封

**1. 变速器润滑油的种类及选用**

（1）变速器润滑油的种类

根据变速器结构的不同，变速器润滑油可分为手动变速器（MT）润滑油和自动变速器润滑油两种。其中自动变速器润滑油又分为手自一体变速器（AMT）润滑油、液力自动变速器（AT）润滑油、无极自动变速器（CVT）润滑油和双离合自动变速器（DCT）润滑油四种。

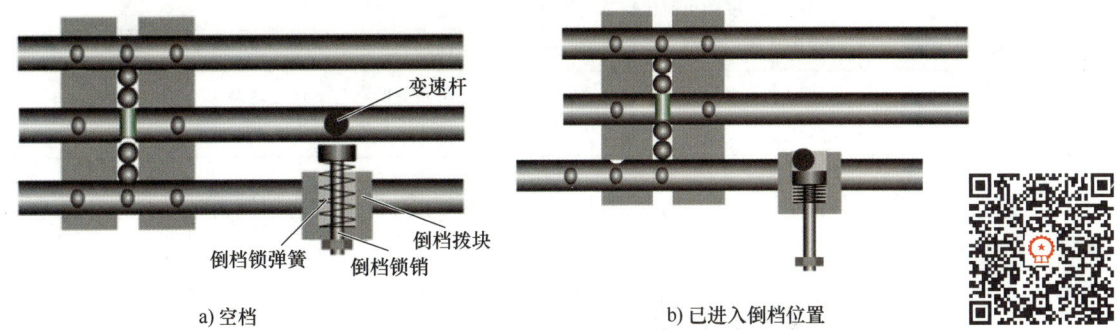

图 2-88 倒档锁装置

1) 手动变速器润滑油（GB/T 28767—2012 车辆齿轮油分类）。手动变速器润滑油就是平时所说的齿轮油，车辆齿轮油是用于车辆齿轮传动系统润滑油的总称，包括手动变速器和差速器等部件用油。

我国将车辆齿轮油按 API 分为 GL-3、GL-4、GL-5、MT-1 四个质量等级。按用途分为普通车辆齿轮油（GL-3）、中负荷车辆齿轮油（GL-4）和重负荷车辆齿轮油（GL-5）。普通车辆齿轮油按黏度分为 80W-90、85W-90、90 等标号，中负荷车辆齿轮油按黏度分为 75W-90、80W-90、85W-90 等标号，重负荷车辆齿轮油按黏度分为 75W、80W-90、90、85W-90、85W-140 等标号。图 2-89 所示为北汽幻速手动变速器润滑油，质量等级为 GL-4，黏度级别为 75W/90。

2) 手自一体变速器润滑油。手自一体变速器是在机械变速器原有的基础上改变了手动换档操纵部分，即在总体传动结构不变的情况下通过加装微型计算机控制自动操纵系统来实现换档。手自一体变速器润滑油一般可以用手动变速器润滑油，个别手自一体变速器会用专用的变速器润滑油，应当注意。

3) 液力自动变速器润滑油。液力自动变速器现在主要有 4AT、5AT、6AT、7AT、8AT、9AT 等，其使用的变速器润滑油型号也各有区别，档位越多其对液力自动变速器润滑油的要求也就更高。

4) 无级自动变速器润滑油。无级自动变速器润滑油是专门用油，不能用液力自动变速器润滑油代替，相对而言，它比液力自动变速器润滑油的黏度更低，另外还具有一定的阻尼摩擦力以防止传动链条打滑。

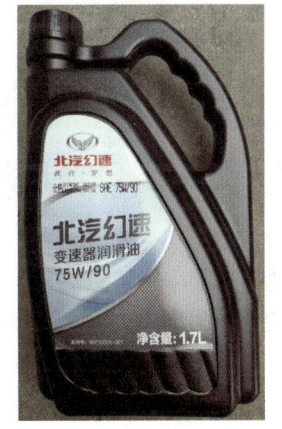

图 2-89 手动变速器润滑油

5) 双离合自动变速器润滑油。双离合自动变速器和以往的自动变速器有着本质的区别，可以把双离合自动变速器理解为两个手动变速器的结合体，所以该变速器使用的润滑油是齿轮油和液压油两种。双离合自动变速器润滑油也是专用品，不可和其他变速器润滑油混用。

(2) 变速器润滑油的选用

1) 按照汽车使用手册或维修手册选用。应对照汽车使用手册或维修手册选用变速器润滑油，千万不能乱选。

2) 按照变速器类型选用润滑油。

① 按照质量等级选用手动变速器润滑油，见表 2-1。

表 2-1　按照质量等级选用手动变速器润滑油

| 品种代号 | 用途 |
| --- | --- |
| GL-3 | 适用于速度和负荷比较苛刻的汽车手动变速器 |
| GL-4 | 适用于速度和负荷比较苛刻的汽车手动变速器 |
| GL-5 | 适用于高速冲击负荷、高速低转矩和低速高转矩的汽车手动变速器 |
| MT-1 | 适用于在大型货车和重型货车上使用的非同步手动变速器 |

② 自动变速器选用自动变速器专用润滑油。图 2-90 所示为自动变速器润滑油适用于六速有级线性电磁阀控制的变速器。

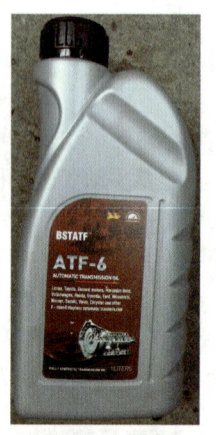

图 2-90　自动变速器润滑油

**职场健康与安全：**
不同变速器润滑油是不能混用的。

### 2. 润滑方式及密封

普通齿轮变速器大都采用飞溅润滑，在其壳体内加入一定量的润滑油，依靠齿轮自身旋转将润滑油甩到各运动零件的工作表面。为了润滑前轴承和各个空套齿轮的衬套或滚针轴承，有的齿轮钻有径向油孔，以便使润滑油进入各衬套或滚针轴承。

为了防止润滑油泄漏，变速器盖与壳体以及各轴承盖与壳体的接合面装有密封垫或用密封胶进行密封，有的部位则用自紧油封或回油螺纹密封。为了防止变速器工作时由于温度过高，使壳体内压力过大而造成润滑油泄漏，在变速器壳体上装有通气塞。

### 3. 变速器润滑油的检查及更换

手动变速器润滑油一般 2 年或 60000km 左右更换一次，自动变速器润滑油的更换期限汽车厂家一般建议在 60000~80000km 或 2~3 年。

变速器润滑油的检查及更换有以下四种情况：

1）从变速器底部放油螺塞处放油，变速器油尺处加油及检查油的多少，如图 2-91 所示。

2）从变速器底部放油螺塞处放油，在加油螺塞处加油，一直加到变速器润滑油向外溢出为止，如图 2-92 所示。

3）放油时需拆下变速器底壳，取下底壳后倒出里面旧的变速器润滑油并清洗。从加油螺塞处加油，一直加到变速器润滑油倒流为止，这种变速器底壳内有一根加油管，如图 2-93 所示。

项目二 汽车传动系统拆装与维修

图 2-91 变速器加油位置 1

图 2-92 变速器加油位置 2

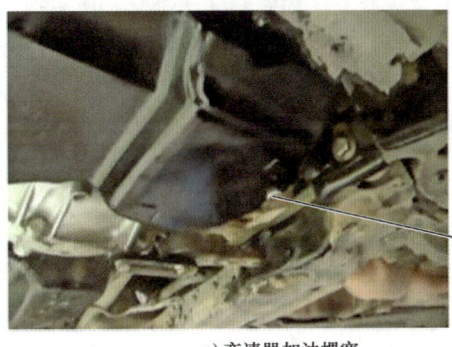

a) 变速器加油螺塞

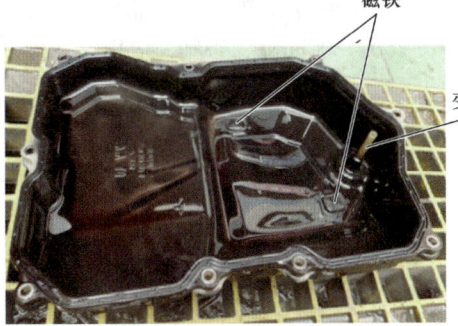

b) 变速器底壳内部结构

图 2-93 变速器加油位置 3

4）从变速器底部放油螺塞处放油，从加油螺塞处加油，一直加到变速器润滑油倒流为止，如图2-94所示。

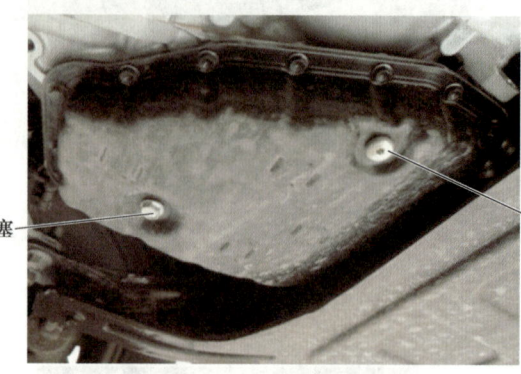

图2-94　变速器加油位置4

## 八、变速器主要零部件的检修

### 1. 变速器壳体

变速器壳体的主要损伤包括壳体的裂纹和变形，定位销孔、轴承孔和螺纹孔磨损等。对受力不大的部位的裂纹，可用环氧树脂粘接修复。重要和受力较大部位的裂纹，可进行焊修。对于贯通轴承孔和安装固定孔处的裂纹不能修理，应更换变速器壳体。

变速器壳体变形，应更换新件。变速器壳体各轴的平行度和轴心距的准确性，决定了齿轮副载荷的均匀性和啮合间隙。若变速器壳体变形，将导致齿轮副啮合精度的破坏。

变速器壳体轴承孔磨损超限时，可采用镶套法修复。如镶套无法修复，应更换新件。

变速器壳体螺纹孔磨损，可用换加粗螺栓或焊补后重新钻孔的方法修复。

### 2. 变速器盖

变速器盖应无裂纹，与变速器壳体接合面的平面度公差为0.10~0.15mm，拨叉轴与轴承孔的间隙为0.04~0.20mm。

### 3. 齿轮

齿轮啮合面上出现明显的疲劳麻点、麻面、斑疤，必须更换新件。齿轮间的啮合间隙、顶间隙和轴向间隙应符合原厂规定。

### 4. 轴

拨叉轴的直线度公差为0.05mm，轴上定位凹槽的最大磨损量为0.05mm，超过时应更换新件。对于第一轴、第二轴或中间轴，以两端轴颈的公共轴线为基准，中部的径向圆跳动公差应为0.03mm（轴长120~250mm）或0.06mm（轴长250~500mm），否则，应更换新件。

### 5. 轴承

轴承应转动灵活，滚动体与内外圈不得有麻点、麻面、斑疤或烧灼磨损等缺陷，保持架应完好，且径向间隙不得大于0.10mm。滚动轴承与轴承孔、轴颈或齿轮的配合，应符合技术要求。

### 6. 同步器

锁环式同步器的损伤表现在锁环、滑块、接合套、花键毂和花键齿的损伤。锁环内锥面和滑块凸台的磨损都会破坏换档过程的同步作用，锁环、接合套锁止角的磨损，会使同步器失去锁止作用，出现换档困难，必须更换新件。

锁销式同步器的主要损伤有锥盘的变形，锥环锥面、锁销和定位销磨损等。锥盘变形、锥环锥面上的螺纹槽严重磨损、锁销、定位销松动或有散架，必须更换新件。

项目二 汽车传动系统拆装与维修

## 第四课 万向传动装置

### 一、万向传动装置的作用及组成

万向传动装置是用来在工作过程中相对位置不断改变的两根轴间传递动力的装置,其作用是连接不在同一条直线上的变速器输出轴和主减速器输入轴,并保证在两轴之间的夹角和距离经常变化的情况下,仍能可靠地传递动力。

万向传动装置主要由万向节、传动轴和中间支承组成,如图2-95所示。

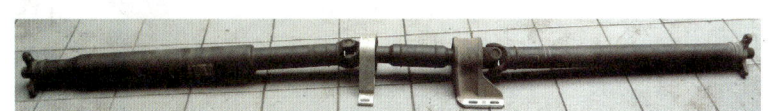

图2-95 万向传动装置

> 职场健康与安全:
> 安装时必须使传动轴两端的万向节叉处于同一平面。

### 二、万向传动装置的应用

**1. 变速器与驱动桥之间**

发动机前置后轮驱动的布置形式中,发动机、离合器和变速器连成一体安装在汽车前部,而驱动桥安装在汽车后部,变速器与驱动桥之间利用万向传动装置实现动力传递,如图2-96所示。

图2-96 前置后驱传动轴

**2. 变速驱动桥与驱动轮之间**

发动机前置前轮驱动的布置形式中,变速器与驱动桥制成在一个壳体内,称为变速驱动桥。它同发动机、离合器连成一体安装在汽车前部,变速驱动桥的动力通过万向节传递给驱动轮,如图2-97所示。

图2-97 前置前驱传动轴

### 3. 转向操纵机构中

在转向系统中，转向轴轴线与转向器输入轴轴线不能重合。因此，在转向轴与转向器之间安装万向节，如图2-98所示。

## 三、万向节

万向节与传动轴组合，称为万向传动装置。按万向节在扭转方向上是否有明显的弹性可分为刚性万向节和挠性万向节。刚性万向节又可分为不等速万向节（常用的为十字轴式万向节）、准等速万向节（如双联式万向节）和等速万向节（如球笼式万向节）三种。

**1. 不等速万向节**

万向节连接的两轴夹角大于零时，输出轴和输入轴之间以变化的瞬时角速度比传递运动，但平均角速度相等的万向节。

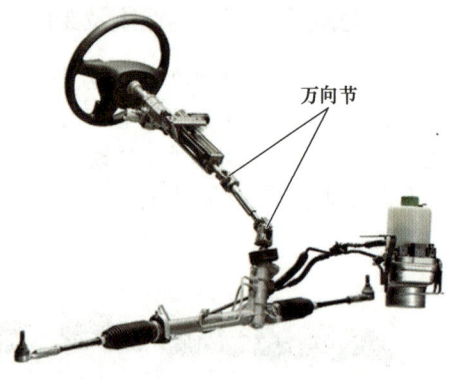

图2-98 转向系统传动轴

十字轴式刚性万向节由万向节叉、十字轴、滚针轴承、油封、套筒和轴承盖等零部件组成，如图2-99所示。工作原理为：主动节叉通过十字轴带动从动节叉转动，同时又可以绕十字轴中心在任意方向摆动。转动过程中滚针轴承中的滚针可自转，以便减轻摩擦。与输入动力连接的轴称输入轴（又称主动轴），经万向节输出的轴称输出轴（又称从动轴）。在输入轴、输出轴之间有夹角的条件下工作，两轴的角速度不等，并因此会导致输出轴及与之相连的传动部件产生扭转振动，影响这些部件的寿命。

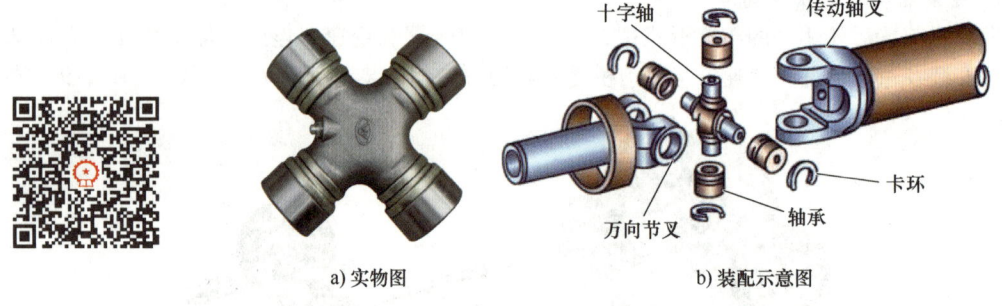

a) 实物图　　　　　　　　　　b) 装配示意图

图2-99 十字轴式刚性万向节

为避免这一缺点，在汽车传动系统中均采用两个十字轴式刚性万向节，且中间以传动轴相连，利用第二个万向节的不等速效应来抵消第一个万向节的不等速效应，从而实现输入轴与输出轴等速传动。两个十字轴式刚性万向节实现等速传动，有两种排列方式，如图2-100所示，它们都能满足：第一个万向节的主动节叉与第二个万向节的从动节叉在同一平面内，第一个万向节两轴之间的夹角与第二个万向节两轴之间的夹角相等。

十字轴式刚性万向节结构简单，工作可靠，允许在轴间夹角为15°~20°的两轴之间传递动力，且采用两个或两个以上的万向节可近似地满足等速传动。因此，十字轴式刚性万向节在汽车上得到了广泛的应用。

**2. 准等速万向节**

准等速万向节是指在设计的角度下以相等的瞬时角速度传递运动，而在其他角度下以近似相等的瞬时角速度传递运动的万向节。准等速万向节是根据两个十字轴万向节实现等速传动的原理制成的，常见的有双联式和三销轴式。

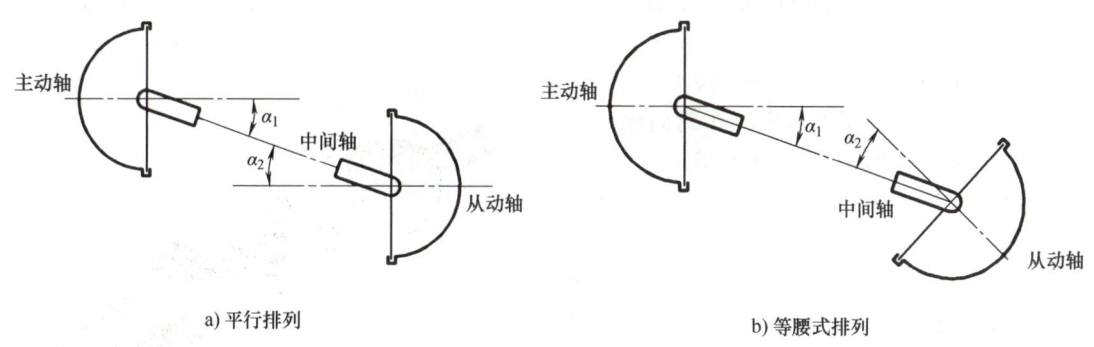

图 2-100 双十字万向节的等速排列方式

（1）双联式准等速万向节　双联式准等速万向节是指该万向节等速传动装置中的传动轴长度缩短到最小时的万向节，如图 2-101 所示，主要由一个双联叉和两个万向节叉组成。

双联式准等速万向节工作夹角大，轴承密封好，传动效率高，工作可靠，制造加工方便。但其结构尺寸较大，零件多，传递转矩受滚针轴承限制。

（2）三销轴式准等速万向节　三销轴式准等速万向节由双联式准等速万向节演变而来，它主要由两个偏心轴叉、两个三销轴和六个滚针轴承组成，如图 2-102 所示。三销轴式万向节的最大特点是允许相邻两轴有较大的交角，最大可达 45°。在转向驱动桥中采用这种万向节可使汽车获得较小的转弯半径，提高汽车的机动性。其缺点是所占空间较大，零件形状复杂，制造困难。

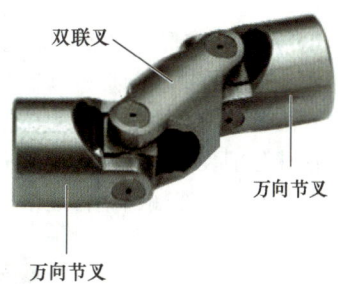

图 2-101 双联式准等速万向节

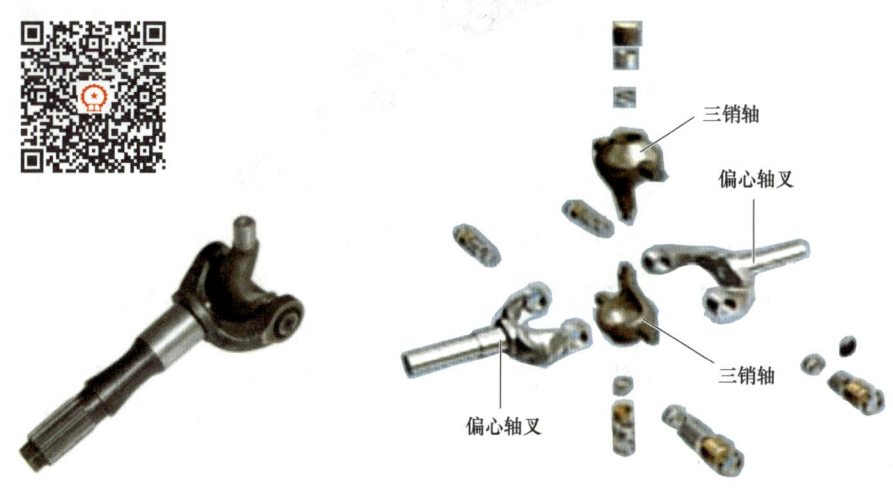

图 2-102 三销轴式准等速万向节

**3. 等速万向节**

等速万向节多用于采用断开式驱动桥轿车的半轴上，常用的等速万向节有球叉式、球笼式和三叉销式。

（1）球叉式等速万向节　球叉式等速万向节，如图 2-103 所示，由主动叉、从动叉、四个传动钢球和一个定心钢球等组成。主动叉、从动叉分别与内、外半轴制成一体，叉内各有四条曲面凹槽，装合后，形成两条相交的环槽，作为钢球滚道，四个传动钢球装在槽中，定心钢球装在两叉中心凹槽内以实现定心。

球叉式万向节结构简单，允许最大夹角为32°~38°，一般应用在中、小型越野汽车转向驱动桥上。球叉式万向节工作时，只有两个钢球传力，反转时，则由另两个钢球传力。因此，钢球与曲面凹槽之间的单位压力较大，磨损较快，影响使用寿命。近年来，有些球叉式万向节中省去了定位销和锁止销，中心钢球上也没有凹面，靠压力装配，这样的结构更为简单，但是拆卸不便。

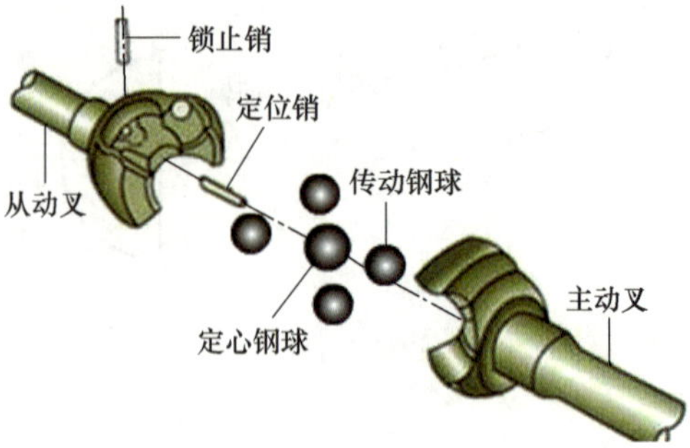

（2）球笼式等速万向节　球笼式等速万向节按其内、外滚道的结构不同又可分为球笼式碗形万向节、球笼式双补偿万向节和VL形万向节等。其中，球笼式碗形万向节和VL形万向节应用最为广泛。

图2-103　球叉式等速万向节

1）球笼式碗形万向节。球笼式碗形万向节，如图2-104所示，主要由碗形外球座、球笼、内球座和钢球等组成。碗形外球座与带外花键的外半轴制成一体，内表面制有相应的六条曲面凹槽，形成外滚道。内球座通过中间花键与内半轴相连，内球座的外表面有六条曲面凹槽，形成内滚道。六个钢球分别装于六条凹槽中，并用球笼使之保持在一个平面内。动力经内半轴传至内球笼，经六个钢球及外球座输出，传递给驱动轮。

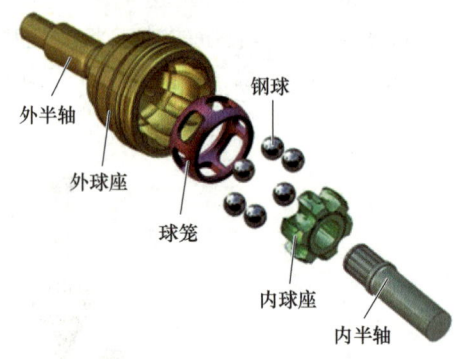

图2-104　球笼式碗形万向节

这种万向节允许在轴间最大夹角为42°的情况下传递转矩，且所有钢球都参与传力，故其承载能力大、磨损小、结构紧凑、拆装方便，广泛应用于轿车转向驱动桥上。

2）VL形球笼万向节。VL形球笼万向节又称伸缩形球笼万向节，如图2-105所示。其内、外滚道为圆筒形，只是圆筒中心线不与轴线平行，而是以相同的角度相对于轴线倾斜着，而且同一零件上相邻的两条滚道的倾斜方向相反，即呈V形。在动力传递过程中，内、外球座可以沿轴向相对移动，所以称为VL形球笼万向节。其允许最大的轴间夹角为22°，轴向伸缩量可以达到45mm。

（3）三叉销式等速万向节　三叉销式等速万向节也称为三角式万向节，如图2-106所示，它主要由外球座、三叉销和滚轮组成。外球座与带花键的外半轴制成一体，其内表面制有三条曲面凹槽，形成滚轮的滚道。三叉销的中间花键孔与半轴花键配合，三个滚轮安装在三叉销的三个轴颈上，为减少磨损，在轴颈与滚轮之间装有滚针轴承，这样三个滚轮即可在外球座的滚道内轴向伸缩。

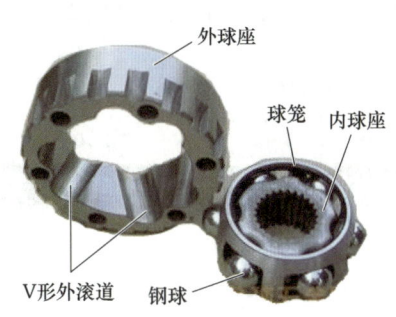

图 2-105　VL 形球笼万向节

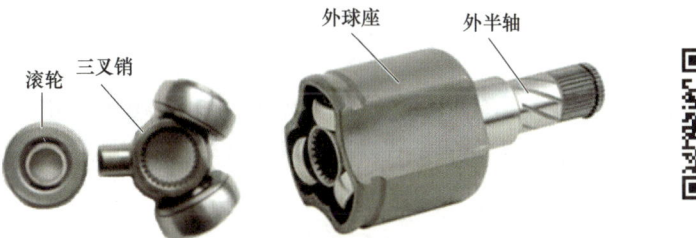

图 2-106　三叉销式等速万向节

三叉销式等速万向节结构简单，磨损小，并且可轴向伸缩，在轿车上广泛应用。

现在有些高级轿车采用橡胶万向弹性联轴器，如图 2-107 所示。它主要用于衰减传动轴系的扭转振动，而且有补偿两轴相对位移和缓冲减振等功能。

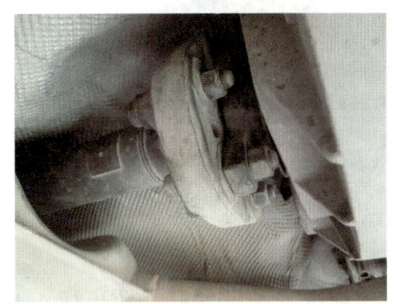 

图 2-107　橡胶万向弹性联轴器

## 四、传动轴

**1. 传动轴的作用**

传动轴是万向传动装置中主要的传递动力的部件，通常用来连接变速器（或分动器）和驱动桥，在转向驱动桥和断开式驱动桥中，则用来连接差速器和驱动车轮。

**2. 传动轴的构造**

传动轴有实心轴和空心轴之分。在轻型或中型货车上，传动轴多为空心轴，一般用厚度为 1.5～3.0mm 的薄钢板卷焊而成。中、重型货车的传动轴直接采用无缝钢管，断开式驱动桥采用实心的传动轴。

**3. 传动轴的特点**

为保证传动轴在运转过程中的动平衡，在出厂前对每一根传动轴都要进行动平衡试验，对动不平衡的传动轴要加上平衡块以保证其运转的平衡性，如图 2-108 所示。

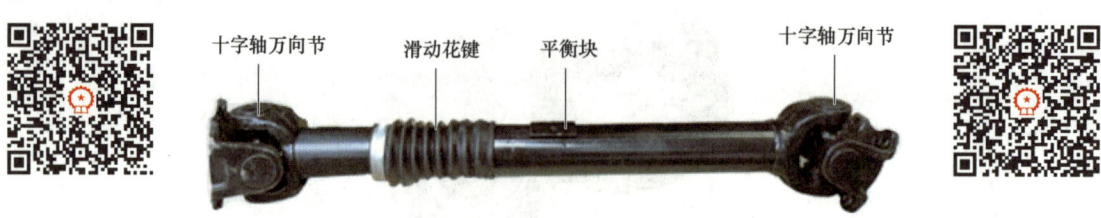

图 2-108　传动轴

由于变速器和驱动桥的相对位置经常发生变化，为了避免运动干涉，通常在传动轴上制有伸缩叉，用滑动花键联结，以实现传动轴总长度的变化。

### 五、中间支承

中间支承如图 2-109 所示，它主要由轴承、橡胶缓冲垫和支承座等组成。中间支承通常装在车架横梁上，能补偿传动轴轴向和角度方向的安装误差，以及汽车行驶过程中因发动机窜动或车架变形等引起的位移。

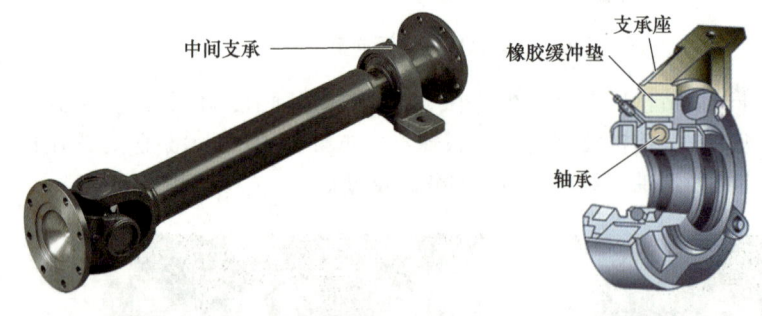

图 2-109　中间支承

### 六、万向传动装置的检修

**1. 传动轴**

传动轴不得有裂纹、凹陷，严重时更换新件。传动轴花键与滑动叉的侧隙，轿车应不大于 0.15mm，其他类型的汽车不大于 0.30mm，装配后要滑动自如，否则更换新件。

**2. 中间支承**

检查中间支承轴承的旋转是否灵活，有无异响，油封和橡胶垫是否损坏，若有，均应更换新件。

**3. 十字轴式万向节**

滚针轴承滚针断裂、油封失效，应更换新件。十字轴轴颈磨损过甚、严重压痕或严重剥落时，应更换新件。万向节叉不得有裂纹或其他严重损伤，否则更换新件。万向节装配完成后，可用手扳动十字轴进行检查，以转动自如没有松旷感觉为合适。若装配过紧或过松，应查明原因，必要时应拆检及重新装配。

**4. 等速万向节**

防尘罩有刺破、撕裂，钢带箍、卡环有损坏，应更换新件。球笼式碗形万向节轴、球笼、内球座与钢球有凹陷与磨损，若万向节间隙过大，则需更换新的万向节。三叉销式等速万向节应检

项目二 汽车传动系统拆装与维修

查滚道、滚轮、滚针轴承和三叉销轴颈有无麻点、磨损，若磨损严重应更换新件。

## 第五课　驱动桥

### 一、驱动桥的作用

驱动桥处于传动系统的终端，其作用是将万向传动装置输入的动力经降速增矩、改变动力传递方向后，分配给左、右驱动轮，使汽车行驶，并允许左、右驱动轮以不同的转速旋转而驱动汽车行驶。

### 二、驱动桥的组成

驱动桥主要由主减速器、差速器、半轴和桥壳组成。如图 2-110 所示，主动齿轮和从动齿轮构成主减速器，其作用是改变动力传递方向和降速增矩。行星齿轮、行星齿轮轴和半轴齿轮构成差速器，其作用是允许左、右驱动轮转速不同，并把动力经半轴传到驱动轮的轮毂。

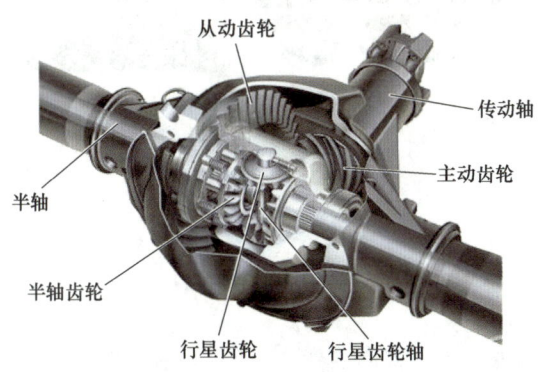

图 2-110　驱动桥的组成

### 三、驱动桥的类型

驱动桥按照结构的不同可以分为整体式驱动桥和断开式驱动桥两种，整体式驱动桥又称为非断开式驱动桥。根据发动机的布置方式和传动方案的不同，驱动桥又可分为前驱动桥和后驱动桥两类。

**1. 整体式驱动桥**

整体式驱动桥，如图 2-111a 所示，采用非独立悬架。主减速器、差速器和半轴安装在桥壳内，驱动桥两端通过悬架与车架或车身连接，由于半轴套管和主减速器壳是刚性的整体，因而两侧的半轴和驱动轮不可能相互独立地跳动。当某一侧驱动轮通过地面的凸出物或凹坑升高或下降时，整个驱动桥及车身都要随之发生倾斜，车身波动大，如图 2-111b 所示，但其刚度和强度较好。

a) 实物图　　　　　　　　b) 道路不平

图 2-111　整体式驱动桥

## 2. 断开式驱动桥

断开式驱动桥，如图 2-112a 所示，采用独立悬架。它取消了半轴套管，因此，半轴露在外面，半轴的两端通过万向节分别与主减速器壳内的差速器和驱动轮相连。主减速器壳固定在车架或车身上。驱动桥两端分别用悬架与车架或车身连接。这样，两侧驱动轮可以彼此独立地相对于车架或车身上下跳动，如图 2-112b 所示。

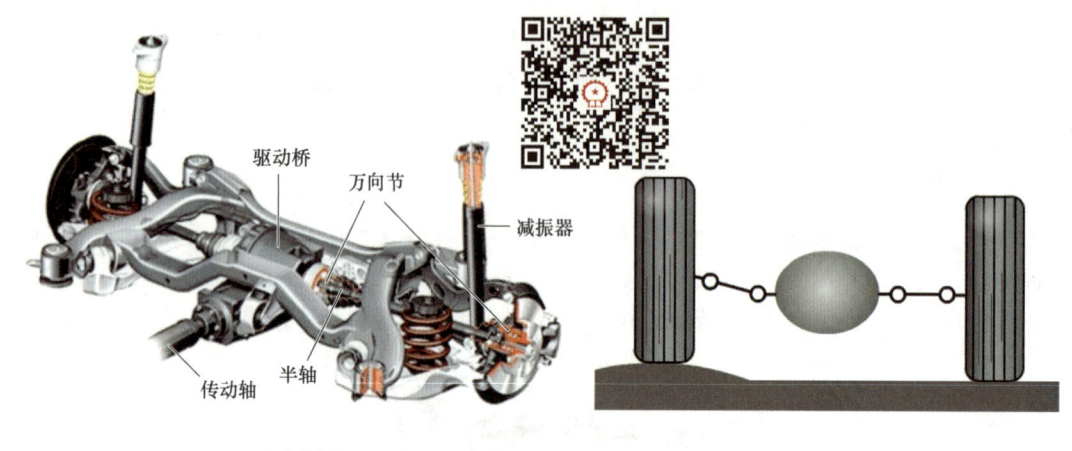

图 2-112　断开式驱动桥

## 四、主减速器

### 1. 主减速器的作用

主减速器的作用是将动力的传递方向改变 90°（发动机纵置时），并将转速降低，转矩增大，以保证汽车在良好路面上具有足够的牵引力和适当的速度。

### 2. 主减速器的类型

（1）按减速齿轮副的级数分　主减速器按减速齿轮副的级数可分为单级主减速器和双级主减速器两种，如图 2-113 所示。单级主减速器具有结构简单、体积小、质量小和传动效率高等优点，广泛应用于轿车和一般轻、中型货车。双级主减速器主要由两对常啮合的车轮组成，其中一对为锥齿轮，另一对为圆柱斜齿轮，一些中型和重型汽车均有采用。

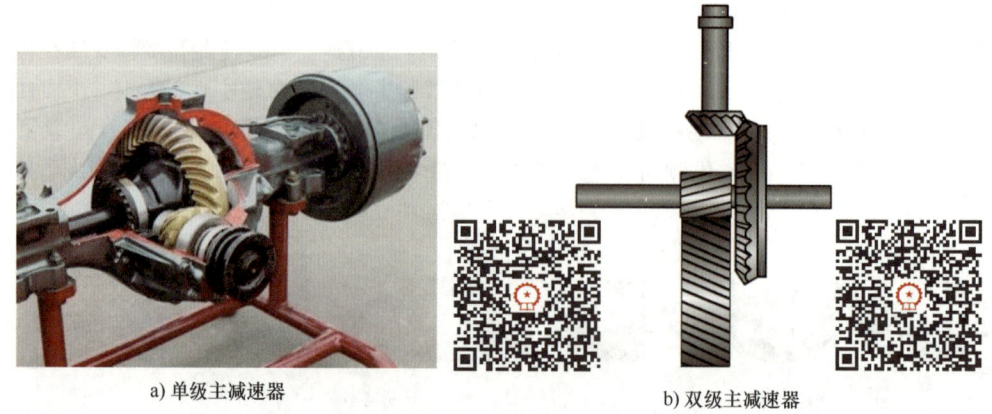

图 2-113　主减速器按减速齿轮副的级数分

（2）按主减速器速比档数分　按主减速器速比档数分为单速式主减速器和双速式主减速器。单速式的传动比只有一个，而双速式的传动比有两个，以适应不同行驶条件的需要。

（3）按齿轮副结构形式分　按齿轮副结构形式的不同可分为圆柱齿轮式主减速器、锥齿轮式主减速器和准双曲面齿轮式主减速器，如图2-114所示。

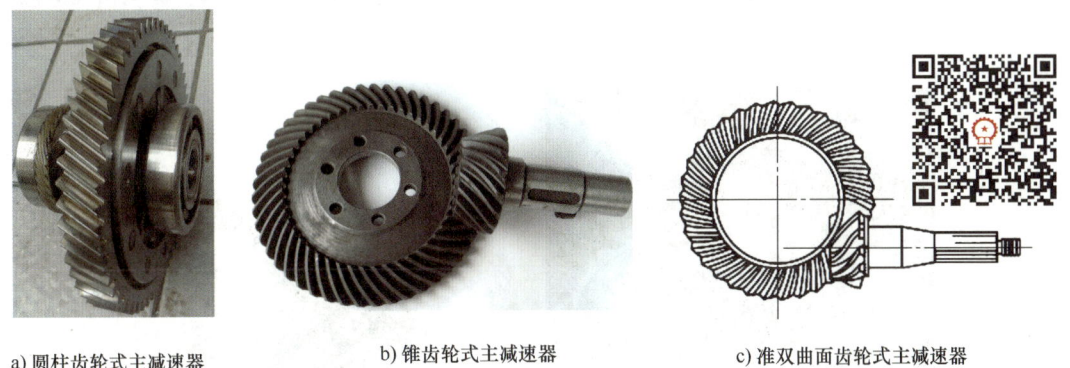

a) 圆柱齿轮式主减速器　　　b) 锥齿轮式主减速器　　　c) 准双曲面齿轮式主减速器

图2-114　主减速器按齿轮副结构形式分

准双曲面齿轮式主减速器主动锥齿轮的轴线相对从动锥齿轮可以偏移，在保证一定的离地间隙的情况下，主动锥齿轮的轴线向下偏移，可降低主动锥齿轮和传动轴的位置，因而使车身和整个汽车的重心降低，提高了汽车的行驶稳定性。准双曲面齿轮式主减速器越来越多地应用在中型和重型汽车上。为了减少摩擦，提高效率，必须使用专门级别的齿轮油，决不允许用普通齿轮油代替。

**3. 单级主减速器**

对于发动机纵向布置的汽车，单级主减速器采用一对锥齿轮传动，如图2-115所示。

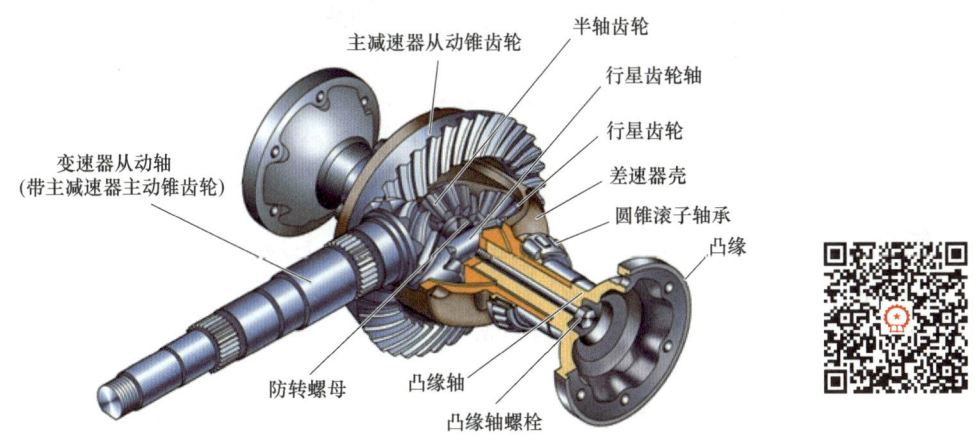

图2-115　发动机纵向布置的单级主减速器

对于发动机横向布置的汽车，单级主减速器采用一对圆柱齿轮即可，如图2-116所示。

单级主减速器（锥齿轮传动）的调整：

（1）轴承预紧度的调整　主动锥齿轮轴承预紧度由调整垫片来调整，增加垫片的厚度，轴承预紧度减小；反之，轴承预紧度增加。从动锥齿轮（差速器壳）轴承预紧度则是通过拧动两侧的轴承调整螺母来调整的，拧入调整螺母，轴承预紧度增加；反之，轴承预紧度减小。

只有圆锥滚子轴承的预紧度可调，而圆柱滚子轴承无须调整，且圆锥滚子轴承预紧度的调整必须在齿轮啮合调整之前。

（2）**齿轮啮合的调整**　锥齿轮啮合的调整是指齿面啮合印痕和齿侧啮合间隙的调整。

1）齿面啮合印痕。先检查齿面啮合印痕，方法是：在主动锥齿轮上相隔120°的三处用红丹油在齿的正反面各涂2～3个齿，再用手对从动锥齿轮稍施加阻力并正、反向各转动主动锥齿轮数圈。观察从动锥齿轮上的啮合印痕，正确的啮合印痕应位于齿高的中间偏小端，并占齿宽60%以上，如图2-117所示。

图2-116　发动机横向布置的单级主减速器

图2-117　齿面啮合印痕的调整

如果啮合印痕位置不正确，应进行调整，方法是增减主减速器壳与主动锥齿轮轴承座之间调整垫片的总厚度，即增加调整垫片的厚度，使主动锥齿轮前移；反之则后移。

2）齿侧啮合间隙。调整啮合印痕移动主动锥齿轮后，主、从动锥齿轮的啮合间隙要发生变化。

啮合间隙的检查：将百分表抵在从动锥齿轮正面的大端处，用手把住主动锥齿轮，然后轻轻往复摆转从动锥齿轮即可显示间隙值。中、重型汽车的啮合间隙应为0.15～0.50mm，轻型汽车的啮合间隙为0.10～0.18mm。

如果啮合间隙不符合要求应进行调整，方法是移动从动锥齿轮（差速器壳）。当从动锥齿轮远离主动锥齿轮时间隙变大，反之则变小。移动从动锥齿轮的方法是将一侧的轴承调整螺母旋入几圈，另一侧就旋出几圈。

### 五、差速器

**1. 差速器的作用**

汽车在转弯时，内侧车轮和外侧车轮存在转速差（外侧车轮转速要比内侧车轮转速高），若内、外两驱动轮之间没有安装差速器，就会导致内侧车轮发生"制动"现象，如图2-118a所示。如在内、外两驱动轮之间安装差速器，则差速器可以让内、外两驱动轮转速不相等，从而避免了转弯"制动"的现象，如图2-118b所示。

差速器的作用就是将主减速器传来的动力传给左、右两半轴，并在必要时允许左、右两半轴以不同的转速旋转，使左、右驱动轮相对路面做纯滚动而不是滑动。

**2. 差速器类型**

差速器按工作特性不同可分为普通差速器和防滑差速器，差速器按装设位置不同可分为轮间差速器和轴间差速器。

布置在前驱动桥或后驱动桥内的差速器，分别称为前差速器或后差速器，它们都是轮间差速器，如图2-119所示为前差速器；如果差速器布置在四驱汽车的中间传动轴上，用来调节前轮和后轮之间的转速，则称为轴间差速器，也称为中央差速器，如图 2-120 所示。

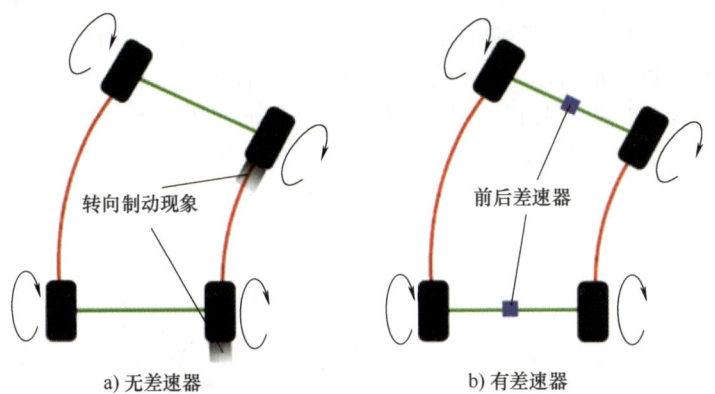

图 2-118　有、无差速器结果

图 2-119　前差速器

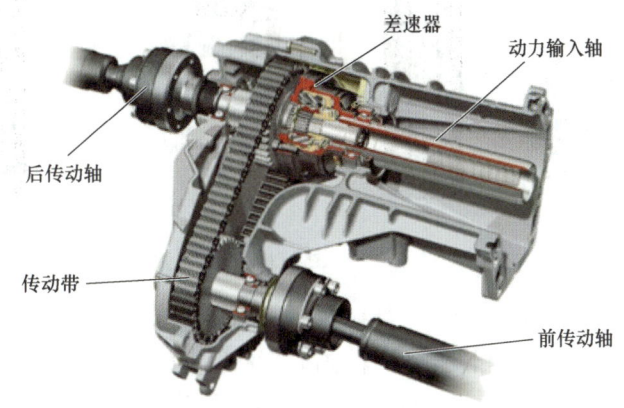

图 2-120　中央差速器

### 3. 普通差速器

**(1) 结构**　普通差速器应用最为广泛的是行星齿轮式差速器，如图 2-121 所示，它由差速器壳、行星齿轮轴、行星齿轮、半轴齿轮和调整垫片等组成。行星齿轮和半轴齿轮的背面制成球面，差速器壳的内表面也制成球面，以保证行星齿轮和半轴齿轮能正确啮合。行星齿轮和半轴齿轮与差速器壳之间装有垫片，用以减轻摩擦、降低磨损，以提高差速器的使用寿命，同时还可以用来调整齿轮的啮合间隙。行星齿轮套装在行星齿轮轴的两端，而半轴齿轮分别与行星齿轮啮合并通过中间花键孔与两侧半轴连接。主减速器从动齿轮通过螺栓固定在差速器壳上，行星齿轮轴装入差速器壳轴颈孔中。

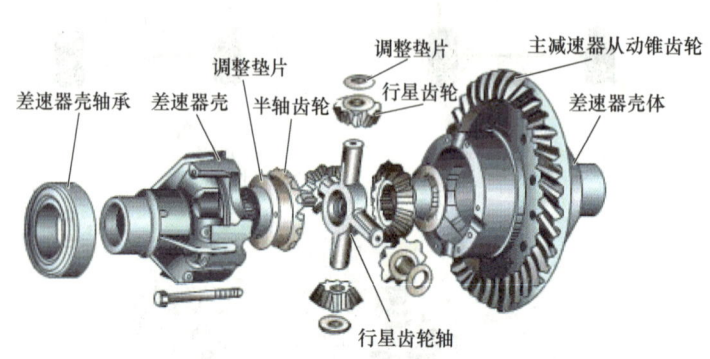

a) 实物图　　　　　　　　b) 装配图

图 2-121　普通差速器

**(2) 工作原理**　差速器壳与行星齿轮轴连成一体，并由主减速器从动齿轮带动一起转动，是差速器的主动件，设其转速为 $n_0$。两个半轴齿轮分别与两侧半轴连接，设其转速分别为 $n_1$ 和 $n_2$。

1）汽车直线行驶。当汽车直线行驶时，如图 2-122 所示，行星齿轮相当于一个等臂杠杆保持平衡，即行星齿轮不自转，而只随行星齿轮轴及差速器壳一起公转，两半轴无转速差，差速器不起差速作用，即 $n_1 = n_2 = n_0$，且 $n_1 + n_2 = 2n_0$。

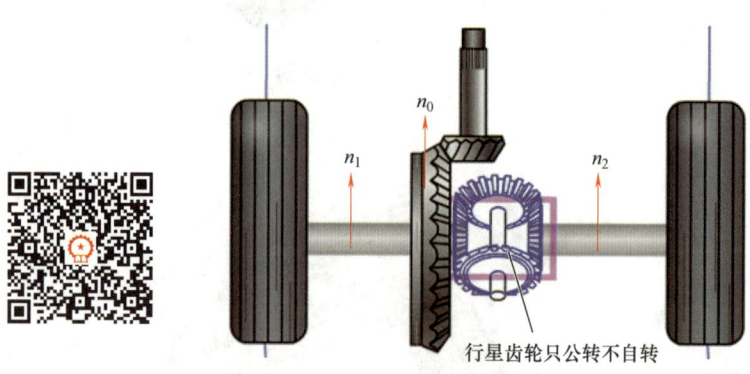

图 2-122　汽车直线行驶

2）汽车转弯行驶（右转弯）。当汽车转弯行驶时，如图 2-123 所示，行星齿轮除了随差速器壳一起公转外，还绕行星齿轮轴自转，则左半轴齿轮的转速加快，右半轴齿轮的转速减慢，左半轴齿轮转速的增加值等于右半轴齿轮转速的减小值。设左半轴齿轮转速的增加值为 $\Delta n$，则两半轴齿轮的转速分别为

$$n_1 = n_0 + \Delta n，n_2 = n_0 - \Delta n$$

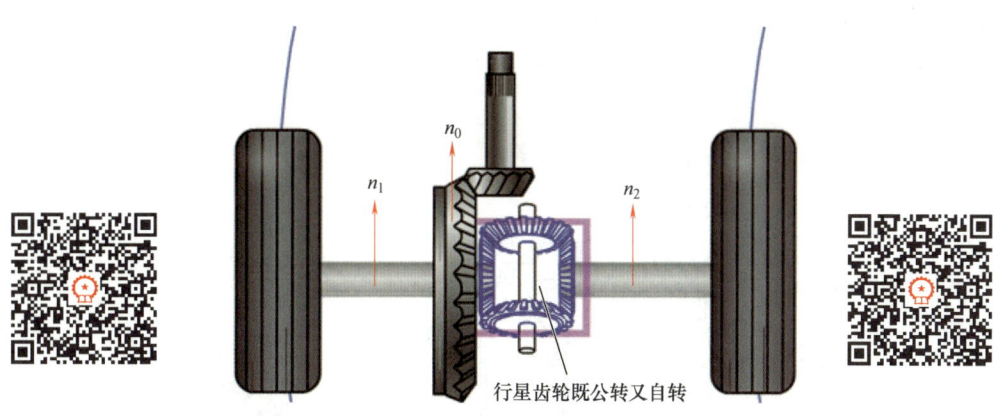

图 2-123　汽车转弯行驶（右转弯）

这就是差速器的差速作用，即汽车在转弯或其他情况下行驶时，两侧车轮可以不同的转速在地面上滚动，但仍然有

$$n_1 + n_2 = 2n_0$$

该式表明，差速器无论差速与否，两半轴齿轮转速之和始终等于差速器壳转速的 2 倍，而与行星齿轮自转转速无关。

当任何一侧半轴齿轮的转速为零时，另一侧半轴齿轮的转速为差速器壳转速的 2 倍；当差速器壳转速为零时，若一侧半轴齿轮受其他力矩而转动时，另一侧半轴齿轮以相同的速度反转。

**4. 防滑差速器**

行星齿轮式差速器具有转矩等量分配的特性，此特性对于汽车在良好路面上行驶是有利的，但在条件恶劣路面上行驶时却会严重影响其通过能力。当汽车的一个驱动轮处于泥泞路面因附着力小而原地打滑时，即使另一驱动轮处于附着力大的路面上未滑转，汽车仍不能行驶。这是因为附着力小的路面只能对驱动车轮作用一个很小的反作用力矩，而驱动转矩也只能等于这一很小的反作用力矩。由于差速器等量分配转矩的特性，附着力好的驱动轮也只能分配到同样小的转矩，以至于总的驱动力不足以克服行驶阻力，汽车便不能前进。

为了提高汽车的通过能力，某些越野汽车、高级乘用车和轻型汽车上装用了防滑差速器，常用防滑差速器可分为人工强制锁止式和摩擦片自锁式两大类。前者通过驾驶人操纵差速锁，人为地将差速器暂时锁住，使差速器不起差速作用。后者是在汽车行驶过程中，根据路面情况自动改变驱动轮间的转矩分配，将大部分或全部转矩分配给未打滑的驱动轮，充分利用未打滑驱动轮与路面之间的附着力，以产生足够的驱动力使汽车继续行驶。

（1）**强制锁止式差速器**　手动机械式差速锁，通过牙嵌式结构，直接将两侧车轮锁止，简单可靠，如图 2-124 所示。可是它需要完全靠手动方式操作，还得在停车状态切换。

（2）**摩擦片自锁式差速器**　摩擦片自锁式差速器，如图 2-125 所示，它是在普通行星锥齿轮差速器的基础上发展而成的。两半轴锥齿轮背面与差速器壳之间各安装了一套摩擦式离合器，用以增大差速器的内部摩擦阻力矩。摩擦片式差速器由推力压盘及主、从动摩擦片组成。推力压盘内花键与半轴相连，而其外花键与从动摩擦片的内花键连接，主动摩擦片的外花键与差速器壳的内花键连接。主、从动摩擦片及推力压盘均可做微小的轴向移动。两根互相垂直的行星锥齿轮轴组成十字

图 2-124　强制锁止式差速器

轴,其轴颈的端部均切有凸V形斜面,差速器壳上的配合孔较大,相应地加工有凹V形斜面。两根行星锥齿轮轴是反向安装的。

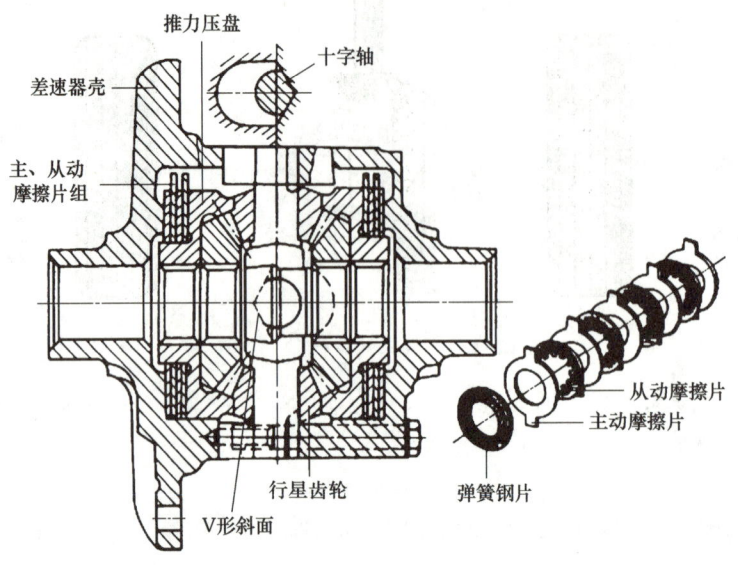

图2-125 摩擦片自锁式差速器

当汽车直线行驶,两半轴无转速差时,转矩平均分配给两半轴,如图2-126所示。由于差速器壳通过V形斜面驱动行星锥齿轮轴,在传递转矩时,斜面上产生的平行于差速器轴线的转向分力迫使两根行星锥齿轮轴分别向左、右方向略微移动,通过行星锥齿轮推动推力压盘压紧摩擦片。此时转矩经两条路线传给半轴:一路经行星锥齿轮轴,行星锥齿轮和半轴锥齿轮将大部分转矩传给半轴;另一路则由差速器壳、主从动摩擦片、推力压盘传给半轴。

当一侧车轮在坏路面上滑转或转弯时,差速器起差速作用,使两半轴转速不相等,即一侧半轴的转速高于差速器壳的转速,另一侧低于差速器壳的转速,如图2-127所示。这样,由于转速差及轴向力的存在,主、从动摩擦片间将产生摩擦力矩,且经从动摩擦片及推力压盘传给两半轴的摩擦力矩方向相反:与快转半轴的转向相反,而与慢转半轴的转向相同。因而使得慢转半轴所分配到的转矩大于快转半轴所分配到的转矩,从而提高了汽车的通过能力,其防滑原理就在于此。摩擦作用越强,两半轴的转矩差越大,最大可达5~7倍。摩擦片自锁式差速器结构简单,工作平稳,多用于轿车或轻型货车。

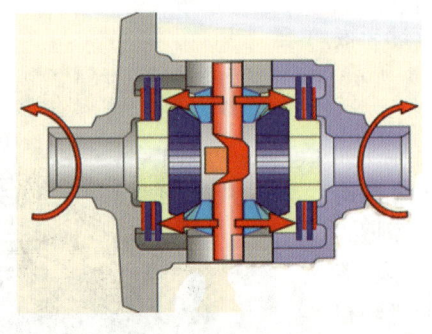

图2-126 汽车直线行驶

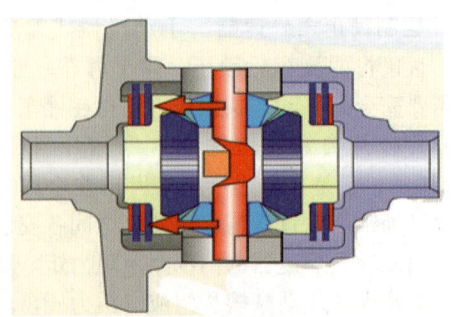

图2-127 汽车转弯

## 六、分动器

分动器是四驱汽车上特有的部件,它的作用是将从变速器传来的动力分配给前、后驱动桥。分动器的传力方式有两种:一种是通过齿轮将动力分配给前、后驱动桥,另一种是通过传动链将动力分配给前、后驱动桥,两种类型的分动器如图 2-128 和图 2-129 所示。

图 2-128 齿轮传动式分动器

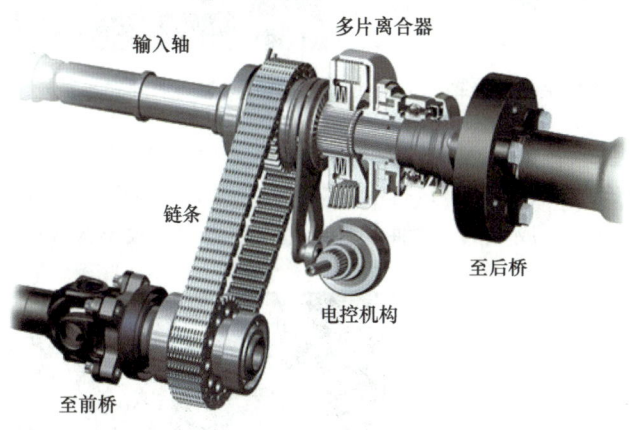

图 2-129 链条传动式分动器

## 七、半轴

**1. 半轴的作用**

半轴的作用是将差速器传来的动力传递给驱动轮。

**2. 半轴的结构**

断开式驱动桥采用的半轴,如图 2-130 所示。半轴为实心轴,半轴分段并用万向节分别与半轴齿轮和驱动轮毂相连。

图 2-130 断开式驱动桥采用的半轴(半浮式半轴)

非断开式驱动桥采用的半轴，如图2-131所示。半轴为实心轴，内端有花键，与半轴齿轮相连，外端有凸缘，与驱动轮的轮毂相连。

**3. 半轴的支承形式**

现代汽车常采用全浮式和半浮式两种半轴支承形式。

（1）**全浮式半轴支承**　全浮式半轴支承，如图2-132所示，广泛应用于整体式驱动桥。这种半轴支承形式，半轴与桥壳没有直接联系，半轴只在两端承受转矩，不承受其他任何反力和弯矩，所以，称为全浮式半轴支承。全浮式半轴支承便于拆装，只需拧下半轴凸缘上的轮毂螺栓，即可将半轴抽出，而车轮和桥壳照样能支撑住汽车。

a) 全浮式半轴　　b) 半浮式半轴

图2-131　非断开式驱动桥采用的半轴

图2-132　全浮式半轴支承

（2）**半浮式半轴支承**　半浮式半轴如图2-130和图2-131b所示，其既传递转矩又承受全部反力和弯矩。半浮式半轴支承（图2-133）拆取麻烦，且汽车行驶中若半轴折断则易造成车轮飞脱的危险，但它的支承结构简单、成本低，因而被广泛用于反力弯矩较小的各类轿车上。

图2-133　半浮式半轴支承

## 八、桥壳

**1. 作用**

驱动桥壳作为传动系统的组成部分，其作用是安装并保护主减速器、差速器和半轴。作为行驶系统的组成部分，其作用是安装悬架或轮毂，和从动桥一起支承汽车悬架以上各部分质量，承受驱动轮传来的反力和力矩，并在驱动轮与悬架之间传力。驱动桥壳必须有足够的强度和刚度，质量小，并便于主减速器的拆装和调整。

## 2. 类型

驱动桥壳可分为整体式桥壳和分段式桥壳两种。

整体式桥壳，如图2-134所示，其中部为一环形空心壳体，即主减速器壳，用于安装主减速器和差速器。两端为半轴套管，用来安装半轴。桥壳后盖上装有检查油面用的螺塞。

图 2-134　整体式桥壳

分段式桥壳，如图2-135所示，一般由两段桥壳组成，中间用螺栓连成一体。分段式桥壳铸造加工简便，但维修、维护十分不便。当拆检主减速器时，必须把整个驱动桥从汽车上拆卸下来，目前很少采用。

### 九、驱动桥的润滑

#### 1. 驱动桥润滑油的种类

驱动桥润滑油的种类同手动变速器润滑油，图2-136所示为中负荷齿轮油，质量等级为GL-4，黏度级别为85W-90。

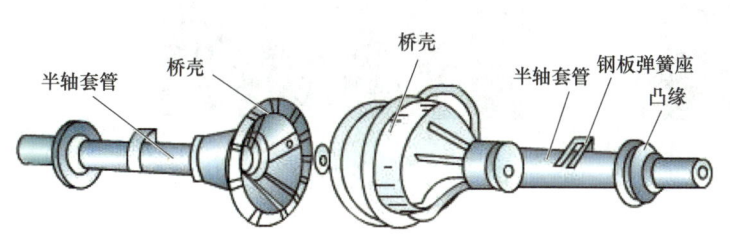

图 2-135　分段式桥壳

图 2-136　齿轮油

#### 2. 驱动桥润滑油的选用

1）按照汽车使用手册或维修手册选用。严格按照车辆使用说明书的规定，正确选用驱动桥润滑油。

2）按照质量等级选用驱动桥润滑油。按照质量等级选用驱动桥润滑油见表2-2。

表 2-2　按照质量等级选用驱动桥润滑油

| 品种代号 | 用　途 |
| --- | --- |
| GL-3 | 弧齿锥齿轮的驱动桥 |
| GL-4 | 弧齿锥齿轮和使用条件不太苛刻的准双曲面齿轮的驱动桥 |
| GL-5 | 使用条件苛刻的准双曲面齿轮及其他各种齿轮的驱动桥 |

### 十、驱动桥的检修

#### 1. 更换驱动桥润滑油

驱动桥润滑油一般20000～30000km或半年左右更换一次，更换驱动桥润滑油步骤如下：

1）用扳手拆下放油螺塞，如图2-137所示。
2）为方便放油，加油螺塞也拆下，如图2-138所示。

图2-137　拆下放油螺塞

图2-138　拆下加油螺塞

3）安装放油螺塞，如图2-139所示。
4）加注驱动桥润滑油，一直到油倒流为止，如图2-140所示。

图2-139　安装放油螺塞

图2-140　加注驱动桥润滑油

5）安装加油螺塞，如图2-141所示。

**2. 主减速器的检查**

主减速器壳应无裂损，壳体上各螺孔的螺纹损伤不得多于两牙，各轴承孔无明显磨损，主减速器主动齿轮花键与凸缘槽的侧隙不大于0.20mm。

**3. 差速器的检查**

差速器壳应无裂损，壳体与行星齿轮、半轴齿轮垫片的接触面应光滑无沟槽。与差速器轴承配合的轴颈径向圆跳动量为0.08mm，半轴齿轮孔的径向圆跳动量为0.08mm，行星齿轮轴与差速器壳及行星齿轮的配合间隙分别不大于0.05mm 和0.18mm。

图2-141　安装加油螺塞

**4. 半轴的检修**

半轴应进行探伤检查，不得有任何形式的裂纹存在。半轴花键应无明显的扭转变形。半轴花键的侧隙增大量较原厂规定不得大于0.15mm。

**5. 桥壳的检修**

桥壳和半轴套管不允许有裂纹存在，半轴套管应进行探伤处理。各部位螺纹损伤不得超过两牙。钢板弹簧座定位孔的磨损不得大于1.5mm，超限时先进行补焊，然后按原位置重新钻孔。滚动轴承与桥壳的配合应符合原厂规定。

## 任务实施

### 任务一　拆装离合器

**1. 任务目的**

1）知道离合器的作用、组成和工作过程。
2）能识别离合器的类型。
3）能熟练使用设备和工具，按流程规范拆装离合器。
4）能积极主动参与任务，能与小组成员团结协作，能执行实训室"6S"规定。

**2. 任务准备**

1）知识准备：完成项目二第二课"汽车离合器"的学习。
2）设备准备：汽车、举升机、演示课件（或操作视频）。

**3. 任务步骤**

1）老师演示或播放视频：拆装离合器。
2）学生练习拆装离合器（或老师演示时同步练习），并完成汽车底盘构造与维修工作页相应部分内容的填写。

离合器的拆装，拆装内容包括从汽车上拆下离合器及安装离合器到车上。

**4. 任务评价**

任务评价内容及标准见表2-3。

表2-3　任务评价内容及标准

| 序号 | 项目 | 操作内容 | 分值 | 评分标准 | 得分 |
|---|---|---|---|---|---|
| 1 | 准备 | 清理工位 | 5分 | 酌情扣分 | |
| 2 | 拆卸 | 从汽车上拆下离合器 | 25分 | 操作不当扣1~25分 | |
| 3 | 检查 | 检查离合器总成 | 20分 | 操作不当扣1~20分 | |
| 4 | 安装 | 安装离合器到汽车上 | 25分 | 操作不当扣1~25分 | |
| 5 | 完成时间 | 80min | 10分 | 超时1·5min扣1·5分<br>超时5min以上扣10分 | |
| 6 | 安全文明 | 无安全隐患，无不文明操作 | 5分 | 未达标扣1~5分 | |
| 7 | 结束 | 工量具清洁归位 | 5分 | 漏一项扣1分，未做扣5分 | |
| | | 工作场地清洁 | 5分 | 清洁不彻底扣1~5分，未做扣5分 | |
| | | 总分 | 100分 | | |

### 任务二　调整离合器

**1. 任务目的**

1）知道离合器操纵机构的作用和特点。
2）能判别离合器操纵机构的类型和结构。

3) 能调整离合器踏板的高度。
4) 能积极主动参与任务,能与小组成员团结协作,能执行实训室"6S"规定。

**2. 任务准备**

1) 知识准备:完成项目二第二课"汽车离合器"的学习。
2) 设备准备:汽车、举升机、钢直尺一把、扳手、演示课件(或操作视频)。

**3. 任务步骤**

1) 老师演示或播放视频:离合器的调整。
2) 学生练习调整离合器的踏板高度(或老师演示时同步练习),并完成汽车底盘构造与维修工作页相应部分内容的填写。

离合器踏板高度的调整,要先测量离合器踏板的高度,然后再调整。

**4. 任务评价**

任务评价内容及标准见表2-4。

表2-4 任务评价内容及标准

| 序号 | 项目 | 操作内容 | 分值 | 评分标准 | 得分 |
|---|---|---|---|---|---|
| 1 | 准备 | 清点工具、清理工位 | 5分 | 酌情扣分 | |
| 2 | 测量 | 测量离合器踏板高度 | 30分 | 操作不当扣1~30分 | |
| 3 | 调整 | 调整离合器踏板高度 | 40分 | 操作不当扣1~40分 | |
| 4 | 完成时间 | 40min | 10分 | 超时1~5min扣1~5分<br>超时5min以上扣10分 | |
| 5 | 安全文明 | 无安全隐患,无不文明操作 | 5分 | 未达标扣1~5分 | |
| 6 | 结束 | 工具清洁归位 | 5分 | 漏一项扣1分,未做扣5分 | |
| | | 工作场地清洁 | 5分 | 清洁不彻底扣1~5分,未做扣5分 | |
| | | 总分 | 100分 | | |

## 任务三 拆装手动变速器

**1. 任务目的**

1) 知道手动变速器的基本结构、作用及工作过程。
2) 区分手动变速器各档位的动力传递路线。
3) 熟练使用设备和专用工具,按流程规范拆装手动变速器。
4) 能积极主动参与任务,能与小组成员团结协作,能执行实训室"6S"规定。

**2. 任务准备**

1) 知识准备:完成项目二第三课"手动变速器"的学习。
2) 设备准备:手动变速器、手动变速器成套专用工具、套筒扳手、顶拔器、内外卡环钳各一套、铜棒、锤子、演示课件(或操作视频)。

**3. 任务步骤**

1) 老师演示或播放视频:拆装手动变速器。
2) 学生练习拆装手动变速器(或老师演示时同步练习),并完成汽车底盘构造与维修工作页相应部分内容的填写。

拆装手动变速器,拆装内容包括输入轴和输出轴、三轴式变速器还有中间轴。

## 项目二　汽车传动系统拆装与维修

**4. 任务评价**

任务评价内容及标准见表2-5。

表2-5　任务评价内容及标准

| 序号 | 项目 | 操作内容 | 分值 | 评分标准 | 得分 |
|---|---|---|---|---|---|
| 1 | 准备 | 清理工位 | 5 分 | 酌情扣分 | |
| 2 | 拆卸 | 拆卸输入轴 | 10 分 | 操作不当扣 1~10 分 | |
| | | 拆卸输出轴 | 10 分 | 操作不当扣 1~10 分 | |
| | | 拆卸中间轴 | 10 分 | 操作不当扣 1~10 分 | |
| 3 | 清洗检查 | 清洗检查变速器各零部件 | 15 分 | 操作不当扣 1~15 分 | |
| 4 | 安装 | 安装变速器 | 25 分 | 操作不当扣 1~25 分 | |
| 5 | 完成时间 | 120min | 10 分 | 超时 1~5min 扣 1~5 分<br>超时 5min 以上扣 10 分 | |
| 6 | 安全文明 | 无安全隐患，无不文明操作 | 5 分 | 未达标扣 1~5 分 | |
| 7 | 结束 | 工作场地清洁 | 10 分 | 清洁不彻底扣 1~5 分，未做扣 10 分 | |
| | 总分 | | 100 分 | | |

## 任务四　更换变速器润滑油

**1. 任务目的**

1）学会更换变速器润滑油的方法。

2）能积极主动参与任务，能与小组成员团结协作，能执行实训室"6S"规定。

**2. 任务准备**

1）知识准备：完成项目二第三课"手动变速器"的学习。

2）设备准备：汽车、汽车底盘拆装工量具、演示课件（或操作视频）。

**3. 任务步骤**

1）老师演示或播放视频：更换变速器润滑油。

2）学生练习更换变速器润滑油（或老师演示时同步练习），并完成汽车底盘构造与维修工作页相应部分内容的填写。

更换变速器润滑油，更换内容包括排放旧的变速器润滑油和加注新的变速器润滑油。

**4. 任务评价**

任务评价内容及标准见表2-6。

表2-6　任务评价内容及标准

| 序号 | 项目 | 操作内容 | 分值 | 评分标准 | 得分 |
|---|---|---|---|---|---|
| 1 | 准备 | 清点工量具、清理工位 | 5 分 | 酌情扣分 | |
| 2 | 排放 | 旧变速器润滑油 | 40 分 | 操作不当扣 1~40 分 | |
| 3 | 加注 | 新变速器润滑油 | 30 分 | 操作不当扣 1~30 分 | |
| 4 | 完成时间 | 80min | 10 分 | 超时 1~5min 扣 1~5 分<br>超时 5min 以上扣 10 分 | |
| 5 | 安全文明 | 无安全隐患，无不文明操作 | 5 分 | 未达标扣 1~5 分 | |
| 6 | 结束 | 工量具清洁归位 | 5 分 | 漏一项扣 1 分，未做扣 5 分 | |
| | | 工作场地清洁 | 5 分 | 清洁不彻底扣 1~5 分，未做扣 5 分 | |
| | 总分 | | 100 分 | | |

## 任务五　拆装万向传动装置

**1. 任务目的**

1) 知道万向传动装置的组成和作用。
2) 能独立地正确拆装万向传动装置。
3) 能积极主动参与任务，能与小组成员团结协作，能执行实训室"6S"规定。

**2. 任务准备**

1) 知识准备：完成项目二第四课"万向传动装置"的学习。
2) 设备准备：汽车、各种扳手和套筒、卡环钳、螺钉旋具、锤子、铜棒、润滑脂、演示课件（或操作视频）。

**3. 任务步骤**

1) 老师演示或播放视频：拆装万向传动装置。
2) 学生练习拆装万向传动装置（或老师演示时同步练习），并完成汽车底盘构造与维修工作页相应部分内容的填写。

拆装万向传动装置，拆装内容包括传动轴和万向节。

**4. 任务评价**

任务评价内容及标准见表2-7。

表2-7　任务评价内容及标准

| 序号 | 项　目 | 操作内容 | 分值 | 评分标准 | 得分 |
|---|---|---|---|---|---|
| 1 | 准备 | 清理工位 | 5分 | 酌情扣分 | |
| 2 | 拆卸 | 传动轴、万向节从车上拆下 | 15分 | 操作不当扣1~15分 | |
| | | 分解万向节 | 20分 | 操作不当扣1~20分 | |
| 3 | 清洗检查 | 清洗万向节各零部件并检查 | 15分 | 操作不当扣1~15分 | |
| 4 | 安装 | 安装万向传动装置 | 20分 | 操作不当扣1~20分 | |
| 5 | 完成时间 | 80min | 10分 | 超时1~5min扣1~5分<br>超时5min以上扣10分 | |
| 6 | 安全文明 | 无安全隐患，无不文明操作 | 5分 | 未达标扣1~5分 | |
| 7 | 结束 | 工作场地清洁 | 10分 | 清洁不彻底扣1~5分，未做扣10分 | |
| | | 总分 | 100分 | | |

## 任务六　拆装驱动桥

**1. 任务目的**

1) 知道驱动桥的作用、类型和组成。
2) 能安全规范地拆卸驱动桥，观察驱动桥的结构。
3) 能积极主动参与任务，能与小组成员团结协作，能执行实训室"6S"规定。

**2. 任务准备**

1) 知识准备：完成项目二第五课"驱动桥"的学习。
2) 设备准备：汽车、各种扳手和套筒、演示课件（或操作视频）。

**3. 任务步骤**

1）老师演示或播放视频：拆装驱动桥。

2）学生练习拆装驱动桥（或老师演示时同步练习），并完成汽车底盘构造与维修工作页相应部分内容的填写。

拆装驱动桥，拆装内容包括拆装汽车前驱动桥或后驱动桥。

**4. 任务评价**

任务评价内容及标准见表2-8。

表2-8 任务评价内容及标准

| 序号 | 项目 | 操作内容 | 分值 | 评分标准 | 得分 |
|---|---|---|---|---|---|
| 1 | 准备 | 清理工位 | 5分 | 酌情扣分 | |
| 2 | 拆卸 | 从车上取出主减速器及差速器总成 | 30分 | 操作不当扣1~30分 | |
| 3 | 检查 | 驱动桥各零部件 | 20分 | 操作不当扣1~20分 | |
| 4 | 安装 | 将主减速器及差速器总成装到车上 | 20分 | 操作不当扣1~20分 | |
| 5 | 完成时间 | 80min | 10分 | 超时1~5min扣1~5分<br>超时5min以上扣10分 | |
| 6 | 安全文明 | 无安全隐患，无不文明操作 | 5分 | 未达标扣1~5分 | |
| 7 | 结束 | 工作场地清洁 | 10分 | 清洁不彻底扣1~5分，未做扣10分 | |
| | 总分 | | 100分 | | |

## 任务七 更换驱动桥润滑油

**1. 任务目的**

1）学会更换驱动桥润滑油的方法。

2）能积极主动参与任务，能与小组成员团结协作，能执行实训室"6S"规定。

**2. 任务准备**

1）知识准备：完成项目二第五课"驱动桥"的学习。

2）设备准备：汽车、汽车底盘拆装工量具、演示课件（或操作视频）。

**3. 任务步骤**

1）老师演示或播放视频：更换驱动桥润滑油。

2）学生练习更换驱动桥润滑油（或老师演示时同步练习），并完成汽车底盘构造与维修工作页相应部分内容的填写。

更换驱动桥润滑油，更换内容包括排放旧的驱动桥润滑油和加注新的驱动桥润滑油。

**4. 任务评价**

任务评价内容及标准见表2-9。

表2-9 任务评价内容及标准

| 序号 | 项目 | 操作内容 | 分值 | 评分标准 | 得分 |
|---|---|---|---|---|---|
| 1 | 准备 | 清点工量具、清理工位 | 5分 | 酌情扣分 | |
| 2 | 排放 | 旧驱动桥润滑油 | 40分 | 操作不当扣1~40分 | |

(续)

| 序号 | 项目 | 操作内容 | 分值 | 评分标准 | 得分 |
|---|---|---|---|---|---|
| 3 | 加注 | 新驱动桥润滑油 | 30分 | 操作不当扣1~30分 | |
| 4 | 完成时间 | 40min | 10分 | 超时1~5min扣1~5分<br>超时5min以上扣10分 | |
| 5 | 安全文明 | 无安全隐患，无不文明操作 | 5分 | 未达标扣1~5分 | |
| 6 | 结束 | 工量具清洁归位 | 5分 | 漏一项扣1分，未做扣5分 | |
| | | 工作场地清洁 | 5分 | 清洁不彻底扣1~5分，未做扣5分 | |
| | | 总分 | 100分 | | |

## 巩固与提高

### 一、填空题

1. 汽车传动系统的作用是将_____产生的动力按照需要传递给_____，并保证汽车正常行驶。
2. 普通轿车机械式传动系统主要由离合器、_____、万向传动装置和_____等组成。
3. 汽车离合器安装在_____与_____之间。
4. 膜片弹簧既是_____，又是_____。
5. 膜片弹簧离合器主要由_____、从动部分、_____和操纵机构四部分组成。
6. 离合器机械式操纵机构通常有_____和_____两种。
7. 在分离轴承和分离杠杆（或膜片弹簧）内端之间预留一定的间隙，称为离合器的_____。
8. 离合器分离时，为消除离合器自由间隙和分离机构、操纵机构零件的磨损及变形所需踩下的踏板行程称为离合器踏板的_____。
9. 三轴式手动变速器的三根轴是_____轴、_____轴和_____轴。
10. 二轴式手动变速器的二根轴是_____轴和_____轴。
11. 手动变速器直接档传动比等于_____。
12. 惯性式同步器按结构不同可分为_____和_____两种。
13. 换档拨叉机构包括_____、_____及_____三部分。
14. 汽车手动变速器的定位锁止装置有_____、_____和_____。
15. 万向传动装置主要由_____、_____和_____组成。
16. 刚性万向节可分为_____万向节、_____万向节和_____万向节三种。
17. 传动轴有_____和_____之分。
18. 驱动桥主要由_____、差速器、_____和桥壳组成。
19. 驱动桥按照结构的不同可以分为_____驱动桥和_____驱动桥两种。
20. 主减速器按减速齿轮副的级数可分为_____主减速器和_____主减速器两种。
21. 差速器按工作特性不同可分为_____差速器和_____差速器。
22. 常用防滑差速器可分为_____和_____两大类。
23. 现代汽车常采用的半轴支承形式是_____和_____两种。

### 二、单项选择题

1. FR型传动系布置形式的含义为（　　）。
   A. 发动机前置、后驱　　　　　　B. 发动机后置、后驱

C. 发动机前置、前驱　　　　　　D. 发动机中置、后驱
2. 经济型轿车常采用的驱动形式是（　　）。
A. 前置后驱　　B. 后置后驱　　C. 前置前驱　　D. 全轮驱动
3. 离合器工作中，需反复进行调整的是（　　）。
A. 压紧装置　　B. 主动部分　　C. 从动部分　　D. 操纵机构
4. 以下属于摩擦式离合器操纵机构的部件是（　　）。
A. 压盘　　　　B. 飞轮　　　　C. 从动盘　　　D. 离合器踏板
5. 液压式操纵的离合器采用的液压油是（　　）。
A. 机油　　　　B. 制动液　　　C. 润滑脂　　　D. 防冻液
6. 分离杠杆不平将导致离合器（　　）。
A. 分离不彻底　B. 接合不完全　C. 操作费力　　D. 散热差
7. 膜片式离合器无（　　）。
A. 压盘　　　　B. 从动盘　　　C. 分离杠杆　　D. 滑动套管
8. 离合器中最容易磨损的零件为（　　）。
A. 分离轴承　　B. 从动盘　　　C. 压盘　　　　D. 分离杠杆
9. 以下可以改变车辆传动比的装置是（　　）。
A. 变速器　　　B. 离合器　　　C. 半轴　　　　D. 传动轴
10. 自动变速器的P位使用的时候是（　　）。
A. 陡坡行驶　　B. 驻车　　　　C. 正常行驶　　D. 路口停车
11. 五档手动机械式变速器中，传动比最小的档位是（　　）。
A. 五档　　　　B. 四档　　　　C. 三档　　　　D. 二档
12. 直接档传动比（　　）。
A. >1　　　　　B. <1　　　　　C. =1　　　　　D. 随转速而定
13. 变速器内用来保证全齿啮合的是（　　）。
A. 自锁装置　　B. 互锁装置　　C. 倒档锁装置　D. 锁止机构
14. 变速器自锁装置的作用是（　　）。
A. 防止跳档　　　　　　　　　　B. 防止同时挂上两个档
C. 防止误挂倒档　　　　　　　　D. 提高变速器的传动效率
15. 普通十字轴万向节在应用中最广，允许两轴最大夹角为（　　）。
A. 5°~10°　　B. 10°~15°　　C. 15°~20°　　D. >30°
16. 为适应传动轴工作时在长度方面的变化，在传动装置中采用的是（　　）。
A. 扭转减振器　B. 万向节叉　　C. 空心轴管　　D. 伸缩花键
17. 能够降低转速并增大输出转矩的装置是（　　）。
A. 差速器　　　B. 半轴　　　　C. 主减速器　　D. 桥壳
18. 汽车转弯行驶时，差速器中的行星齿轮（　　）。
A. 只有公转，没有自转　　　　　B. 只有自转，没有公转
C. 既有公转，又有自转　　　　　D. 根本不转
19. 防滑差速器会（　　）。
A. 自动向转得快的一侧车轮多分配转矩
B. 自动向转得慢的一侧车轮多分配转矩
C. 自动将转矩平均分配给两侧车轮
D. 使两侧车轮不再出现差速运动

20. 单级主减速器在调整时，从动齿轮的啮合位置应为（　　）。
A. 齿高的中间偏小端　　　　　　B. 齿高的中间偏大端
C. 齿长方向的中部　　　　　　　D. 任意位置

三、判断题
1. 离合器可以改变传动比。　　　　　　　　　　　　　　　　　　（　　）
2. 离合器从动盘的一边磨损到了极限，就必须更换离合器从动盘。　（　　）
3. 离合器压盘属于离合器的从动部分。　　　　　　　　　　　　　（　　）
4. 手动变速器的传动比是无级变化的。　　　　　　　　　　　　　（　　）
5. 五档手动机械式变速器，二档传动比大于一档传动比。　　　　　（　　）

四、简答题
1. 简述汽车离合器的拆装步骤。
2. 离合器液压式操纵机构如何排空气？
3. 如何检查和更换变速器油？
4. 单级锥齿轮式主减速器齿面啮合印痕如何调整？
5. 如何更换驱动桥润滑油？

五、按要求作题
以下是某种自动变速器的档位情况，把英文字母与对应的档位名称连接起来。

停车档　　　　　D
空档　　　　　　R
倒档　　　　　　N
行驶档　　　　　P

# 项目三　汽车行驶系统拆装与维修

### 学习目标

1. 知道车架、车桥、车轮和轮胎、悬架的构造和作用。
2. 学会判别车轮及轮辋的类型。
3. 能识读轮胎标记。
4. 能按流程规范拆装车轮总成和轮胎。
5. 能按流程规范实施车轮总成的动平衡。
6. 民族自豪感的培养及劳动教育。

### 典型工作任务

任务一　调整前轮前束
任务二　车轮总成动平衡
任务三　拆装轮胎
任务四　轮胎换位

### 知识准备

## 第一课　汽车行驶系统概述

### 一、汽车行驶系统的作用

汽车行驶系统的作用是将传动系统传来的转矩转化为汽车行驶的驱动力；将汽车构成一个整体，支承汽车的总质量；承受并传递路面作用于车轮上的力和力矩；减小振动、缓和冲击，保证汽车平顺行驶；与转向系配合，以正确控制汽车的行驶方向。

### 二、汽车行驶系统的组成

绝大多数汽车经常是在比较坚实的道路上行驶，其行驶系统中直接与路面接触的部分是车轮，这种行驶系统称为轮式行驶系统。普通轿车轮式行驶系统的组成和布置示意图，如图 3-1 所示，它由车架、车桥、车轮和轮胎及悬架四部分组成。前、后车轮分别安装在前后车桥上，车桥又通过前、后悬架与车架相连接，车架是整个汽车的装配基体。这样，行驶系统就形成一个整体，构成汽车的装配基础。

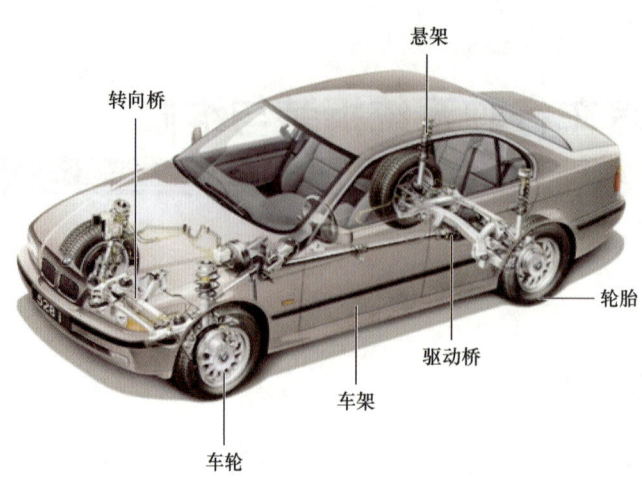

图 3-1　普通轿车轮式行驶系统的组成及布置示意图

 第二课　车架

一、车架的作用

车架主要有以下两个作用。

**1. 支承、连接汽车各零部件、总成**

车架俗称"大梁",它是汽车的装配基体,汽车绝大多数的零部件、总成都要安装在车架上。

**2. 承受车内、外各种载荷的作用**

车架不仅承受汽车各零部件、总成的载荷,还要承受汽车行驶时来自路面各种复杂载荷的作用,如汽车加速、制动时的纵向力,汽车转弯、侧坡行驶时的侧向力,不良路面传来的冲击等。

二、车架的类型

汽车上的车架主要有四种类型:边梁式车架、中梁式车架、综合式车架和无梁式车架,目前采用最多的是边梁式车架和无梁式车架。

**1. 边梁式车架**

边梁式车架,如图 3-2 所示。它由两根位于两边的纵梁和若干根横梁组成,用铆接法或焊接法将纵梁与横梁连接成坚固的刚性构架,是最早出现的车架类型。

纵梁常用低碳合金钢板冲压而成,采用抗弯能力较强的槽形断面,也有的制成工字形或箱形断面。纵梁可以制成在水平面内或纵向垂直平面内弯曲的形状,其横断面可以是等断面的,也可以是不等断面的,如图 3-2b 所示。横梁用来连接左、右两个纵梁,保证车架的抗扭刚度和承受一定的纵向载荷,而且还可支承发动机、散热器等主要部件。

由于边梁式车架承载能力和抗扭刚度强,结构简单,工艺要求较低,多用于大型载货汽车,中、大型客车,以及对车架要求很高的车辆。

**2. 中梁式车架**

中梁式车架,如图 3-3 所示。中梁式车架又称脊梁式车架,它由一根贯穿汽车纵向的中央纵梁和若干根横向悬伸托架构成。传动轴由中梁内孔通过,主减速器壳通常固定在中梁尾端。

a) 没有货厢的汽车

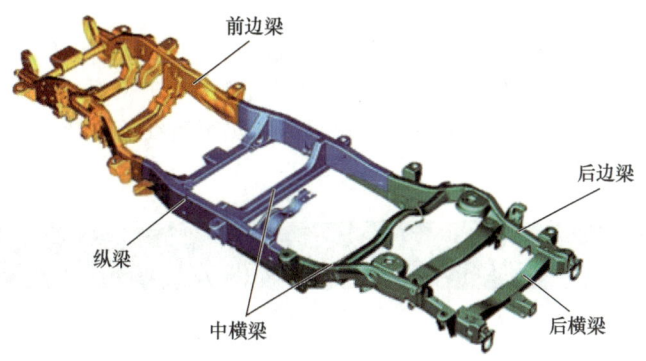

b) 边梁式车架结构

图 3-2 边梁式车架

中梁式车架的结构特点是中梁的断面可做成管形或箱形，中梁式车架有较大的抗扭刚度并使车轮有较大的运动空间，便于采用独立悬架，车架较轻，减小了整车质量，重心也较低，行驶稳定性好。但这种车架制造工艺复杂，精度要求高，总成安装比较困难，维修也不方便，故目前应用不多。

**3. 综合式车架**

综合式车架，如图 3-4 所示。综合式车架是由边梁式车架和中梁式车架结合而成的。车架前段或后段近似边梁式结构，便于分别安装发动机或驱动桥。车架中部采用中梁式结构，传动轴从中梁中间穿过。这种结构制造工艺复杂，目前应用也不多。

图 3-3 中梁式车架

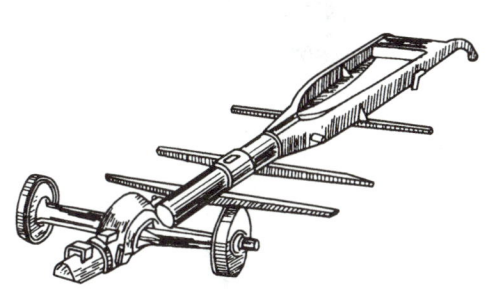

图 3-4 综合式车架

### 4. 无梁式车架

无梁式车架,如图 3-5 所示。无梁式车架没有实体的车架,而以车身兼作车架来承受所有的载荷,因此又称为承载式车身。承载式车身按其使用材料的不同分为全钢承载式车身、全铝合金承载式车身和碳纤维承载式车身三种类型。

承载式车身是目前轿车的主流,这种结构将车架和车身合二为一,质量小,可利用空间大,重心低,而且冲压成型的制造方式十分适合现代化的大批量生产。

图 3-5 无梁式车架

### 三、车架变形的修理

车架弯曲、扭曲或歪斜变形超过允许值时,应进行校正。若变形不大,可用专用液压机具(车体校正机)进行整体冷压校正。变形严重时,可将车架拆散,对纵、横梁分别进行校正,然后重新铆合,必要时可采用中性氧化焰将变形部位局部加热至暗红色进行热校正,加热温度不得超过 700℃,以免影响车架的性能。

## 第三课 车桥

### 一、车桥的作用

车桥的作用是安装车轮,传递车架与车轮之间的各个方向的作用力及其产生的弯矩和转矩。车桥通过悬架与车架连接,两端安装和支承车轮。当汽车行驶时,车轮受到的滚动阻力、驱动力、制动力和侧向力及其弯矩和转矩均通过车桥传递给悬架和车架。同时,车架的载荷也通过车桥传递给车轮。

### 二、车桥的类型

**1. 根据悬架结构的不同分类**

车桥根据悬架结构的不同分为整体式车桥和断开式车桥两种,如图 3-6 所示。整体式车桥的中部是刚性实心或空心壳,与非独立悬架配用;断开式车桥为活动关节式结构,与独立悬架配用。

a) 整体式车桥　　　　　　　b) 断开式车桥

图 3-6 车桥

**2. 根据车桥的功用不同分类**

车桥根据功用的不同分为转向桥、驱动桥、转向驱动桥和支持桥四种。在后轮驱动的汽车中,前桥为转向桥(起承载和转向作用),后桥为驱动桥(起承载和驱动作用),如图 3-7 所示。

a) 转向桥

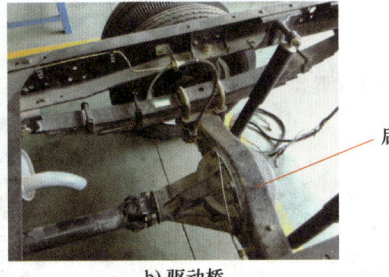
b) 驱动桥

图 3-7 转向桥和驱动桥

四轮驱动汽车和前轮驱动的汽车,前桥为转向驱动桥(起承载、转向和驱动作用),如图 3-8 所示。

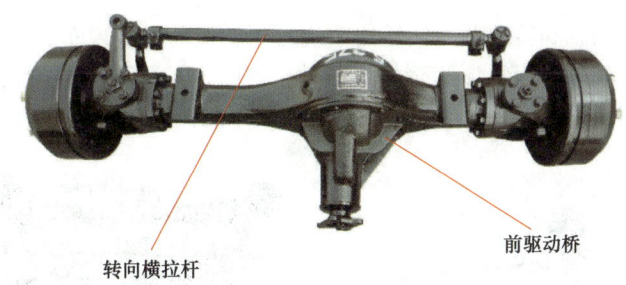

图 3-8 转向驱动桥

只起支承作用的车桥称为支持桥,如图 3-9 所示。挂车的车桥就是支持桥,支持桥除不能转向外,其他功能和结构与转向桥相同。

## 三、转向桥

转向桥通常位于汽车前部,能使安装在其两端的转向轮偏转一定的角度,以实现汽车转向。转向桥主要由前轴、转向节、主销和轮毂四部分组成,如图 3-10 所示。

前轴是转向桥的主体,一般由中碳钢经模锻而成,如图 3-11 所示。其端面采用工字形断面以提高抗弯强度。接近两端逐渐过渡为方形,以提高抗扭刚度。中部加工出两处用以支承钢板弹簧的弹簧座。两端各有一个加粗部分,呈拳形,称为拳部,其中有通孔,主销插入此孔内可将转向节与前轴铰接。

转向节是用中碳钢锻造而成的叉形部件,形似羊角,俗称为"羊角",如图 3-12 所示。转向节上、下两叉制有同轴销孔,通过主销与前轴的拳部相连,使前轮可以绕主销偏转一定角度而使汽车转向。为了减小磨损,转向节销孔内压入青铜衬套,衬套上的润滑油槽在上面端部是切通的,

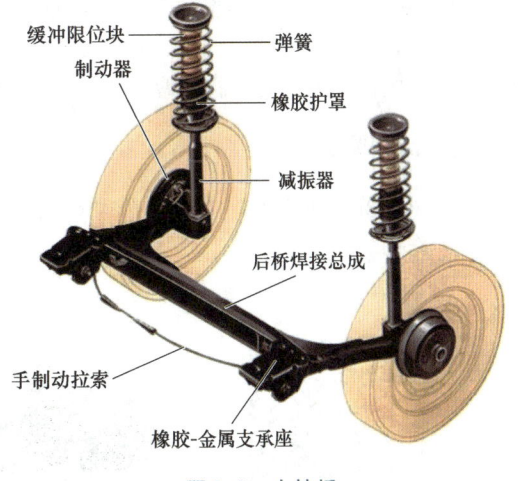

图 3-9 支持桥

用装在转向节上的油嘴注入润滑脂润滑。

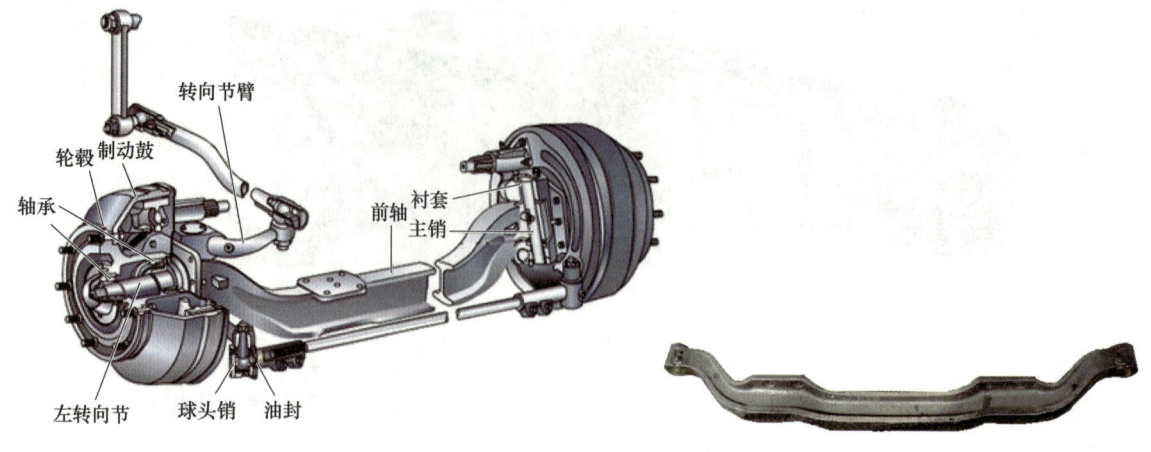

图 3-10　转向桥结构　　　　　　　图 3-11　前轴

主销的作用是铰接前轴和转向节，使转向节绕着主销摆动以实现车轮转向。常见的主销形式有实心圆柱形、空心圆柱形、圆锥形和阶梯形四种，如图 3-13 所示。主销中部一般都切有凹槽，通过带螺纹的楔形销将主销固定在前轴拳部孔内，使之不能转动。

图 3-12　转向节　　　　　　　图 3-13　主销

轮毂用于连接制动鼓和半轴凸缘，它通过内外两个圆锥滚子轴承装在转向节轴颈上。轴承的松紧度可通过调整螺母加以调整，调整后用锁紧垫圈锁紧。在轮毂外端装有端盖，以防止泥水和灰尘浸入；内侧装有油封、挡油盘，以防止润滑油进入制动器。

### 四、转向驱动桥

转向驱动桥，如图 3-14 所示。发动机前置前驱和全驱汽车的前桥，除作为转向桥外，还兼起驱动桥的作用。

 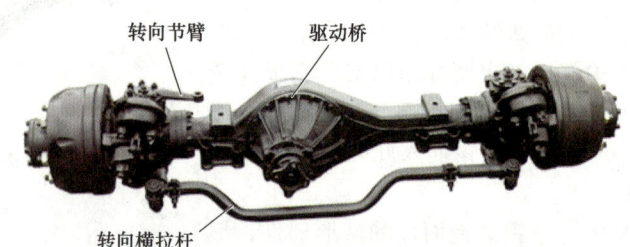

图 3-14　转向驱动桥

转向驱动桥具有一般驱动桥的主减速器、差速器和半轴，也具有一般转向桥所具有的转向节、主销和轮毂。由于需要转向，半轴被分为两段（内半轴和外半轴），其间用等速万向节连接。转向驱动桥为活动关节式结构，与独立悬架配合使用。

### 五、转向车轮定位

车轮定位是指车轮、转向节和车桥与车架的安装应保持一定的相对位置。车轮定位主要是指前轮（转向车轮）定位，现在也有许多车辆除前轮定位外还需对后轮定位，即四轮定位。车轮定位参数有主销后倾、主销内倾、前轮外倾和前轮前束四个参数。

对于两端装有主销的转向桥，汽车转向时，转向车轮会围绕主销轴线偏转，如图 3-15 所示。

大多数断开式转向桥中没有主销，采用上、下球头销代替主销，上、下球头销球头中心的连线相当于主销轴线，如图 3-16 所示。由此可见，主销可以理解为在转向时，转向车轮所围绕转动的一条轴线。

图 3-15　装有主销的转向桥

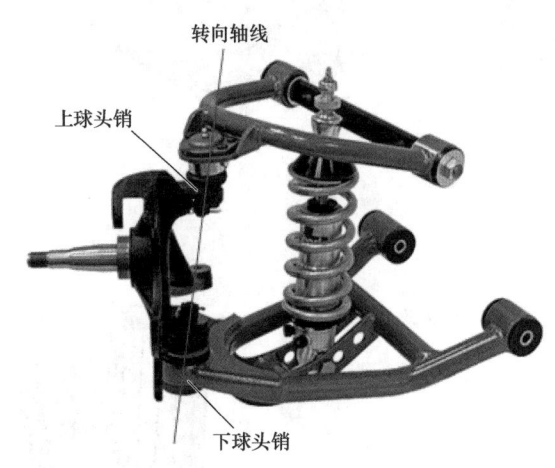

图 3-16　上、下球头销代替主销

**1. 主销后倾**

主销安装在前轴上，其上端略向后倾斜，这种结构形式称为主销后倾，主销后倾角用 $\gamma$ 表示，如图 3-17 所示。主销后倾的作用是形成回正力矩，保证汽车直线行驶的稳定性，并使汽车转向后回正操纵轻便。主销后倾角是由前轴、悬架和车架装配在一起时，使前轴向后倾斜或依靠钢板弹簧座间加装楔形块而形成的。

主销后倾，使主销轴线的延长线与地面的交点 $A$ 位于车轮与路面的接触点 $B$ 之前，$A$、$B$ 两点之间的距离称为主销后倾移距。设 $B$ 点到主销轴线延长线之间的距离为 $l$。汽车直线行驶时，若转向轮偶然受到外力作用而偏转，如图 3-18 所示向右偏转，汽车将偏离行驶方向而右转弯。此时轮胎与路面接触点 $B$ 处将产生一个对车轮的侧向反作用力 $F_Y$，$F_Y$ 形成了一个使车轮绕主销轴线旋转的力矩（$F_Y \times l$），其方向正好与车轮偏转方向相反。在此力矩作用下，将使车轮回复到原来中间的位置，此力矩称为回正稳定力矩。在汽车转向后的回正过程中，回正稳定力矩帮助驾驶人使转向车轮回正，使汽车转向后回正操纵轻便。

主销后倾角越大、车速越高，回正力矩就越大，转向轮偏转后自动回正的能力也越强。主销后倾角一般不超过 2°～3°，否则驾驶人在转向时为了克服此力矩，将对转向盘施加较大的力，使转向变得沉重。

**2. 主销内倾**

主销安装在前轴上，其上端略向内侧倾斜，这种结构形式称为主销内倾，主销内倾角用 $\beta$ 表示,如图 3-19 所示。主销内倾的作用是使转向轮转向后能自动回正,并使汽车转向操纵轻便。主销内倾角是在前轴制造加工时,使主销孔向内倾斜而获得的。

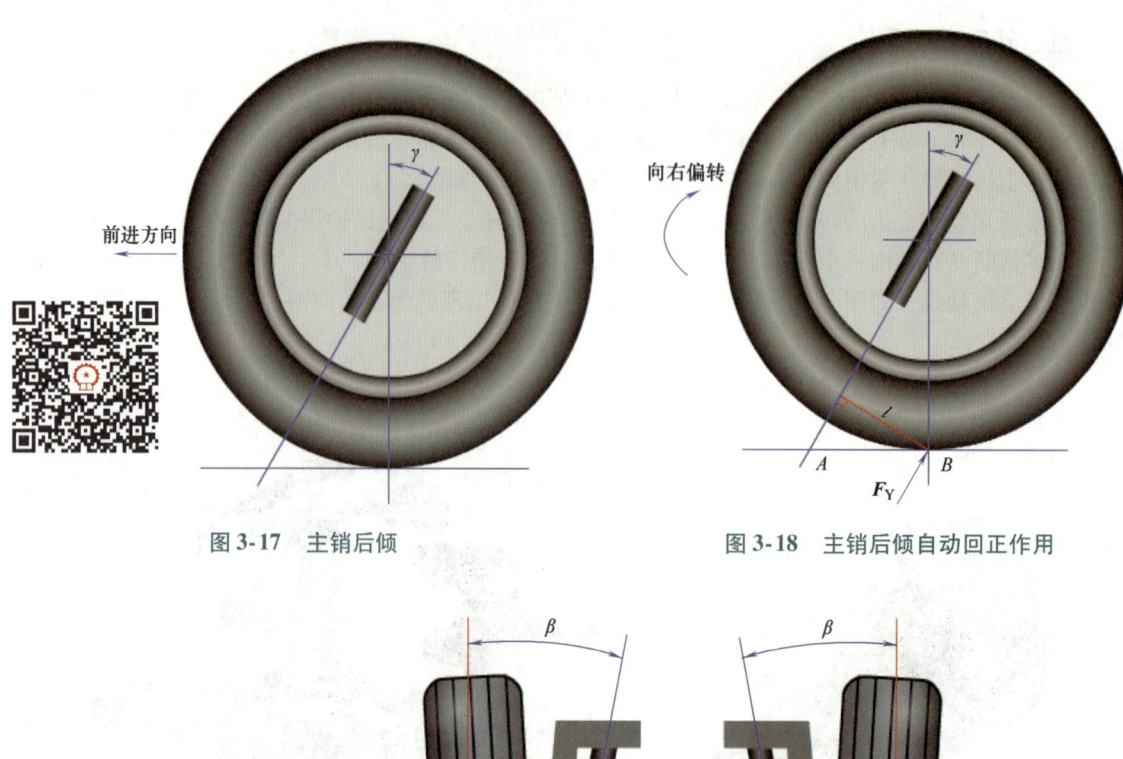

图 3-17 主销后倾

图 3-18 主销后倾自动回正作用

图 3-19 主销内倾

由于主销内倾,使主销轴线的延长线与地面的交点至车轮与地面交点之间的距离 C 缩短。转向时,路面作用在转向轮上的阻力对主销轴线产生的力矩减小,从而可减小转向时驾驶人施加在转向盘上的力,使转向操纵轻便,如图 3-19 所示。

当转向轮在外力作用下绕主销旋转(如图 3-20 所示从左向右旋转 180°)而偏离中间位置时,由于主销内倾,车轮的最低点将陷入路面以下 h 处,即车轮必须将路面压低距离 h 后才能旋转过来,但实际上路面不可能被压低,车轮下边缘不可能陷入路面之下,而是车轮连同整个汽车前部被向上抬起相应高度。一旦外力消失,转向轮就会在汽车前部重力作用下力图自动回

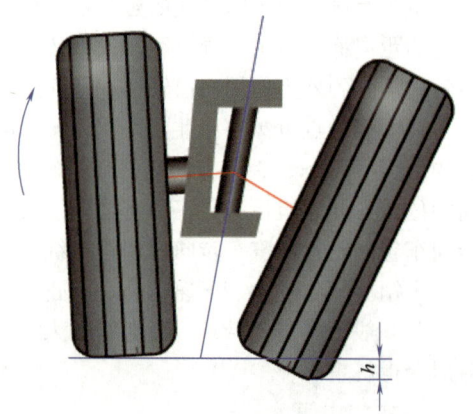

图 3-20 主销内倾自动回正作用

正到旋转前的中间位置，因而主销内倾具有使转向轮自动回正的作用。

主销内倾角越大、转向轮偏转角越大，汽车前部就抬起得越高，转向轮自动回正的作用就越大。主销内倾角不宜过大，也不宜太小。主销内倾角过大（偏距 $C$ 减小），转向时，车轮在滚动的同时将与路面产生较大的滑动，增加轮胎与路面的摩擦阻力，这不仅使转向沉重，而且加速了轮胎的磨损，主销内倾角一般为 $5°\sim 8°$，偏距一般为 $40\sim 60\mathrm{mm}$；主销内倾角过小（偏距 $C$ 增大），汽车行驶的稳定性和制动的稳定性将变差。

主销后倾和主销内倾都具有使转向轮自动回正的作用，但其区别在于：主销后倾的回正作用与车速有关，而主销内倾的回正作用与车重有关。

**3. 前轮外倾**

前轮安装在车桥上，其上端略向外倾斜，这种结构形式称为前轮外倾，前轮外倾角用 $\alpha$ 表示，如图 3-21 所示。前轮外倾的作用是提高前轮工作的安全性，使转向轻便。轮胎呈现"V"形张开时称为正外倾，而呈现"八"字形张开时称为负外倾。前轮外倾角是由转向节的结构决定的，当转向节安装在前轴上后，其转向节轴相对于水平面向下倾斜，从而使前轮安装后出现正外倾。

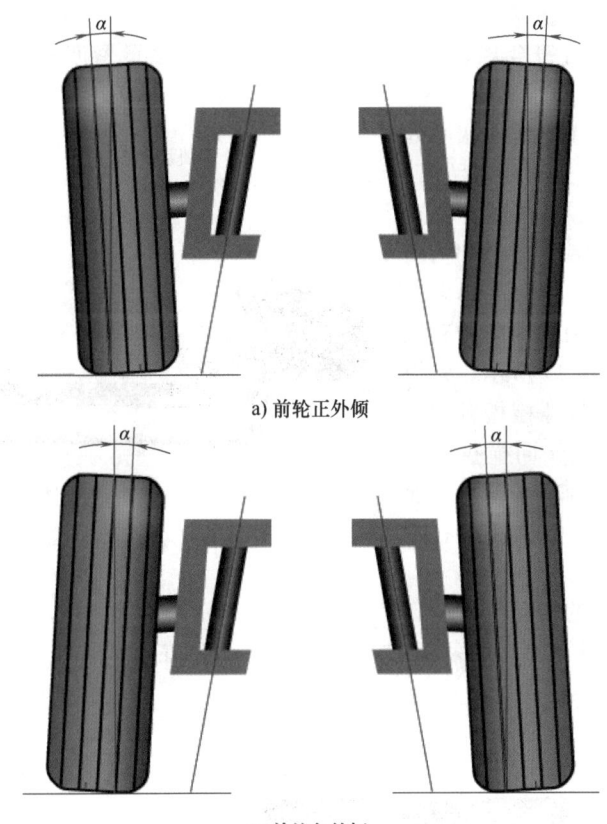

a) 前轮正外倾

b) 前轮负外倾

图 3-21 前轮外倾

为了使轮胎磨损均匀和减轻轮毂外轴承的负荷，安装车轮时预先使其有一定的外倾角，以防止车轮内倾。车轮外倾与主销内倾相配合可进一步缩短距离 $C$，使汽车转向轻便。此外，车轮有一定的外倾角也可以与拱形路面相适应。车轮外倾角不能太大，若设定较大的外倾角，会使轮胎偏磨，缩短轮胎的使用寿命。外倾角一般为 $1°$ 左右。

**4. 前轮前束**

前轮安装后，两前轮的旋转平面不平行，前端略向内束，这种结构形式称为前轮前束。两轮

前端距离 $B$ 小于后端距离 $A$，其差值（$A-B$）称为前轮前束值，如图 3-22 所示。前轮前束的作用是消除因前轮外倾使汽车行驶时向外张开的趋势，减小轮胎磨损和燃料消耗。一般前束值为 0~12mm。有的汽车为与前轮负外倾相配合，其前束也取负值即负前束。

由于前轮外倾，当汽车向前行驶时，其轨迹逐渐向外偏斜，但受车桥和转向横拉杆的约束，车轮又不能向外偏移。因此，车轮只能是边滚动边滑移，结果使轮胎横向偏磨增加，轮毂轴承载荷增大。而前轮前束，迫使向前滚动的轨迹向内倾斜，可以使车轮每一瞬间滚动方向接近于正前方，从而减轻和消除了由于前轮外倾而引起的轮胎和机件剧烈磨损的不良后果。

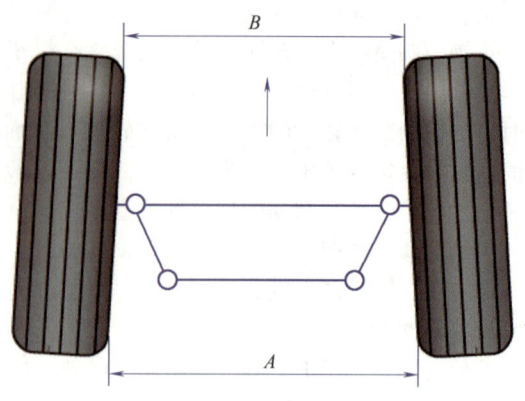

图 3-22　前轮前束

前轮前束的检查与调整方法如下：

1）检查轮胎气压是否符合规定值以及转向机构、轮毂轴承紧度及各拉杆连接的间隙是否正常。

2）举升汽车，在两端离地面相等处或两轮胎内侧轮辋边缘外进行距离测量，然后把两前轮转动 180°，再在同一位置测量后面距离，前、后两距离之差即为前束值。

3）与非独立悬架配用的转向传动机构前束值的调整，如图 3-23 所示。先把转向横拉杆两端接头锁紧螺栓松开，再用管钳转动转向横拉杆，转向横拉杆伸长，前束值增大，反之，前束值减小。前束值调好后，及时把转向横拉杆左右两端接头螺栓拧紧。

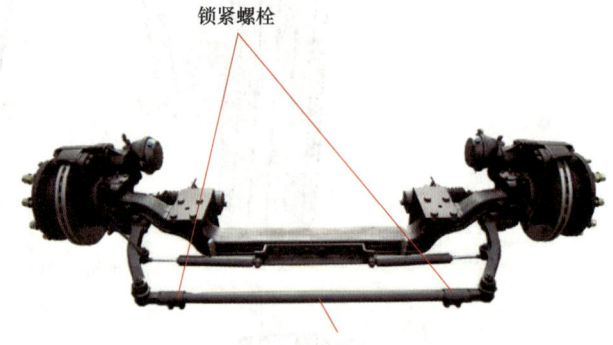

图 3-23　与非独立悬架配用的转向传动机构前束值的调整

4）与独立悬架配用的转向传动机构前束值的调整，如图 3-24 所示。前束值分左、右两半，分别在左、右横拉杆上调整，调整好后固定横拉杆。

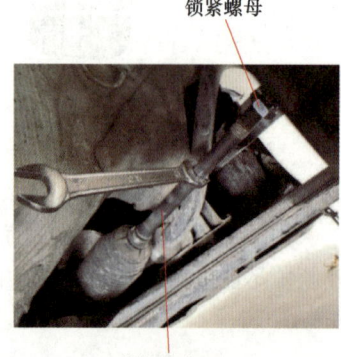

图 3-24　与独立悬架配用的转向传动机构前束值的调整

采用非独立悬架的车轮,其主销内倾和前轮外倾均不可调,部分车型的主销后倾可调,而所有车型的前轮前束均可调;采用独立悬架的车轮,其前轮外倾和前轮前束均可调,部分车型的主销后倾和主销内倾也可调。

### 六、后轮定位

现在一些采用独立悬架的车辆,除了设置转向轮定位外,非转向的后轮也设置定位,称为后轮定位。其内容包括后轮外倾和后轮前束。后轮外倾同前轮外倾一样,保护外轴承和外锁紧螺母,为避免后轮外倾带来的"前展"而设置后轮前束,其作用与前轮前束相同。

新车一般在驾驶三个月后就应做四轮定位,以后根据底盘使用情况最少应每半年检查一次。更换轮胎或减振器及发生碰撞后都应及时做四轮定位。

## 第四课　车轮和轮胎

### 一、车轮

**1. 车轮的作用**

车轮是位于轮胎和车桥之间承受负荷的旋转部件,其作用是安装轮胎,连接车桥并承受轮胎与车桥之间的各种载荷。

**2. 车轮的组成**

车轮一般由轮毂、轮辐和轮辋三部分组成,如图3-25所示。轮毂通过螺栓将车轮固定在车桥上,轮辋用于安装和固定轮胎,轮辐用于将轮毂和轮辋连接起来。

图3-25　车轮的组成

**3. 车轮的结构及类型**

(1) 轮辐　车轮按轮辐结构的不同可以分为辐板式车轮和辐条式车轮两种。

1) 辐板式车轮,如图3-26所示。车轮中用以连接轮毂和轮辋的钢质圆盘称为辐板,大多是冲压制成的。目前,普通轿车和货车普遍采用辐板式车轮。轿车的辐板所用板料较薄,常冲压成起伏多变的形状,以提高其刚度。货车的辐板与轮辋通过焊接或铆接的方式固定成一个整体,为使后轮轮胎不致过载,后桥一般装用双式车轮,在同一轮毂上安装两套辐板和轮辋。

2) 辐条式车轮,如图3-27所示。辐条式车轮又分为钢丝辐条式车轮和铸造辐条式车轮。钢丝辐条式车轮与自行车车轮完全一样,仅用于赛车和某些高级轿车上。现代轿车广泛采用铝合金辐条式车轮,将辐条与轮毂铸成一体,其质量小、生产工艺好、美观大方。

图3-26　辐板式车轮

图3-27　辐条式车轮

**(2) 轮辋** 轮辋也称为钢圈,用于安装和固定轮胎,按其结构特点的不同可分为深式轮辋、平式轮辋和可拆式轮辋三种。

深式轮辋(深槽式),如图3-28所示。它的中部深凹槽是为便于外胎拆装而专设的,凹槽两侧略倾斜。这种轮辋结构简单、刚度大、质量小,适用于安装尺寸小,弹性较大的轮胎。深式轮辋主要用于乘用车和轻型越野车上。

平式轮辋(平底式),如图3-29所示。这种轮辋的底面呈平环状,它的一边有凸缘,另一边用可拆卸的挡圈做凸缘,它用一个具有弹性的锁圈来防止挡圈脱出。这种轮辋的优点是便于安装轮胎,一般用于大、中型货车。

可拆式轮辋(对开式),如图3-30所示。它将平式轮辋制成可拆开的两部分,其中一部分与轮盘制成一体,两部分用螺栓连接。拆装轮胎时,只需拧下螺栓的螺母即可。挡圈也是可拆的。这种轮辋只能装用单个轮胎,主要用于大、中型越野车上。

图3-28 深式轮辋　　　　图3-29 平式轮辋　　　　图3-30 可拆式轮辋

我国汽车轮辋规格,用轮辋名义宽度(英寸)和轮辋名义直径(英寸)以及轮缘高度代号(用拉丁字母作代号)来表示,常用代号及对应高度见表3-1。直径数前面的符号表示轮辋结构形式代号,符号"-"表示该轮辋为两件以上的多件式轮辋,符号"×"则表示该轮辋为一件式轮辋。轮辋轮廓类型代号用字母表示,各字母及字母组合所代表的含义见表3-2。

表3-1 轮缘高度代号及对应高度值　　　　　　　　　　(单位:mm)

| 代号 | C | D | E | F | G | H | J | K | L |
|---|---|---|---|---|---|---|---|---|---|
| 尺寸 | 15.88 | 17.45 | 19.81 | 22.23 | 27.94 | 33.73 | 17.27 | 19.26 | 21.59 |

表3-2 轮辋轮廓类型代号

| 轮廓类型 | 深槽 | 深槽宽 | 半深槽 | 平底 | 平底宽 | 全斜底 | 对开式 |
|---|---|---|---|---|---|---|---|
| 代号 | DC | WDC | SDC | FB | WFB | TB | DT |

**例:** 一辆轿车轮辋规格为6.0J×14,表示轮辋的名义宽度为6in(英寸)⊖,轮辋名义直径为14in(英寸),轮辋高度代号J,即轮辋高度为17.27mm的一件式、深槽轮辋。

**(3) 轮毂** 轮毂通过螺栓将车轮总成安装在车桥上,轮毂的形式因车轮的不同,其结构有所不同,辐板式车轮轮毂多用于轻型和中型汽车上,辐条式车轮轮毂是把它与辐条制成一体,强度大,多用于重型汽车上。

**4. 车轮的拆装**

车轮总成,如图3-31所示,由车轮和轮胎两大部分组成。

---

⊖ 1in = 25.4mm

(1) 车轮总成的拆卸

1)停稳汽车,拉起驻车制动手柄,必要时用三角木固定住各车轮。

2)取下车轮上的装饰罩,弄清汽车左、右车轮轮毂紧固螺母的旋转方向,使用轮胎扳手初步拧松各紧固螺母,如图 3-32 所示。

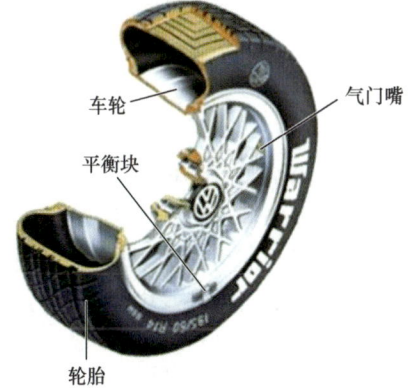

图 3-31　车轮总成　　　　　图 3-32　初步拧松各轮胎紧固螺母

3)举升汽车,使车轮稍离开地面,如图 3-33 所示。
4)拧下车轮轮毂全部螺母,并摆放整齐。
5)边向外拉边左右晃动车轮,从车桥上取下车轮总成。

(2) 车轮总成的安装

1)举升汽车,套上车轮,将螺母初步拧上,如图 3-34 所示。

图 3-33　举升汽车　　　　　图 3-34　初步拧上螺母

2)放下汽车,并在车轮前后用三角木固定住,按对角线顺序分 2~3 次拧紧紧固螺母,最后一次要按规定力矩拧紧,如图 3-35 所示。

图 3-35　放下汽车按规定力矩拧紧

3）安装后轮双轮胎时，要先拧紧内侧车轮的内螺母，再安装外侧车轮。在安装过程中，应用千斤顶分两次顶起车桥，分别安装内、外两个车轮。双轮胎高低搭配要合适，一般较低的轮胎装在里侧，较高的轮胎装在外侧。

**职场健康与安全：**

安装后轮双轮胎时，内、外侧轮胎的气门嘴应互成180°位置。

### 5. 车轮的动平衡试验

车轮的不平衡包括静不平衡和动不平衡。车轮的静不平衡是指质心与旋转中心不重合；车轮的动不平衡是指不平衡的质量不在同一平面内。如果车轮动不平衡，汽车在高速行驶时会引起车轮上下跳动和横向摇摆，这不仅影响汽车乘坐舒适性，而且使驾驶人难以控制行驶方向，以及汽车制动性能变差，影响行车安全。车轮动不平衡还会大大增加各部件所受的力，加大轮胎的磨损和行驶噪声等。由于动平衡的车轮一定处于静平衡状态，因此，汽车在使用和维修中只需进行车轮动平衡试验和校准即可。

车轮离车式动平衡试验步骤如下：

1）检查轮胎表面有无异物，拆掉旧平衡块，如图3-36所示。
2）检查轮胎气压，并充气至规定气压值，如图3-37所示。

图3-36 拆掉旧平衡块

图3-37 测量胎压

3）选择并安装锥体，如图3-38所示。
4）将车轮安装到动平衡机上，如图3-39所示。

图3-38 选择并安装锥体

图3-39 将车轮安装到动平衡机上

5）启动动平衡机，如图3-40所示。
6）输入轮辋直径、宽度，测出轮辋边缘到机箱之间的距离并输入，如图3-41所示。
7）放下防护罩，按下起动键，开始测量，如图3-42所示。
8）当车轮自动停转后，从指示装置上读出车轮内、外动不平衡量和位置，如图3-43所示。

项目三　汽车行驶系统拆装与维修

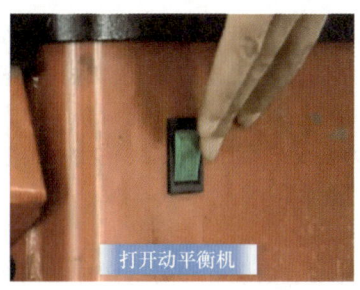

图 3-40　启动动平衡机

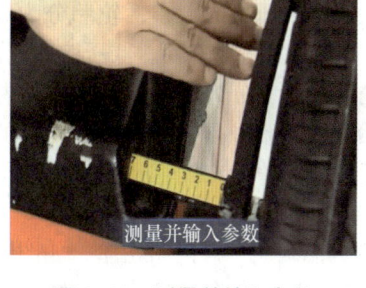

图 3-41　测量并输入参数

图 3-42　按下起动键，开始测量

图 3-43　读出车轮内、外动不平衡量和位置

9）抬起车轮防护罩，用手慢慢旋转车轮，当动平衡机指示装置发出信号时，停止转动车轮。

10）根据动平衡机显示的动不平衡量，在轮辋内侧或外侧的上部的边缘加装平衡块，如图 3-44 所示。内、外侧要分别进行，平衡块要安装牢固。

11）重新启动动平衡机，进行动平衡试验，直至动不平衡量<5g，机器显示"00"或"OK"时为止，如图 3-45 所示。

12）取下车轮，关闭电源，测试结束。

图 3-44　寻找不平衡点安装平衡块

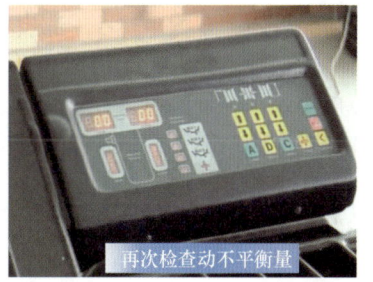

图 3-45　再次检查动不平衡量

## 二、轮胎

### 1. 轮胎的作用

轮胎安装在轮辋上，直接与路面接触，其作用是支承汽车的质量，承受路面传来的各种载荷；和汽车悬架共同来缓和汽车行驶中所受到的冲击，并衰减由此而产生的振动，以保证汽车有良好的乘坐舒适性和行驶平顺性；保证车轮和路面有良好的附着性，以提高汽车的动力性、制动性和通过性。

**2. 轮胎的类型**

按轮胎内空气压力的大小,轮胎分为高压胎(0.5~0.7MPa)、低压胎(0.2~0.5MPa)和超低压胎(0.2MPa以下)三种。低压胎广泛用于轿车,超低压胎多用于越野车及部分高级轿车。按轮胎有无内胎,轮胎分为有内胎轮胎和无内胎轮胎(俗称真空胎)两种。目前,轿车上普遍采用无内胎轮胎。按轮胎帘布层帘线排列方式的不同,轮胎分为斜交轮胎和子午线轮胎。按胎面花纹的不同,轮胎分为普通花纹轮胎、越野花纹轮胎和混合花纹轮胎。

**3. 轮胎的结构**

(1) 有内胎轮胎　有内胎轮胎,如图3-46所示,它由外胎、内胎和垫带等组成。内胎是一个环形的橡胶管,上面装有气门嘴,以便充入或排出空气,为使内胎在充气状态下不产生褶皱,其尺寸应稍小于外胎的内壁尺寸。垫带是一个环形的橡胶带,它垫在内胎与轮辋之间,以保护内胎不被轮辋和胎圈磨伤,并防止尘土及水浸入胎内。

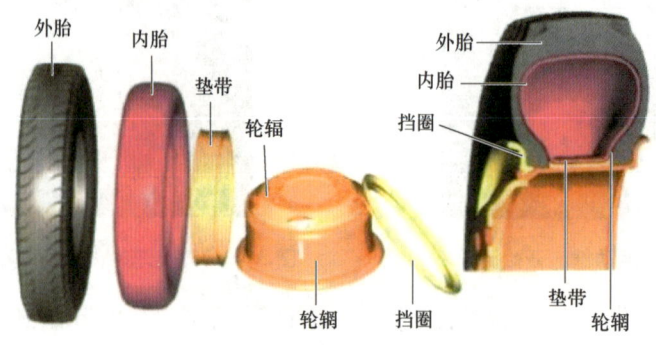

图3-46　有内胎轮胎结构

(2) 无内胎轮胎　无内胎轮胎如图3-47所示。无内胎轮胎在外观上与有内胎轮胎相似,但是没有内胎及垫带。它的气门嘴用橡胶垫圈和螺母直接固定在轮辋上,空气直接充入轮胎中,其密封性由胎圈和轮辋来保证。无内胎轮胎一旦被刺破,穿孔不会扩大,故漏气缓慢,胎压不会急剧下降,仍能继续行驶一定距离,可消除爆胎的危险。因无内胎,摩擦生热少、散热快,适用于高速行驶。此外,无内胎轮胎结构简单,质量较小,维修也方便。无内胎轮胎必须配用深式轮辋,在轿车上广泛应用。

无内胎轮胎由胎面、胎肩、胎侧、胎圈、气密层、帘布层和缓冲层组成,如图3-48所示。

胎面上制有各种形状的花纹,主要有普通花纹、横向花纹、越野花纹和混合花纹等,如图3-49所示。普通花纹纵向折

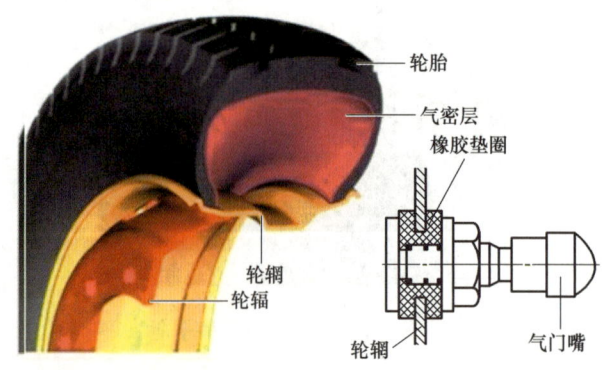

图3-47　无内胎轮胎装配图

线花纹沟槽细而浅,花纹块的接地面积较大,因而耐磨性和附着性较好,最适合于在较好的硬路面上高速行驶,广泛用于轿车、客车及货车等各种车辆;横向花纹仅用于货车;越野花纹沟槽宽而深,花纹块的接地面积较小,保证了轮胎与大片接地面积的"咬合",防滑性能好,使用于矿山、建筑工地及其他一些在松软路面上使用的越野汽车轮胎;混合花纹由纵向折线花纹和横向花

纹组合而成，在好路面和不良路面上都可提供稳定的驾驶性能，广泛用于客车和货车。

气密层由几乎无法渗透的丁基合成橡胶制成，一般厚度为 2～3mm。在现代无内胎轮胎中，气密层替代了原来的内胎。有的在气密层的下面还贴一层自粘层，起到自行将刺穿的孔粘合上的作用。随着时间的推移，胎压可能降低，因此驾驶人应每个月检查一次胎压。

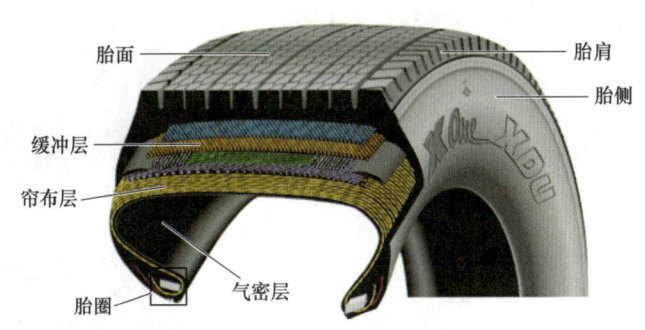

图 3-48　无内胎轮胎结构

a) 普通花纹　　b) 横向花纹　　c) 越野花纹　　d) 混合花纹

图 3-49　胎面花纹形状

帘布层是轮胎的骨架，由帘线黏合在橡胶上制成，主要用于承受载荷，保持轮胎的形状和尺寸，并使其具有足够的强度。按照帘布层帘线排列方式的不同，轮胎可分为斜交轮胎和子午线轮胎，如图 3-50 所示。斜交轮胎帘布层的帘线按一定角度交叉排列，帘线与轮胎横断面的交角通常为 52°～54°。子午线轮胎帘布层的帘线排列方向与轮胎横断面一致，即成 90°交角，类似于地球仪上的子午线。子午线轮胎帘线排列方式能使其强度被充分利用，故它的

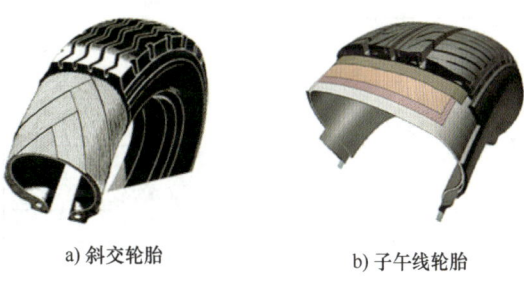

a) 斜交轮胎　　　　b) 子午线轮胎

图 3-50　帘线排列方式

帘布层数比斜交轮胎可减少一半，因而轮胎柔软，在径向上容易变形，可以增加轮胎的接地面积。子午线轮胎与斜交轮胎相比具有行驶里程长、滚动阻力小、承载能力大、缓冲性能好、附着性能强、胎面耐穿刺、胎温低、节约燃料、不易爆胎等优势。目前，子午线轮胎在汽车上广泛应用。

**4. 轮胎规格的表示方法**

**(1) 斜交轮胎的规格**（GB/T 2978—2014）　轮胎尺寸标记，如图 3-51 所示。图中 $D$ 表示轮胎外径，$d$ 表示轮辋名义直径 (in)，$H$ 表示轮胎名义断面高度，$B$ 表示轮胎名义断面宽度 (in)。

斜交轮胎的规格用 $B$-$d$ [层级] 表示。$B$ 表示轮胎名义断面宽度 (in)，"-(或 $D$)"表示斜交轮胎，$d$ 表示轮辋名义直径 (in)。图 3-52 所示为修建三峡大坝载货汽车所用轮胎，其规格为 27.00-49，含义是轮胎名义断面宽度为 27in、轮辋名义直径为 49in 的斜交轮胎。

**(2) 子午线轮胎的规格**（GB/T 2978—2014）　国产子午线轮胎的规格用 [$B$]/[$H/B$][$R$][$d$][负荷指数][速度符号] 表示。$B$ 表示轮胎名义断面宽度 (mm)，$H/B$ 表示名义高宽比，$R$ 表示子午线轮胎，$d$ 表示轮辋名义直径 (in)。

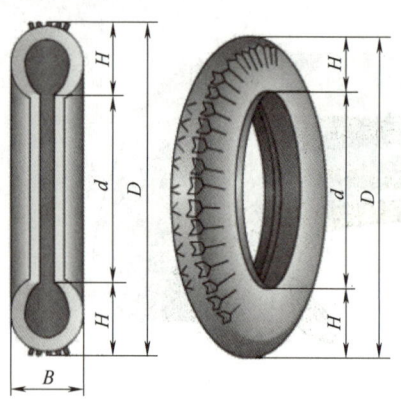
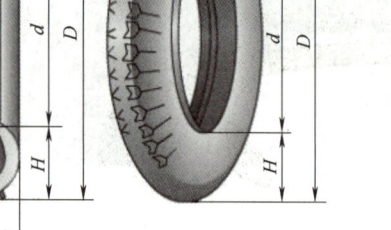

图 3-51 轮胎尺寸标记

a) 轮胎实物图　　　　b) 轮胎规格

图 3-52 修建三峡大坝载货汽车所用轮胎

标准型轿车子午线轮胎负荷指数与最大载荷质量对应表见表 3-3，速度符号与最高车速对应表见表 3-4。

表 3-3 标准型轿车子午线轮胎负荷指数与最大载荷质量对应表（摘自 GB/T 2978—2014）

| 负荷指数 | 最大载荷质量/kg | 负荷指数 | 最大载荷质量/kg |
| --- | --- | --- | --- |
| 62 | 265 | 94 | 670 |
| 63 | 272 | 95 | 690 |
| 64 | 280 | 96 | 710 |
| 65 | 290 | 97 | 730 |
| 66 | 300 | 98 | 750 |
| 67 | 307 | 99 | 775 |
| 68 | 315 | 100 | 800 |
| 69 | 325 | 101 | 825 |
| 70 | 335 | 102 | 850 |
| 71 | 345 | 103 | 875 |
| 72 | 355 | 104 | 900 |
| 73 | 365 | 105 | 925 |
| 74 | 375 | 106 | 950 |
| 75 | 387 | 107 | 975 |
| 76 | 400 | 108 | 1000 |
| 77 | 412 | 109 | 1030 |
| 78 | 425 | 110 | 1060 |
| 79 | 437 | 111 | 1090 |
| 80 | 450 | 112 | 1120 |
| 81 | 462 | 113 | 1150 |
| 82 | 475 | 114 | 1180 |
| 83 | 487 | 115 | 1215 |
| 84 | 500 | 116 | 1250 |
| 85 | 515 | 117 | 1285 |
| 86 | 530 | 118 | 1320 |
| 87 | 545 | 119 | 1360 |
| 88 | 560 | 120 | 1400 |
| 89 | 580 | 121 | 1450 |
| 90 | 600 | 122 | 1500 |
| 91 | 615 | 123 | 1550 |
| 92 | 630 | 124 | 1600 |
| 93 | 650 | 125 | 1650 |

表 3-4　速度符号与最高车速对应表（摘自 GB/T 2978—2014）

| 速度符号 | 最高车速/(km/h) | 速度符号 | 最高车速/(km/h) |
| --- | --- | --- | --- |
| C | 60 | P | 150 |
| D | 65 | Q | 160 |
| E | 70 | R | 170 |
| F | 80 | S | 180 |
| G | 90 | T | 190 |
| J | 100 | H | 210 |
| K | 110 | V | 240 |
| L | 120 | W | 270 |
| M | 130 | Y | 300 |
| N | 140 | — | — |

例：195/60R14 85H，表示轮胎名义断面宽度为195mm，名义高宽比为60%，子午线结构，轮辋名义直径为14in，负荷指数为85，最大载荷为515kg，速度符号为H，最高车速为210km/h。

5. 轮胎的使用与换位

（1）轮胎的使用

1）保持轮胎气压正常。轮胎气压是决定轮胎寿命和工作好坏的重要因素，轮胎气压应按规定要求充足，不宜过高或过低。

2）防止轮胎超载。轮胎承受负荷较小时，使用寿命大大提高，但运输生产效率低。轮胎承受负荷较大时，使用寿命随负荷的增加而缩短。

3）合理搭配轮胎。合理搭配轮胎的目的是使整个汽车上的轮胎尽量磨损一致，使其寿命相同。

4）精心驾驶车辆。节胎的驾驶操作要领是：起步平稳，避免轮胎滑转；均匀加速，中速行驶，避免急加速和急减速；选择路面，避免在不良路面上行驶；转弯减速，避免高速转弯引起的轮胎横向滑移。

5）保持良好的底盘技术状况。前轮定位中的前轮外倾与前轮前束配合不当、车轮不平衡、轮辋变形等将引起轮胎的异常磨损。

6）正确使用备胎。由于备胎成本低，作为轮胎的性能它不如标准轮胎。当轮胎爆破或漏气时，装上备胎可以保证汽车行驶到维修站，并尽快修复故障轮胎或换上正规轮胎。

（2）轮胎的换位　厂家一般推荐 8000~10000km 应将轮胎换位一次。

1）交叉换位法。交叉换位法，如图 3-53 所示，它适用于经常在拱形路面行驶的汽车。

2）循环换位法。循环换位法，如图 3-54 所示，它适用于经常在较平坦道路上行驶的汽车。

**职场健康与安全：**

子午线轮胎的旋转方向应始终不变，推荐使用循环换位法。

6. 轮胎（真空胎）的拆装

（1）轮胎的拆卸

1）释放轮胎内的空气。

2）推松胎圈与轮辋边缘，如图 3-55 所示。

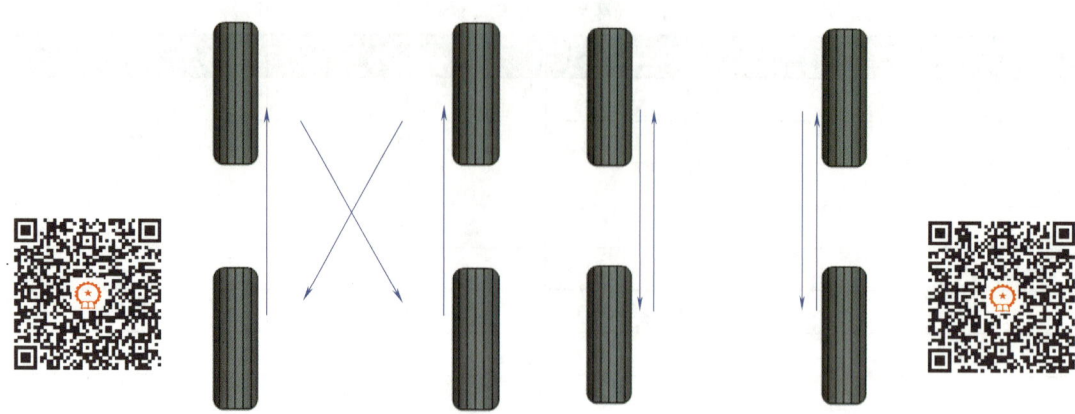

图 3-53　交叉换位法　　　　　图 3-54　循环换位法

3）固定好轮胎，用轮胎拆装机压住轮毂，如图 3-56 所示。

图 3-55　推松胎圈与轮辋边缘

图 3-56　固定好轮胎，用轮胎拆装机压住轮毂

4）用撬棍的一角把轮胎一侧撬出，如图 3-57 所示。

5）转动轮胎拆装机，先逆时针运动一段距离，然后顺时针运动一段距离，轮胎一侧自动脱出。

6）再用撬棍将下面撬出，如图 3-58 所示。

图 3-57　用撬棍的一角把轮胎一侧撬出

图 3-58　再用撬棍将下面撬出

7）转动轮胎拆装机，则整个轮胎被拆下。

**(2) 轮胎的安装**

1）先将轮胎与轮毂接触部位涂上润滑油。

2）用手压好轮胎，转动轮胎拆装机，如图 3-59 所示。

3）继续转动轮胎拆装机，将整个轮胎装配到位。

4）轮胎装配完成后，松开夹具，给轮胎充气，直到达到汽车制造商规定的充气压力，装上气门芯帽。

图 3-59　用手压好轮胎

> **职场健康与安全：**
> 拆装子午线轮胎应做记号，使安装后的子午线轮胎滚动方向保持不变。

**7. 轮胎的检查**

**（1）胎面花纹深度的检查**　轮胎胎肩一般都有一个三角标记，顺着胎肩三角标记指示的方向，可以在胎面中指到标示磨损限度的小方块，如图 3-60 所示。随着轮胎行驶里程的增加、轮胎磨损、花纹沟槽变浅，此时露出凸台，说明轮胎花纹即将磨尽，若不更换，可能造成行驶中轮胎打滑，引发交通事故。

**（2）轮胎异常磨损的检查**　检查轮胎的异常磨损，可以发现故障的早期征兆和原因，以便及时排除影响轮胎寿命的不良因素，防止早期磨损和损坏。图 3-61 所示为轮胎偏磨。

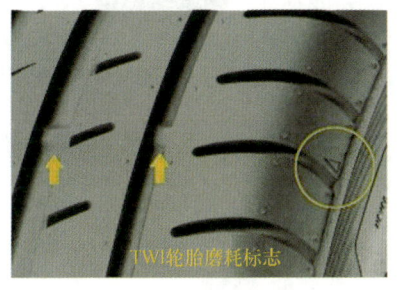

图 3-60　胎面磨耗标志

图 3-61　轮胎偏磨

**（3）轮胎气压的检查**　轮胎气压可用气压表进行检查。不同的车辆，轮胎的气压值也不同，检查时应参看相应车辆的维修手册。一般轿车前轮的胎压为 0.22MPa，后轮的胎压为 0.25MPa，即平时所说的前轮 2.2 个大气压，后轮 2.5 个大气压。图 3-62 所示为给轮胎充气。

图 3-62　轮胎充气

## 第五课 悬架

### 一、悬架的作用及组成

#### 1. 悬架的作用

汽车悬架是车架与车桥之间一切传力、连接装置的总称,如图 3-63 所示。其作用是把车桥和车架弹性地连接起来,并用它来吸收和缓和行驶中因路面不平引起的车轮跳动而传给车架的冲击和振动;保持车架和车轮之间正确的运动关系,从而保证汽车的行驶平顺性和操纵稳定性;传递路面作用于车轮的支持力、驱动力、制动力和侧向力及其产生的力矩。

#### 2. 悬架的组成

悬架主要由弹性元件、减振器和导向装置三部分组成,如图 3-64 所示。为防止车身在转向时发生过大的横向倾斜,有些车辆还装有横向稳定杆。

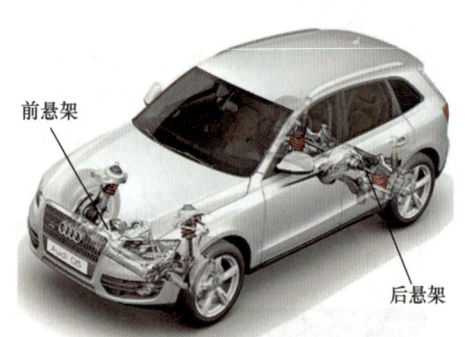

图 3-63 汽车悬架系统位置示意图

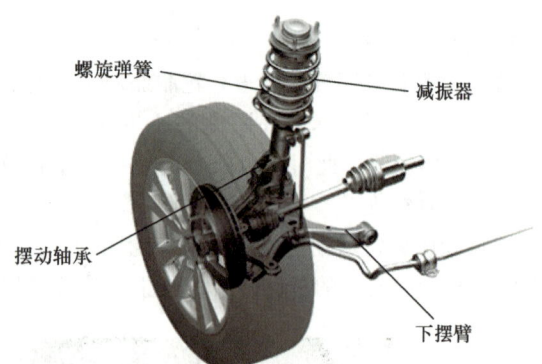

图 3-64 汽车悬架结构图

### 二、悬架的类型

#### 1. 根据悬架的结构不同分类

根据悬架结构不同,汽车悬架可分为非独立悬架和独立悬架两大类。

非独立悬架,如图 3-65 所示。两侧车轮由一根整体式的车架相连,车轮连同车桥一起通过弹性悬架系统悬挂在车架或车身的下面。非独立悬架的优点是结构简单、成本低、方便维护。当一侧车轮因路面不平等原因相对于车架的位置发生变化时,另一侧车轮的位置也随之发生变化。非独立悬架在舒适性及操控性上表现相对较差,多用于货车和大客车上。

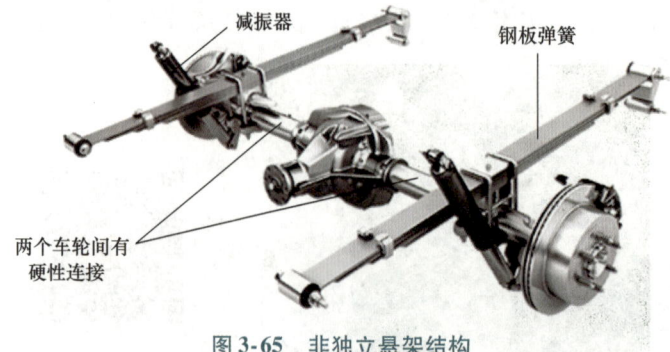

图 3-65 非独立悬架结构

独立悬架是两侧车轮各自独立地通过悬架与车架相连接，其配备的车桥都是断开式的，每个车桥都能独立地上下运动，如图 3-66 所示。目前，在国内的乘用车市场，前悬架都是独立悬架，只有后悬架才会出现非独立悬架。

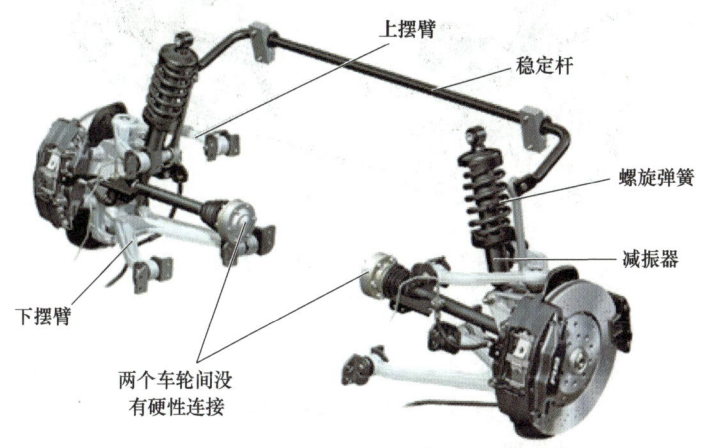

图 3-66　独立悬架结构

比较常见的三种独立悬架系统：麦弗逊式独立悬架、双叉臂式独立悬架以及多连杆式独立悬架。

麦弗逊式独立悬架，如图 3-67 所示，是目前最常见的悬架系统，也是比较成熟的一种悬架。麦弗逊式独立悬架设计结构简单、质量较小、占用空间小，更方便发动机的空间布局，相对来说减振性能较强。麦弗逊式独立悬的缺点是稳定性不佳、横向刚度小、转弯侧倾较大，目前主要应用在家用轿车的前悬架上。

双叉臂式独立悬架，如图 3-68 所示，其拥有上、下两个叉形摆臂。双叉臂式独立悬架是在麦弗逊悬架的基础上加上一只叉臂，主要作用就是让车轮的转向力都由叉臂承受，而减振部分零件只承担减振的任务。由于多加了一只叉臂，双叉臂式独立悬架的稳定性和强度都比麦弗逊要强，但也多占用了一点乘车空间，成本较高，所以在小型家用车上使用较少。

图 3-67　麦弗逊式独立悬架

图 3-68　双叉臂式独立悬架

多连杆式独立悬架，如图 3-69 所示。多连杆式悬架是用各种连杆装置使车轮与车身相连，目前较常见的是 4～5 根连杆相连。这种独立悬架系统也是目前悬架设计中表现最好的，其车轮的定位可自动调整，具有非常出色的可操控性，但其成本更高。

图 3-69　多连杆式独立悬架

### 2. 根据控制方式的不同分类

悬架根据控制方式的不同可分为被动悬架和主动悬架。汽车状态只能被动地取决于路面、行驶状况和汽车的弹性元件、导向装置以及减振器这些机械零件，这种悬架称为被动悬架，图 3-67、图 3-68 和图 3-69 所示均为被动悬架。可以根据路面和行驶工况自动调整悬架刚度和阻尼，从而使车辆能主动地控制垂直振动及其车身或车架的状态，这种悬架称为主动悬架。目前，使用主动悬架的高级轿车越来越多，一般以空气弹簧作为悬架系统，如图 3-70 所示。

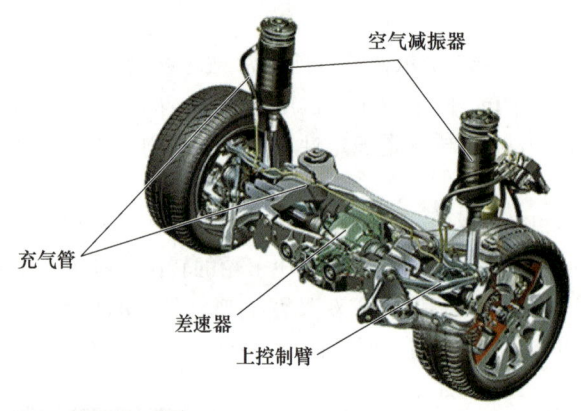

图 3-70　主动悬架

## 三、弹性元件的类型

汽车悬架常用的弹性元件包括钢板弹簧、螺旋弹簧、扭杆弹簧、气体弹簧和橡胶弹簧等。

### 1. 钢板弹簧

钢板弹簧是由若干片等宽不等长、弧度不等、厚度相等或不等的钢板弹簧片组合而成的一根近似等强度的弹性梁，被绝大多数非独立悬架所采用，如图 3-71 所示。钢板弹簧一般用在货车或大型客车上。

钢板弹簧的第一片最长，称为主片，其两端弯成卷耳，内装衬套，用钢板销与车架上的支架或吊耳用铰链连接。为了增加主片及卷耳的强度，常将第二片两端做成加强卷耳，3/4 包在主片卷耳外面。主片与第二片卷耳间通常留有较大间隙，以便主片受力变形时有较大的滑动余地。钢板弹簧的中心部位用 U 形螺栓与车桥固定。

中心螺栓用以连接各弹簧片，并保证装配时各片的相对位置。中心螺栓到两端卷耳中心的距

a) 钢板弹簧装配图

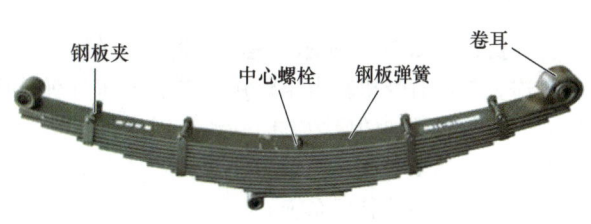
b) 钢板弹簧总成

图 3-71 钢板弹簧

离相等时,称为对称式钢板弹簧;距离不相等时,称为非对称式钢板弹簧。

钢板夹主要作用是当钢板弹簧反向变形,即车架离开车桥时,使各片不致互相分开,而将反向传给较多的弹簧片,以免主片单独承载,同时还可防止各片横向错动。

为了减小钢板弹簧片的磨损,在装合钢板弹簧片时,各片须涂上较稠的石墨润滑脂。有些钢板弹簧片间还夹装塑料衬片或橡胶衬片,也有的将钢板弹簧片装在保护套内,以防止润滑脂流失或尘土污染。

> **职场健康与安全:**
> 装配钢板夹时,应将螺栓头朝向车架一面,而使螺母在车轮一面,以防止螺栓松脱时剐伤轮胎。

**2. 螺旋弹簧**

螺旋弹簧用弹簧钢料卷制而成,有刚度可变的圆锥形螺旋弹簧和刚度不变的圆柱形螺旋弹簧两种,如图 3-72 所示。其特点是没有减振和导向功能,只能承受垂直载荷。在螺旋弹簧悬架中必须另装减振器和导向机构,前者起减振作用,后者用以传递垂直力以外的各种力和力矩,并起导向作用。螺旋弹簧大多应用在前轮独立悬架中,有些轿车的后轮非独立悬架也使用螺旋弹簧作为弹性元件。

a) 圆锥形螺旋弹簧

b) 圆柱形螺旋弹簧

图 3-72 螺旋弹簧

与钢板弹簧相比，螺旋弹簧具有无须润滑、不怕油污、质量小、所占空间不大、吸收冲击能力好、可改善乘车舒适性等优点。

**3. 扭杆弹簧**

扭杆弹簧，如图3-73所示。其一端固定在车架上，另一端固定在悬架的控制臂上，控制臂则与车轮相连。工作时受扭转力矩作用，左、右扭杆弹簧由于施加的预应力有方向性，装在车上时的扭转方向应与所预加的应力方向一致。因此，在左、右扭杆弹簧做有标记，安装时应加以注意。扭杆弹簧与钢板弹簧相比，质量较小，而且无须润滑，维护、维修都方便，节省纵向空间，适用于小型车及越野车辆的悬架系统。

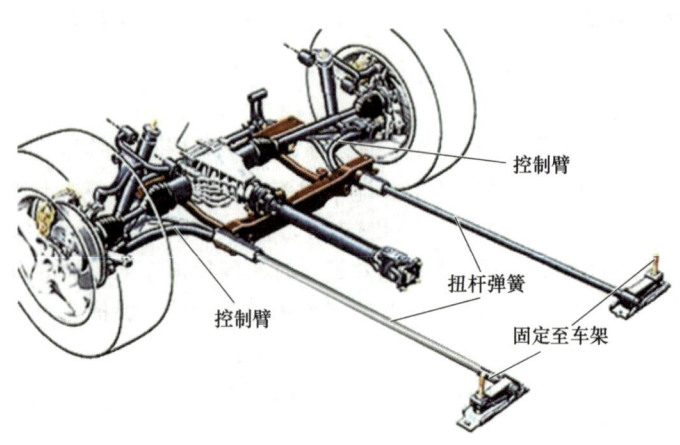

图3-73　扭杆弹簧

**4. 气体弹簧**

气体弹簧分为空气弹簧和油气弹簧两种。

空气弹簧是以空气作为弹性介质，即在一个密闭的容器内装入压力为0.5~1MPa的压缩空气，利用气体的可压缩性实现弹簧的作用。空气弹簧又分为囊式和膜式两种，如图3-74所示。空气弹簧的特点是：作用在弹簧上的载荷增加时，容器中气压升高，弹簧刚度增大；反之，当载荷减小时，气压下降，刚度减小。空气弹簧具有理想的变刚度特性。

a) 囊式空气弹簧　　　　b) 膜式空气弹簧

图3-74　空气弹簧

油气弹簧是在密封的容器中充入压缩空气（如氮气等惰性气体）和油液，利用气体的可压缩性实现其弹簧作用，这种弹簧弹性是可变的，而用油液作为传力介质，如图3-75所示。

空气弹簧和油气弹簧都同螺旋弹簧一样，只能承受垂直载荷，因此气体弹簧悬架中必须有导向装置和减振器。

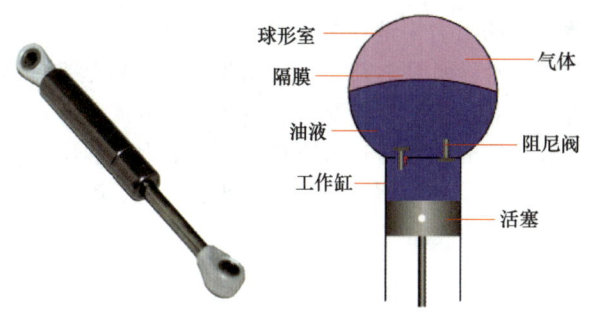

图 3-75 油气弹簧

### 5. 橡胶弹簧

橡胶弹簧,如图 3-76 所示,它是利用橡胶本身的弹性来起作用的弹性元件,它可以承受压缩载荷和扭转载荷。当橡胶弹簧在外力作用下变形时,便产生内部摩擦,以吸收振动。橡胶弹簧的优点是可以制成任何形状,使用时无噪声,不需要润滑。但橡胶弹簧不适用支承重载荷。所以,橡胶弹簧主要用做辅助弹簧,或用做悬架部件的衬套、垫块、挡块及其他支承件。

图 3-76 橡胶弹簧

## 四、减振器

### 1. 减振器的作用

汽车在行驶时,悬架系统中的弹性元件受冲击会相应产生振动,为此需要在悬架中与弹性元件并联安装减振器,如图 3-77 所示,以衰减振动,提高汽车行驶的平顺性。减振器在汽车中的作用就是迅速衰减由车轮通过弹性元件传给车架的冲击和振动,提高汽车行驶的平顺性能。

a) 减振器与钢板弹簧并联安装　　　　　b) 减振器与螺旋弹簧并联安装

图 3-77 减振器

### 2. 减振器的工作原理

减振器的工作原理就是利用液体流动的阻力来消耗振动的能量，使振动消失。可将减振器的工作原理分为压缩和伸张两个行程加以说明，如图3-78所示。减振器的结构是带有活塞杆的活塞插入筒内，筒内充满油液，活塞上有节流孔，活塞杆伸缩时，油液通过节流孔。减振器做伸缩运动，活塞在密封筒的油液中移动，具有黏性的油液通过节流孔产生阻尼力。利用活塞移动速度来改变阻尼力，即减振器若缓慢动作，活塞移动速度慢，阻尼力就小，反之，阻尼力就大；而节流孔越大，阻尼力越小，反之，阻尼力越大；油液黏度越大，阻尼力越大。

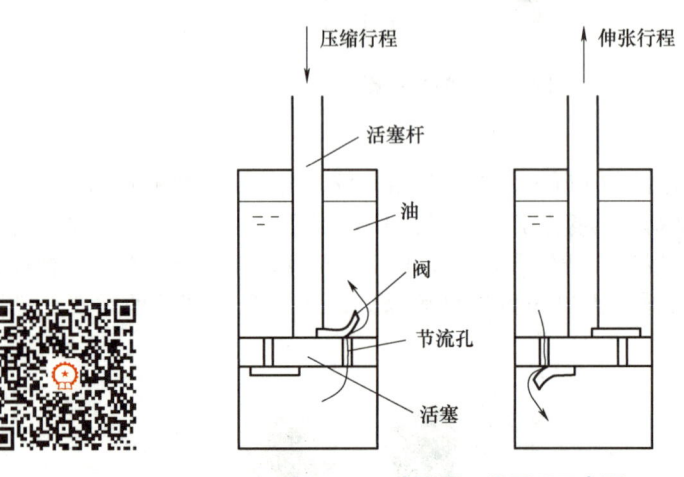

图3-78 减振器工作原理示意图

减振器与弹性元件要协调工作，必须满足以下要求：

1) 在悬架压缩行程中（车桥和车架互相靠近），减振器阻尼力较小，以便充分发挥弹性元件的弹性作用，缓和冲击。此时，弹性元件起主要作用。

2) 在悬架伸张行程中（车桥和车架互相远离），减振器阻尼力应较大，以迅速减振。此时，减振器起主要作用。

3) 当车桥和车架间的相对运动速度过大时，要求减振器能自动加大液流量，使阻尼力始终保持在一定限度之内，以避免车架承受过大的冲击载荷。

### 3. 双向作用单筒式液压减振器

双向作用单筒式液压减振器，如图3-79所示，它由工作缸、储油缸、活塞、活塞杆、压缩阀、伸张阀、流通阀、补偿阀、油封和防尘罩等组成。工作缸内活塞上装有伸张阀和流通阀，工作缸下端的支座上装有压缩阀和补偿阀。流通阀和补偿阀是单向阀，较小的油压即可打开或关闭。伸张阀和压缩阀也都是单向阀，需要较大的油压才能打开，而油压稍降低，阀门即可关闭。

压缩行程：当车桥移近车架时，减振器受压缩，活塞杆推动活塞下移，使下腔室容积减小，油压升高，油液经流通阀进入活塞上腔室。由于活塞杆占去了上腔室一部分容积，故上腔室增加的容积小于下腔室减小的容积，致使下腔室油液不能全部流入上腔室，多余的油液压开压缩阀流入储油缸，如图3-80a所示。油液流经上述阀孔时，受到一定的节流作用，为克服这种阻力而消耗了振动能量，使振动衰减。当车身振动剧烈，活塞高速运动时，活塞下腔室油压骤增，压缩阀的开度增大，油液能迅速通过较大的通道流回储油缸。这样，油压和阻尼力都不致过大，使压缩行程中弹性元件的缓冲作用能充分发挥。

伸张行程：当车桥远离车架时，减振器受拉伸，活塞杆拉动活塞上移，使上腔室容积减小，油压升高，上腔室油液推开伸张阀流入下腔室。由于活塞杆的存在，下腔室形成一定的真空度，储油缸内的油液在真空度的作用下，推开补偿阀流入下腔室，如图 3-80b 所示。由于伸张阀弹簧刚度和预紧力比压缩阀大，且伸张行程时的油液通道面积小，所以，在伸张行程产生的最大阻尼力远远超过了压缩行程内的最大阻尼力。减振器这时充分发挥减振作用，能迅速衰减振动。

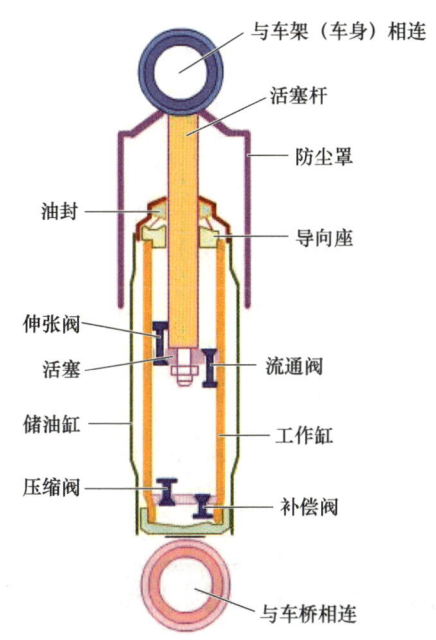

图 3-79　双向作用单筒式液压减振器

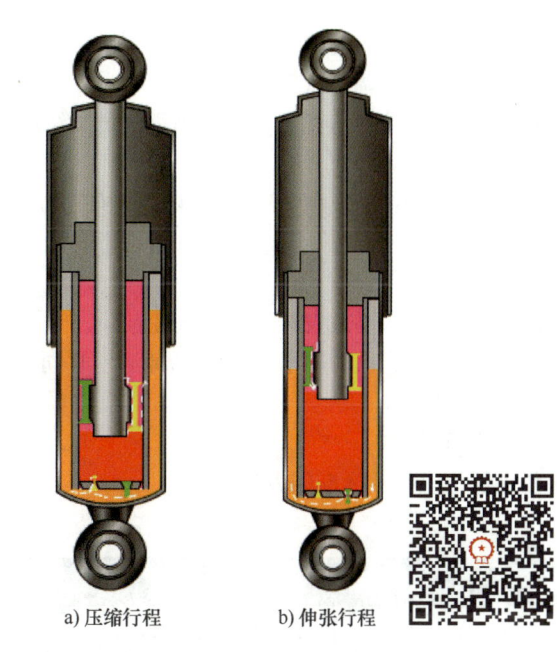

图 3-80　双向作用单筒式液压减振器工作原理

## 五、悬架的检修

### 1. 非独立悬架的检修

（1）**钢板弹簧的检修**　钢板弹簧长期使用会产生弹性下降甚至折断，钢板销、支架与吊耳产生磨损等。钢板弹簧不能有裂纹、折断，如有应更换新件。左、右两侧的钢板弹簧的总片数要相等，总厚度差不大于 5mm，弧高差不大于 10mm。钢板夹螺栓应完整，U 形螺栓要按规定的力矩拧紧。钢板弹簧片与片之间应紧密配合，相邻两片在总接触长度的 1/4 长度内，间隙不大于 1.2mm。

（2）**螺旋弹簧的检修**　螺旋弹簧主要是检查螺旋弹簧的自由长度，如自由长度比标准长度缩短 5%，必须更换新件。更换时，要同时更换左、右两个螺旋弹簧，以保持车辆两侧高度相同。

（3）**减振器的检修**　减振器检查时，向上的阻力应比向下的阻力要大一些。如向上、向下的阻力一样大，或阻力都很小，必须更换新件。

### 2. 独立悬架的检修

独立悬架的检修对象包括弹性元件、减振器和横向稳定杆等，其弹性元件多为螺旋弹簧，螺旋弹簧和减振器的检修已在非独立悬架的检修中讲过，故不再重复。

检查横向稳定杆、下摆臂有无变形或裂纹，若存在变形或裂纹，不允许在前悬架支承装置和导向装置部件上进行焊接和校直修复，只能更换新件。另外，需要检查横向稳定杆的橡胶支座和橡胶衬套、下摆臂的前衬套和后衬套的损坏和老化情况，若损坏需要及时更换。

## 任务一　调整前轮前束

**1. 任务目的**

1）掌握钢卷尺的使用方法。
2）能用钢卷尺调整汽车前轮前束。
3）能积极主动参与任务，能与小组成员团结协作，能执行实训室"6S"规定。

**2. 任务准备**

1）知识准备：完成项目三第三课"车桥"的学习。
2）设备准备：汽车、钢卷尺、管钳、举升机、扳手、演示课件（或操作视频）。

**3. 任务步骤**

1）老师演示或播放视频：调整前轮前束。
2）学生练习调整前轮前束（或老师演示时同步练习），并完成汽车底盘构造与维修工作页相应部分内容的填写。

**4. 任务评价**

任务评价内容及标准见表3-5。

表3-5　任务评价内容及标准

| 序号 | 项目 | 操作内容 | 分值 | 评分标准 | 得分 |
|---|---|---|---|---|---|
| 1 | 准备 | 清点工量具、清理工位 | 5分 | 酌情扣分 | |
| 2 | 检查 | 检查轮胎气压是否符合规定值以及转向机构、轮毂轴承紧度及各拉杆连接的间隙是否正常。 | 10分 | 操作不当扣1~10分 | |
| 3 | 举升汽车 | 举升汽车至方便调整的高度 | 10分 | 操作不当扣1~10分 | |
| 4 | 测量 | 两轮胎内侧轮辋外边缘测量距离（前面） | 10分 | 操作不当扣1~10分 | |
| 5 | 旋转 | 两前轮旋转180° | 10分 | 操作不当扣1~10分 | |
| 6 | 测量 | 两轮胎内侧轮辋外边缘测量距离（后面） | 10分 | 操作不当扣1~10分 | |
| 7 | 调整 | 松开锁紧螺栓调整 | 10分 | 操作不当扣1~10分 | |
| 8 | 再次测量调整 | 再次测量距离，调整到符合要求为止 | 10分 | 操作不当扣1~10分 | |
| 9 | 完成时间 | 20min | 10分 | 超时1~5min扣1~5分<br>超时5min以上扣10分 | |
| 10 | 安全文明 | 无安全隐患，无不文明操作 | 5分 | 未达标扣1~5分 | |

(续)

| 序号 | 项 目 | 操作内容 | 分值 | 评分标准 | 得分 |
|---|---|---|---|---|---|
| 11 | 结束 | 工量具清洁归位 | 5分 | 漏一项扣1分,未做扣5分 | |
| | | 工作场地清洁 | 5分 | 清洁不彻底扣1~5分,未做扣5分 | |
| | 总分 | | 100分 | | |

## 任务二 车轮总成动平衡

**1. 任务目的**
1) 掌握车轮动平衡机的使用方法。
2) 能按流程规范实施车轮总成的动平衡。
3) 能积极主动参与任务,能与小组成员团结协作,能执行实训室"6S"规定。

**2. 任务准备**
1) 知识准备:完成项目三第四课"车轮和轮胎"的学习。
2) 设备准备:车轮总成、车轮动平衡机、演示课件(或操作视频)。

**3. 任务步骤**
1) 老师演示或播放视频:车轮总成动平衡。
2) 学生练习车轮总成动平衡(或老师演示时同步练习),并完成汽车底盘构造与维修工作页相应部分内容的填写。
车轮总成动平衡内容包括拆除旧的平衡块并安装新的平衡块。

**4. 任务评价**
任务评价内容及标准见表3-6。

表3-6 任务评价内容及标准

| 序号 | 项 目 | 操作内容 | 分值 | 评分标准 | 得分 |
|---|---|---|---|---|---|
| 1 | 准备 | 清点工具、清理工位 | 5分 | 酌情扣分 | |
| 2 | 操作 | 拆掉旧的平衡块 | 35分 | 操作不当扣1~35分 | |
| | | 安装新的平衡块 | 35分 | 操作不当扣1~35分 | |
| 3 | 完成时间 | 40min | 10分 | 超时1~5min扣1~5分<br>超时5min以上扣10分 | |
| 4 | 安全文明 | 无安全隐患,无不文明操作 | 5分 | 未达标扣1~5分 | |
| 5 | 结束 | 工作场地清洁 | 10分 | 清洁不彻底扣1~5分,未做扣10分 | |
| | 总分 | | 100分 | | |

## 任务三 拆装轮胎

**1. 任务目的**
1) 掌握轮胎拆装机的使用方法。

2）能按流程规范拆装轮胎。
3）能积极主动参与任务，能与小组成员团结协作，能执行实训室"6S"规定。

**2. 任务准备**

1）知识准备：完成项目三第四课"车轮和轮胎"的学习。
2）设备准备：车轮总成、轮胎拆装机、轮胎安装杆、轮胎装卸撬杆、常用工具、气压表、演示课件（或操作视频）。

**3. 任务步骤**

1）老师演示或播放视频：拆装轮胎。
2）学生练习拆装轮胎（或老师演示时同步练习），并完成汽车底盘构造与维修工作页相应部分内容的填写。

拆装轮胎，拆装内容包括从轮辋上拆下轮胎和把轮胎安装到轮辋上。

**4. 任务评价**

任务评价内容及标准见表3-7。

表3-7 任务评价内容及标准

| 序号 | 项目 | 操作内容 | 分值 | 评分标准 | 得分 |
|---|---|---|---|---|---|
| 1 | 准备 | 清点工具、清理工位 | 5分 | 酌情扣分 | |
| 2 | 拆卸 | 从轮辋上拆下轮胎 | 25分 | 操作不当扣1~25分 | |
| 3 | 检查 | 检查轮胎 | 20分 | 操作不当扣1~20分 | |
| 4 | 安装 | 把轮胎安装到轮辋上 | 25分 | 操作不当扣1~25分 | |
| 5 | 完成时间 | 40min | 10分 | 超时1~5min扣1~5分<br>超时5min以上扣10分 | |
| 6 | 安全文明 | 无安全隐患，无不文明操作 | 5分 | 未达标扣1~5分 | |
| 7 | 结束 | 工具清洁归位 | 5分 | 漏一项扣1分，未做扣5分 | |
| | | 工作场地清洁 | 5分 | 清洁不彻底扣1~5分，未做扣5分 | |
| | | 总分 | 100分 | | |

## 任务四　轮胎换位

**1. 任务目的**

1）掌握轮胎换位的方法。
2）能按流程规范进行轮胎换位。
3）能积极主动参与任务，能与小组成员团结协作，能执行实训室"6S"规定。

**2. 任务准备**

1）知识准备：完成项目三第四课"车轮和轮胎"的学习。
2）设备准备：汽车、举升机、轮胎拆装工具、演示课件（或操作视频）。

**3. 任务步骤**

1）老师演示或播放视频：轮胎换位。
2）学生练习轮胎换位（或老师演示时同步练习），并完成汽车底盘构造与维修工作页相应部分内容的填写。

# 项目三　汽车行驶系统拆装与维修

轮胎换位，应根据不同车型、不同轮胎进行换位。

**4. 任务评价**

任务评价内容及标准见表 3-8。

表 3-8　任务评价内容及标准

| 序号 | 项　目 | 操作内容 | 分值 | 评分标准 | 得分 |
|---|---|---|---|---|---|
| 1 | 准备 | 清点工具、清理工位 | 5 分 | 酌情扣分 | |
| 2 | 拆卸 | 拆卸轮胎 | 25 分 | 操作不当扣 1~25 分 | |
| 3 | 检查 | 检查轮胎 | 20 分 | 操作不当扣 1~20 分 | |
| 4 | 安装 | 轮胎换位安装 | 25 分 | 操作不当扣 1~25 分 | |
| 5 | 完成时间 | 40min | 10 分 | 超时 1~5min 扣 1~5 分<br>超时 5min 以上扣 10 分 | |
| 6 | 安全文明 | 无安全隐患，无不文明操作 | 5 分 | 未达标扣 1~5 分 | |
| 7 | 结束 | 工具清洁归位 | 5 分 | 漏一项扣 1 分，未做扣 5 分 | |
| | | 工作场地清洁 | 5 分 | 清洁不彻底扣 1~5 分，未做扣 5 分 | |
| | 总分 | | 100 分 | | |

## 巩固与提高

### 一、填空题

1. 行驶系统中直接与路面接触的部分是车轮，这种行驶系统称为_____行驶系统。
2. 普通轿车轮式行驶系统由_____、_____、车轮和轮胎及_____四部分组成。
3. 车架俗称"大梁"，它主要有四种类型：_____车架、_____车架、_____车架和_____车架。
4. 车桥根据悬架结构的不同分为_____车桥和_____车桥两种，车桥根据功用的不同分为_____、_____、_____和_____四种。
5. 两前轮前端距离与后端距离的差值，称为前轮_____值。
6. 车轮是位于_____和_____之间承受负荷的旋转部件，其作用是安装轮胎。
7. 车轮一般由_____、_____和_____三部分组成。
8. 轮辋也称为钢圈，按其结构特点的不同可分为_____轮辋、_____轮辋和_____轮辋三种。
9. 车轮总成由_____和_____两大部分组成。
10. 车轮的不平衡包括_____和_____，动平衡的车轮一定处于静平衡状态。
11. 按轮胎内空气压力的大小，轮胎分为_____、_____和_____三种。按轮胎有无内胎，轮胎分为_____轮胎和_____轮胎两种。
12. 悬架主要由_____、_____和_____三部分组成。
13. 根据悬架结构不同，汽车悬架可分为_____悬架和_____悬架两大类。悬架根据控制方式的不同可分为被动悬架和主动悬架。

### 二、单项选择题

1. 支承汽车的总质量，减少振动、缓冲冲击的是（　　）。

A. 传动系统　　　　B. 转向系统　　　　C. 制动系统　　　　D. 行驶系统
2. 以车身兼代车架的结构形式是（　　）。
A. 无梁式车架　　　B. 边梁式车架　　　C. 中梁式车架　　　D. 综合式车架
3. 挂车的车桥为（　　）。
A. 转向桥　　　　　B. 驱动桥　　　　　C. 转向驱动桥　　　D. 支持桥
4. 以下不属于转向桥的部件是（　　）。
A. 前轴　　　　　　B. 转向节　　　　　C. 半轴　　　　　　D. 轮毂
5. 越野汽车的前桥属于（　　）。
A. 转向桥　　　　　B. 驱动桥　　　　　C. 转向驱动桥　　　D. 支持桥
6. 转向轮定位中，使转向轮自动回正且转向轻便的是（　　）。
A. 主销后倾　　　　　　　　　　　　　B. 主销内倾
C. 前轮外倾　　　　　　　　　　　　　D. 前轮前束
7. 测量前轮前束的量具是（　　）。
A. 游标卡尺　　　　B. 钢卷尺　　　　　C. 深度尺　　　　　D. 塞尺
8. 轮胎型号"205/55R16"中轮辋直径"16"的单位是（　　）。
A. 英寸　　　　　　B. 米　　　　　　　C. 厘米　　　　　　D. 毫米
9. 前轮前束调整的零件是（　　）。
A. 转向节臂　　　　B. 横拉杆　　　　　C. 转向节　　　　　D. 前轴

### 三、判断题

1. 行驶系统具有减小振动、缓和冲击，保证汽车平顺行驶的作用。（　　）
2. 车桥两端安装的车轮通过悬架与车架相连。（　　）
3. 为了使轮胎磨损尽可能达到均衡，需要进行轮胎换位。（　　）
4. 在进行汽车四轮定位前，轮胎气压应符合规定值。（　　）
5. 在进行汽车四轮定位前，需要检查车辆是否有多余负载。（　　）
6. 车轮动平衡有就车式检测和离车式检测两种方法。（　　）
7. 在进行轮胎动平衡时，需要提前清除轮胎中的异物。（　　）

### 四、简答题

1. 简述前轮前束的检查与调整方法。
2. 简述车轮总成的拆装步骤。
3. 简述车轮离车式动平衡试验步骤。
4. 如何正确使用轮胎？
5. 简述双向作用单筒式液压减振器的工作原理。

### 五、按要求作题

某种轮胎的规格型号为"195/60R16 89H"，请按照正确的含义连接起来。

　　　　195　　　　　　名文宽高比
　　　　60　　　　　　 轮辋名义直径
　　　　R　　　　　　　名义断面宽度
　　　　16　　　　　　 子午线轮胎
　　　　89　　　　　　 速度符号
　　　　H　　　　　　　负荷指数

# 项目四 汽车转向系统拆装与维修

1. 知道汽车转向系统的作用和类型。
2. 知道助力转向器的工作原理。
3. 能说出齿轮齿条式转向器和循环球式转向器的工作过程。
4. 能按流程规范拆装齿轮齿条式转向器和循环球式转向器。
5. 培养工匠精神。

任务一  拆装齿轮齿条式转向器
任务二  拆装循环球式转向器

## 第一课  汽车转向系统概述

### 一、汽车转向系统的作用与类型

**1. 汽车转向系统的作用**

汽车转向系统的作用是改变和保持汽车的行驶方向。汽车转向系统可以让汽车沿直线行驶、改变车道、转弯或沿曲线行驶。

**2. 汽车转向系统的类型**

汽车转向系统按转向动力源的不同可分为机械式转向系统和动力式转向系统两种，其中动力式转向系统又可以分为液压式、气压式和电动式。

转向系统结构形式多种多样，但都包括转向操纵机构、转向器和转向传动机构三个基本组成部分，如图4-1所示。

（1）**机械式转向系统**  汽车转向时，驾驶人作用于转向盘上的力，经过转向操纵机构传到转向器，转向器将转向力放大后，传递给转向传动机构，推动转向轮偏转，从而实现汽车行驶方向的改变。机械式转向系统具有机构简单、工作可靠、路感性好、维护方便等优点，多用于中小型货车或农用车上。缺点是操纵较费力，劳动强度大。

（2）**液压式动力转向系统**  液压式动力转向系统是在机械式转向系统的基础上，增加了转向控制阀、转向泵和转向动力缸等一套液压助力装置。液压式动力转向系统操纵轻便，灵活省力，维护简单,广泛应用于高速轿车和重型货车上。

(3) **电动式动力转向系统** 电动式动力转向系统是在机械式转向系统的基础上,增加了电控单元、电源、电动机、转向传感器等。电动式动力转向系统具有节能、无需油压管路系统、不直接消耗发动机功率、环保、安装自由度大等优点,但转向动力不如液压式动力大,只用于前轴负荷较小的轿车上。

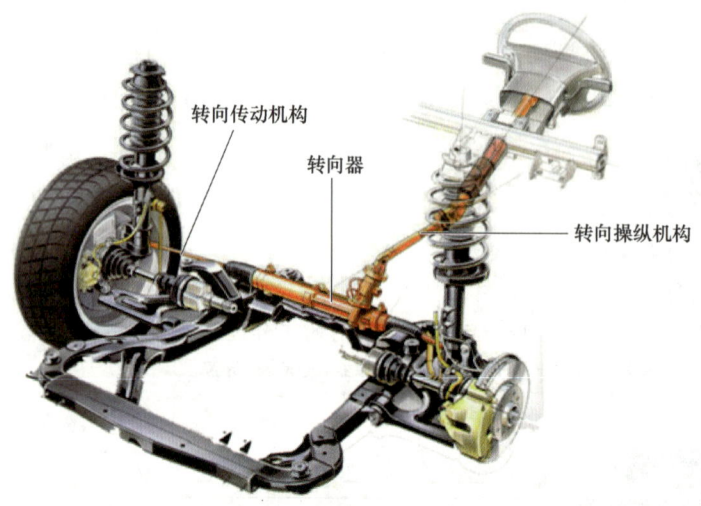

图 4-1 转向系统的组成及布置示意图

## 二、汽车转向原理

汽车转向时(如图4-2所示汽车左转弯),内侧车轮和外侧车轮滚过的距离不相等。对于发动机前置后轮驱动的汽车而言,后桥左、右两侧的驱动轮由于差速器的作用,能够以不同的转速滚过不同的距离。但前桥左、右两侧的转向轮要滚过不同的距离,必然要引起车轮沿路面边滚动边滑动,致使转向时的行驶阻力增大,轮胎磨损增加。为了避免这种现象,要求转向系统能保证在汽车转向时,所有的车轮均做纯滚动。这就要求汽车转向时所有车轮轴线都能相交于一点,此交点 $O$ 称为转向中心,如图4-2所示。

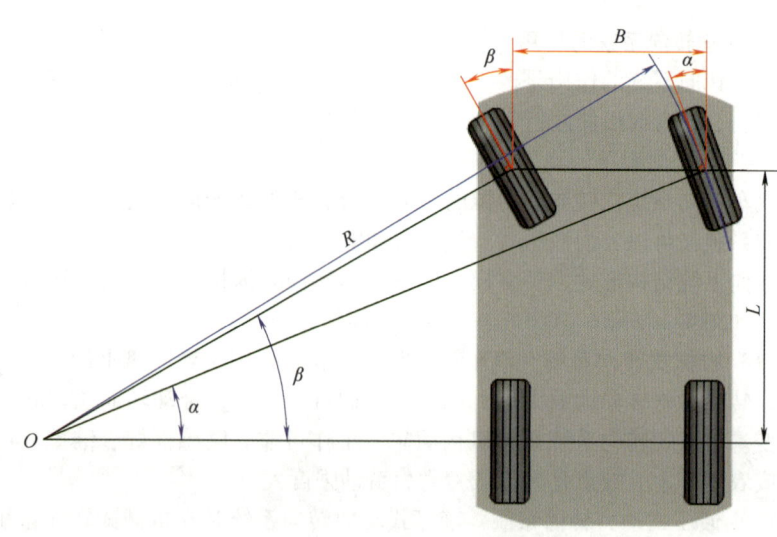

图 4-2 汽车左转向示意图

由图4-2可见，汽车转向时内侧转向轮偏转角 $\beta$ 大于外侧转向轮偏转角 $\alpha$，角 $\alpha$ 与角 $\beta$ 的关系是

$$\cot\alpha = \cot\beta + \frac{B}{L}$$

式中　$\alpha$——外侧车轮转向角；
　　　$\beta$——内侧车轮转向角；
　　　$B$——两侧主销中心距（略小于转向轮轮距）；
　　　$L$——汽车轴距。

从转向中心到转向外轮中心的距离称为转弯半径，用 $R$ 表示。从图4-2可以看出，当外侧车轮转向角达到最大值时（转向盘打到底），汽车转弯半径 $R$ 最小。转弯半径越小，汽车转向机动性越高。现代汽车左、右转向轮的偏转角一般为35°～42°，汽车的最小转弯半径一般为5～12m。对于多轴的汽车，其转向情况类似。

角 $\alpha$ 与角 $\beta$ 的关系是由转向梯形保证的，如图4-3所示。

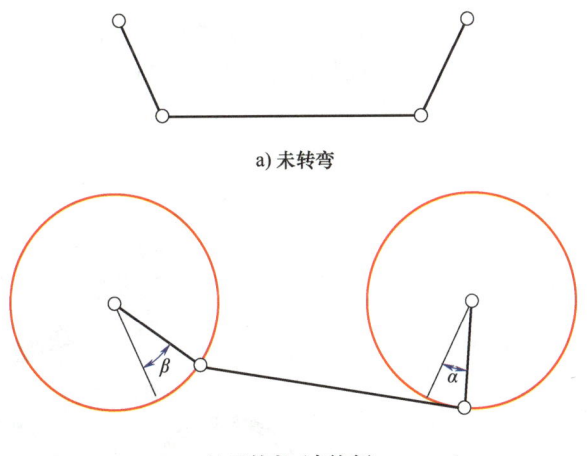

图4-3　转向梯形工作过程

图4-4所示为一个转向驱动桥的转向梯形。

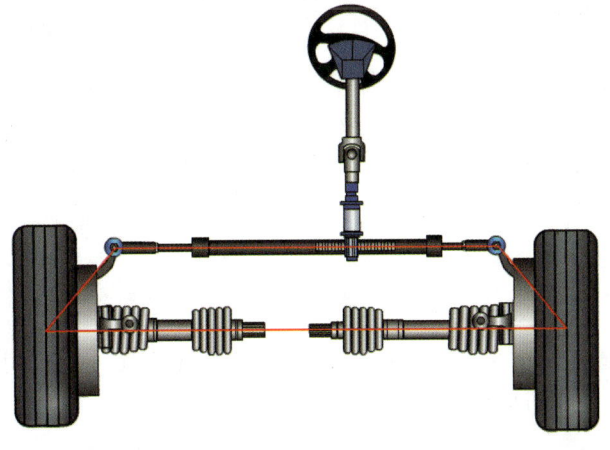

图4-4　转向驱动桥的转向梯形

转向盘在空转阶段的角行程称为转向盘的自由行程,这主要是由于转向系统各传动件之间的装配间隙和弹性变形所引起的,一般要小于10°或为10～15mm。

## 第二课　汽车转向操纵机构

### 一、汽车转向操纵机构的作用

汽车转向操纵机构的作用是产生转动转向器所必需的操纵力,并具有一定的调节性和安全性。为了驾驶人的舒适驾驶,要求转向操纵机构可以进行调节,以满足不同驾驶人的需求;为了防止车辆撞击后对驾驶人的损伤,还要求转向操纵机构具有一定的安全保护装置。

### 二、转向操纵机构的组成

转向操纵机构一般由转向盘、转向轴、转向柱、十字轴万向节和转向传动轴组成,如图4-5所示。

转向盘也称方向盘,由转向盘毂、轮辐和轮圈三部分组成,如图4-6所示,其按照轮辐的数目不同可分为三辐式转向盘和四辐式转向盘。转向盘上都装有喇叭按钮,有的还装有安全气囊、巡航按钮和升、降档开关等。

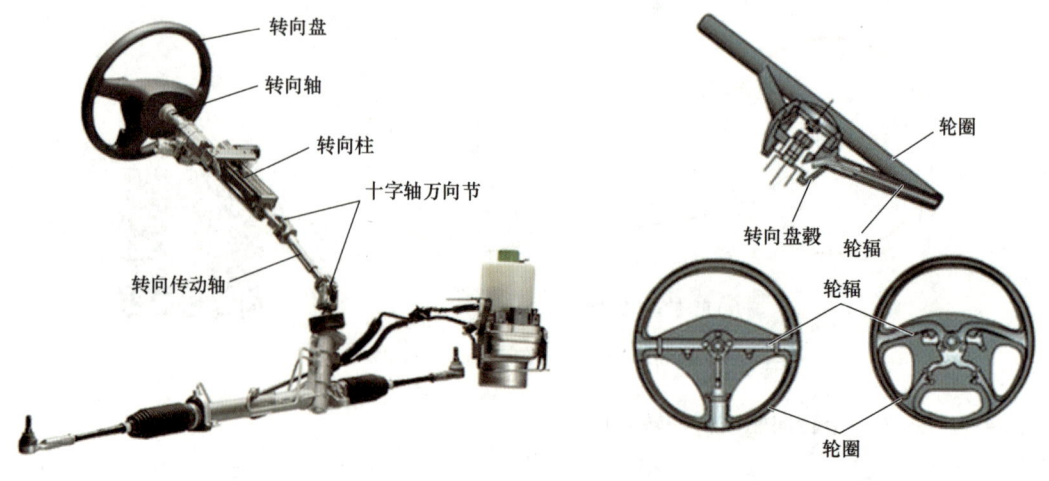

图4-5　转向操纵机构结构图　　　　图4-6　转向盘结构图

转向柱上安装有各种操纵开关,如组合开关、转向灯开关,有的还装有变速杆、转向柱机械锁或转向柱电动锁等。

万向节用于连接转向轴与转向传动轴以及转向传动轴与转向器的输入轴。万向节一般都采用十字轴万向节或者柔性万向节。

### 三、转向操纵机构的检修

**1. 转向柱的检修**

检查转向柱的变形与损坏情况,不允许补焊或校正,若变形或损坏严重,必须更换新件。检查转向柱轴承的磨损与烧蚀情况,严重时更换新件。

**2. 万向节的检修**

用手检查万向节在十字轴的两个方向的径向间隙,若发现有间隙时,应更换万向节。

## 第三课 转向器

### 一、转向器的作用

转向器的作用是增大由转向盘传到转向器的力并改变力的传递方向，获得所要求的摆动速度和角度，它是转向系统中减速增矩的传动装置。

### 二、转向器的类型

转向器按结构形式不同可分为循环球式、齿轮齿条式和蜗杆曲柄指销式三种，其中齿轮齿条式转向器又分为两端输出式和中间（或单端）输出式两种类型。

转向器按作用力的传递情况不同可分为可逆式和极限可逆式两种。可逆式转向器指的是作用力很容易地由转向盘经转向器传到转向轮，而转向轮所受的路面冲击也比较容易地经转向器传到转向盘。可逆式转向器的正、逆传动效率都很高，"路感"很强，但也容易在坏路行驶时出现"打手"现象，主要应用于经常在良好路面行驶的车辆。现代轿车广泛采用的齿轮齿条式转向器就属于可逆式转向器。极限可逆式转向器指的是作用力可以由转向盘很容易地经转向器传到转向轮，而转向轮所受的路面冲击只有在很大时，才能经转向器传到转向盘。极限可逆式转向器的正传动效率远大于逆传动效率，"路感"较差，主要应用于中型以上的越野汽车、工矿用自卸汽车等。

### 三、循环球式转向器

循环球式转向器由螺杆、螺母、齿条、齿扇、轴承和转向器壳等组成，如图4-7所示。循环球式转向器有螺杆螺母传动副和齿条齿扇传动副两级传动副，其主要性能优点是传动效率高（正效率最高可达90%~95%），故操纵轻便，转向结束后自动回正能力强，使用寿命长。但因其逆效率也很高，转向盘有"打手"现象，随着道路条件的改善，这个缺点并不明显。

循环球式转向器属于可逆式转向器，广泛用于各类汽车。

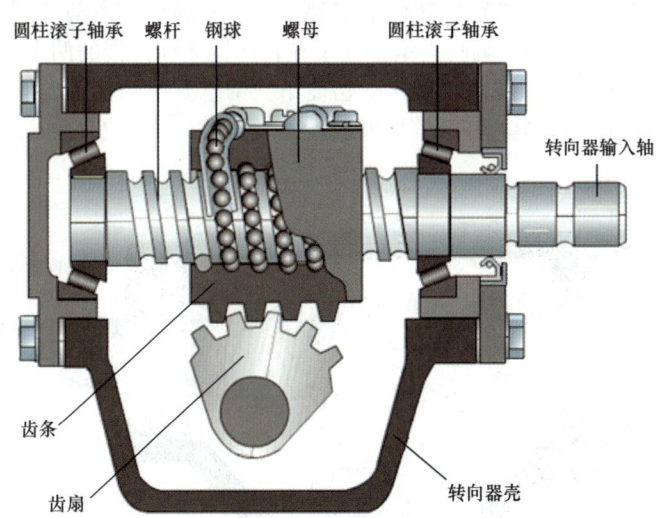

图4-7 循环球式转向器结构图

转向器输入轴通过两个圆柱滚子轴承安装在转向器壳体中，其上端通过花键与万向节相连，其下部分是与轴制成一体的螺杆，带有内螺纹的螺母套在螺杆外面。为了减小转向螺杆和转向螺

母之间的摩擦，二者的螺纹并不直接接触，其间装有多个钢球，以实现滚动摩擦。

转向螺杆在转向操纵机构的转动力作用下，通过钢球将力传给转向螺母，使螺母沿螺杆轴向移动。随着螺母沿螺杆做转向移动，位于螺母上的齿条便带动齿扇做圆弧运动，通过转向传动机构使转向轮偏转，实现汽车转向。两列钢球只是在各自的封闭流道内循环，不会脱出。

### 四、齿轮齿条式转向器

齿轮齿条式转向器主要由转向齿轮、转向齿条、转向器壳体和调整螺塞等组成，如图 4-8 所示。转向器壳体用螺栓固定在车身（车架）上，转向齿轮是转向器的主动件，它与相啮合的转向齿条从动件水平布置，转向齿条背面装有弹簧和压块。在弹簧的作用下，压块将转向齿条压靠在转向齿轮上，保证二者无间隙啮合，有效地减小转向自由行程，提高操纵灵敏度，而其弹力的大小可由调整螺塞调整。齿轮齿条式转向器具有结构简单、轻巧、传力杆件少、维修方便、操纵灵敏等优点，广泛应用于采用前轮独立悬架的轻、微型汽车和中、高级轿车上。

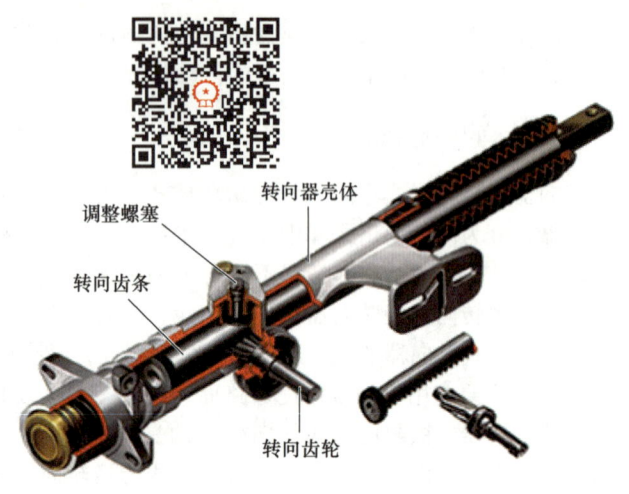

图 4-8　齿轮齿条式转向器结构图

当转动转向盘时，转向齿轮转动，使与之啮合的齿条沿轴向移动，从而使左右横拉杆通过转向节带动转向车轮偏转，实现汽车转向。

### 五、蜗杆曲柄指销式转向器

蜗杆曲柄指销式转向器主要由转向器壳体、转向蜗杆、转向摇臂曲柄、指销和侧盖等组成，如图 4-9 所示。转向器壳体固定在车身（车架）的转向器支架上，转向蜗杆是主动件，装在摇臂曲柄端部的指销是从动件，具有梯形截面螺纹的转向蜗杆支承在转向器壳体两端的两个球轴承上。蜗杆曲柄指销式转向器具有传动效率较高、转向轻便、结构简单、调整方便的优点，但其综合性能不及循环球式转向器，有被逐渐淘汰的趋势。

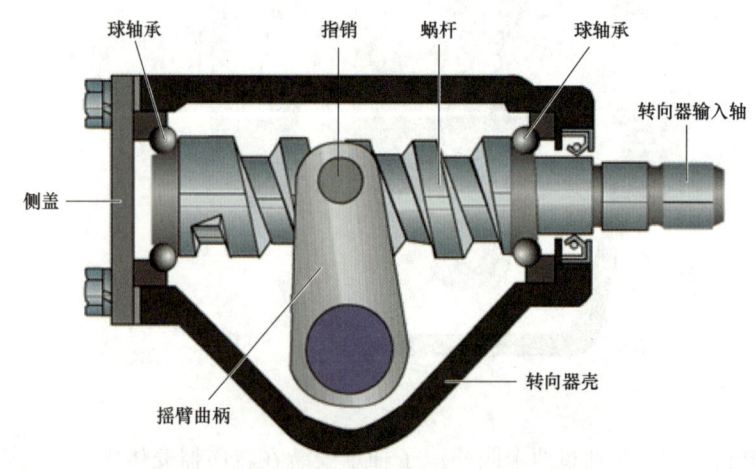

图 4-9　蜗杆曲柄指销式转向器结构图

汽车转向时，驾驶人通过转向盘转动转向蜗杆，与其相啮合的指销一边自转，一边以曲柄为半径绕摇臂轴轴线在蜗杆的螺纹槽内做圆弧运动，从而带动曲柄、进而带动转向摇臂摆动，实现汽车转向。

### 六、转向器的检修

**1. 转向盘游动间隙的检查与调整**

转向盘游动间隙是指处于直线行驶位置的前轮不发生偏转的情况下，转向盘所能转过的角度，它是转向系统各部件配合间隙的总反映。

使前轮处于直线行驶的位置，装上转向盘自由转动量检查器，左右转动转向盘至感到有阻力为止，检查器指针在刻度盘上划过的角度，即为转向盘自由转动量。一般汽车的转向盘自由转动量不超过15°。

**2. 循环球式转向器的检修**

（1）**齿扇轴与转向器壳体中滚针轴承间隙的检查** 如间隙超过0.12mm，应更换轴承或齿扇轴。

（2）**螺杆与钢球、螺母间隙的检查** 转向螺杆与转向螺母的钢球滚道无疲劳磨损、划痕等耗损，钢球与滚道的配合间隙不得大于0.10mm。检验钢球与滚道配合间隙的方法有两种：一种方法是把转向螺母夹持固定后，把转向螺杆旋转到一端，然后检验转向螺杆另一端的摆动量，其摆动量不得大于0.10mm，转向螺杆的轴向窜动量也不得大于0.10mm；另一种方法是将转向螺杆和转向螺母配合副清洗干净后，把转向螺杆垂直提起，如转向螺母在重力作用下，能平稳地旋转下落，说明配合副的传动间隙合格。若无其他损耗，传动副组件一般不进行拆检。

（3）**齿扇与钢球螺母啮合间隙的调整** 使扇形齿轮处于中间位置，来回扳动转向摇臂，同时将调整螺钉旋进。

**3. 齿轮齿条式转向器的检修**

1）零件出现裂纹应更换，横拉杆、齿条在总成修理时应进行隐伤检验。

2）转向齿条的直线度误差不得大于0.30mm。

3）齿面上无疲劳剥落及严重的磨损。

4）转向齿条与转向齿轮的啮合间隙调整，因结构的差异，调整方法也有所不同。但常见的有两类：一是改变转向齿条导块与盖之间的垫片厚度来调整转向齿条与转向齿轮的啮合深度，完成预紧力的调整；另一种方法是用盖上的调整螺塞改变转向齿条导块与弹簧座之间的间隙值，完成啮合深度，即预紧力的调整。

## 第四课 转向传动机构

### 一、转向传动机构的作用

转向传动机构的作用是将转向器输出的力和运动传给转向轮，使两侧转向轮偏转以实现汽车转向。

### 二、转向传动机构的类型与组成

转向传动机构的类型按汽车采用悬架的不同可分为与非独立悬架配用的转向传动机构和与独立悬架配用的转向传动机构两种。

与非独立悬架配用的转向传动机构，如图4-10所示，主要由转向摇臂、转向直拉杆、转向节臂、梯形臂和转向横拉杆组成。转向摇臂在安装时，应对正标记，使从中间往两边的摆角范围大致相等。

与独立悬架配用的转向传动机构，如图4-11所示，主要由左、右转向横拉杆和转向球头组成。左、右转向横拉杆分别通过螺纹与转向齿条连接，两个螺纹旋向不同，一个为左旋，另一个为右旋，锁紧螺母将转向横拉杆与转向齿条锁紧在一起。转向球头将横拉杆与转向节臂连接，这样，驾驶人作用在转向盘上的力通过转向器→转向横拉杆→转向球头→转向节臂传递给转向轮，从而实现汽车转向。

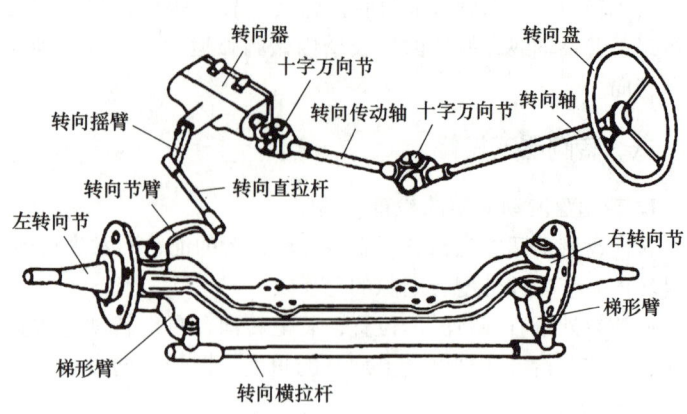

图 4-10　与非独立悬架配用的转向传动机构结构图

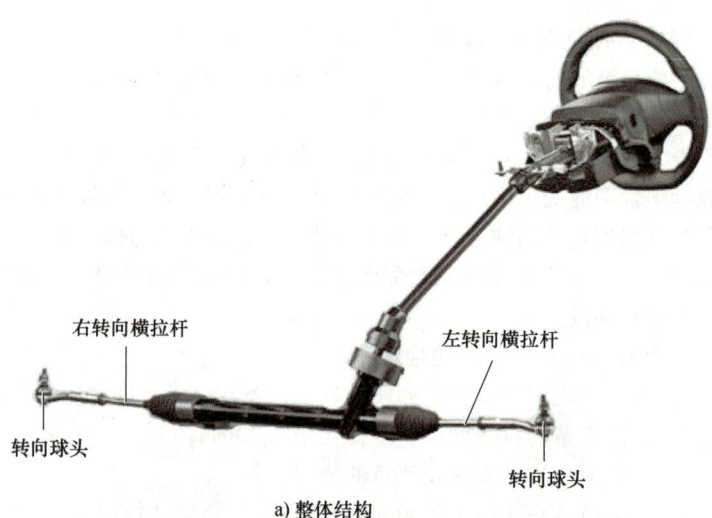

a) 整体结构

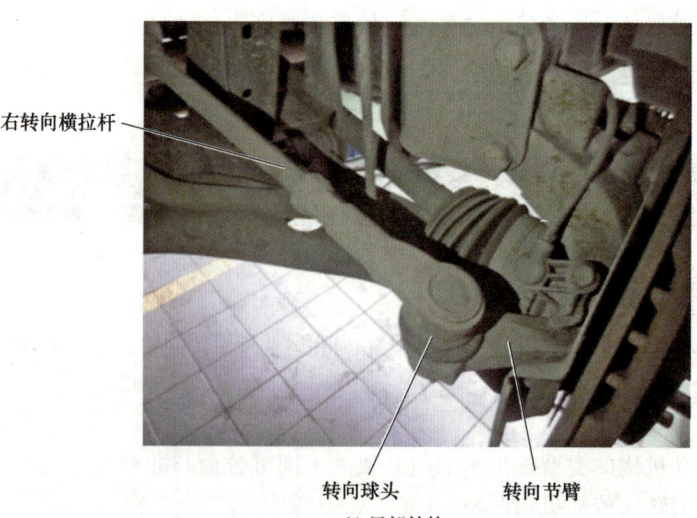

b) 局部结构

图 4-11　与独立悬架配用的转向传动机构结构图

## 第五课　助力转向系统

### 一、助力转向系统的作用及类型

助力转向就是通过增加外力来抵抗转向阻力，让驾驶人只需要很少的力就能够完成转向，也被称为动力转向，简称PS。

采用助力转向系统的作用是在汽车转弯时，减少对转向盘的操纵力；原地转向时能提供必要的助力；限制车辆高速或在薄冰上的助力，具有较好的转向稳定性；在动力转向系统失效时，能保持机械转向系统有效工作。

汽车助力转向系统按其动力源不同可以分为液压式、电动液压式和电动式三种。

### 二、机械液压助力转向系统

**1. 机械液压助力转向系统的构造**

机械液压助力转向系统，如图4-12所示，它是基于机械式的齿轮齿条式转向器而来的，结构上增加了一套液力系统，包括储油罐、转向泵、转向控制阀、转向器上的液压缸和能够推动转向横拉杆的活塞等。机械液压助力转向系统的优点是其部件结构紧凑，尺寸很小，工作时无噪声，工作滞后时间短，而且能吸收来自不平路面的冲击，已在各类汽车上获得广泛应用。

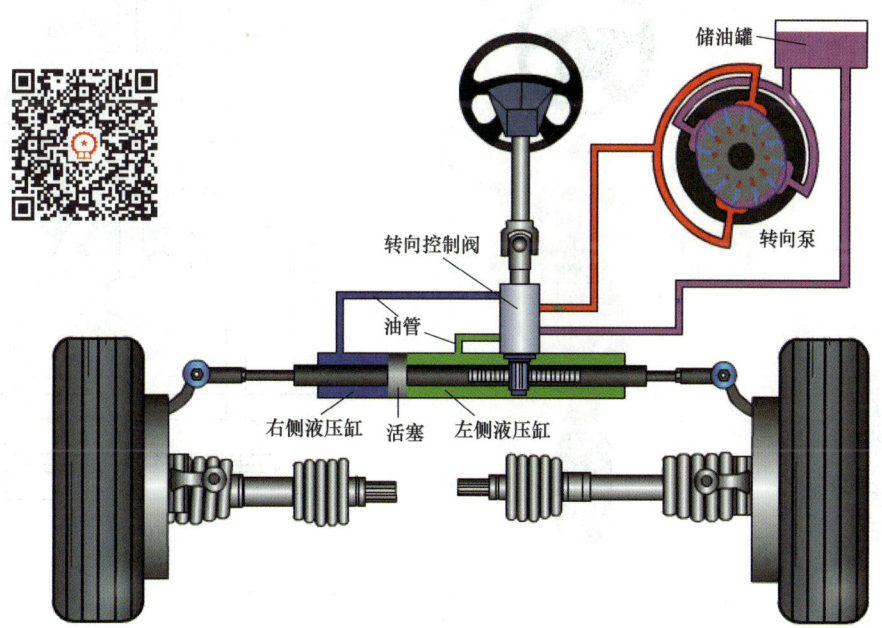

图4-12　机械液压助力转向系统结构示意图

**2. 机械液压助力转向系统的主要零部件**

（1）转向泵　转向泵是液压助力转向系统的动力源，固定于发动机机体，由发动机驱动产生转向助力油压，经转向控制阀向液压缸提供一定压力和流量的工作油液。转向泵有三种类型：齿轮式、转子式和叶片式。叶片式转向泵中的双作用式叶片泵应用最为广泛，如图4-13所示，它由转子、定子、叶片和端盖等组成。其中，转子与定子的中心相重合。定子内表面不是圆形而是一个近似的椭圆形，它由两条长半径和两条短半径所决定的圆弧以及四段过渡曲线所组成。转子每转一周，叶片在转子切槽内往复运动两次，完成两次吸油和两次压油，故称为双作用式叶片泵。为了使转子受到的径向油压完全平衡，工作油腔数（即叶片数）应当为偶数。

(2) 转向控制阀 转向控制阀用来控制转向泵最大输油量，并能将流量控制在规定范围内，满足转向助力的需要。机械液压助力转向系统按转向控制阀阀芯运动方式不同可分为滑阀式与转阀式；按液流形式又可分为常压式与常流式。现代汽车多采用常流转阀式助力转向系统。

转向控制阀结构，如图4-14所示，转向杆上端通过连接销与转向滑块稳固地连接，其下端用连接销与控制套管相连接。由驾驶人操纵的转向运动在转向杆上形成作用力，转向杆被扭转。转向滑块同转向杆一起相对于控制套管转动，槽位和连接孔在转向滑块和控制套管上进行相对于对方的变化。因此，一些特定油管会根据转向滑块和控制套管间的角度扭转变化而被打开，其他的被关闭。

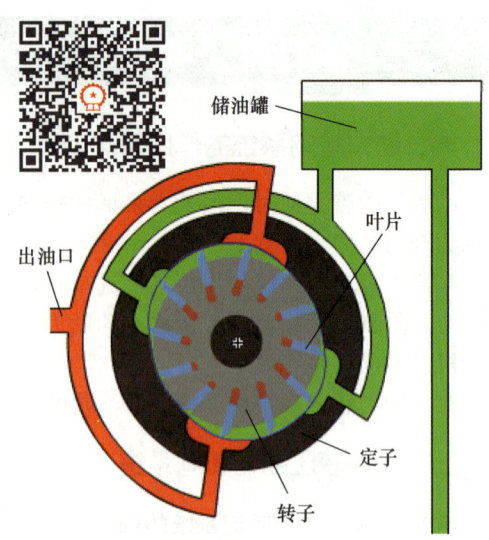

图4-13 双作用式叶片泵

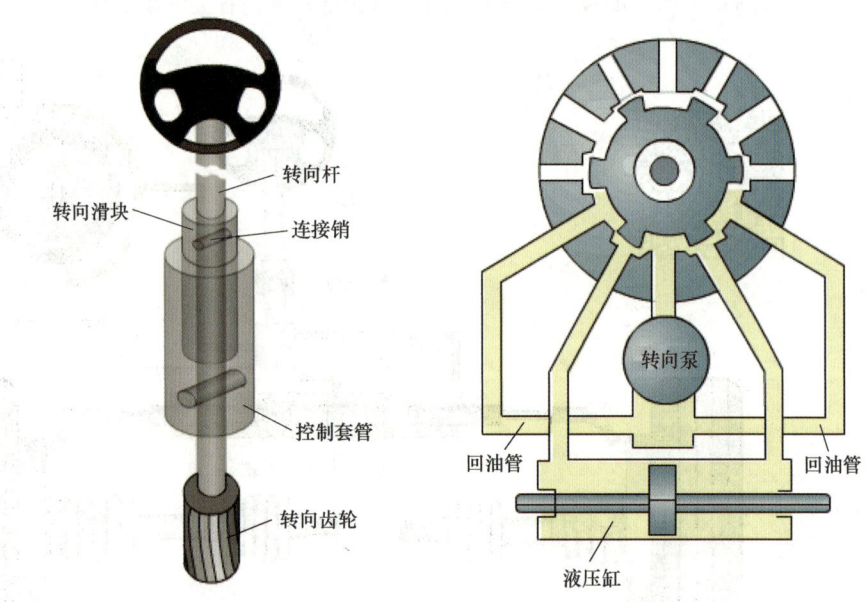

图4-14 常流式转向控制阀结构示意图

3. 机械液压助力转向系统的工作原理

(1) 直线行驶状态 汽车直线行驶时，如图4-15所示，转向盘上没有作用力，转向器液压缸、油管和储油罐相连接，系统中没有压力，助力系统不起作用。

(2) 汽车左转 汽车左转时，如图4-16所示，驾驶人将转向盘向左转动，由于轮胎和路面对转向动作的阻力，转向杆和转向滑块将会被扭转。因此，通过这种扭转，油管将被压力管道打开连向左侧液压缸，右侧液压缸将通过回流管道与储油罐相连接。在活塞上作用有一个使转向轮左转的力，转向滑块的扭转运动将一直持续，直到活塞作用力和驾驶人的转向力的合力足够大，使转向轮改变方向。

# 项目四 汽车转向系统拆装与维修

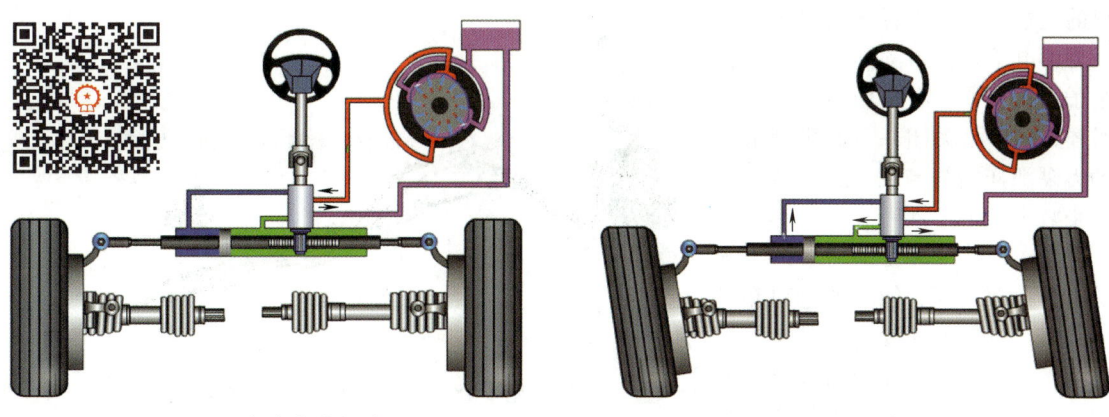

图 4-15 汽车直线行驶　　　　　　　　图 4-16 汽车左转

通过转向杆相连的转向齿轮也运动，转向杆的下部带动控制套管被扭转，此运动一直持续到转向杆的扭转和随之产生的转向滑块与控制套管之间的扭转消除。去向储油罐的回流管道重新与液压缸和压力管道相连，系统再次接近无压状态。每次对转向盘的新作用力都会形成转向杆的扭转并且重新开始前面的流程。

（3）**突遇外力**　如图 4-17 所示，转向轮左转遇到向右的外力。路面不平整形成的作用力 $F$ 加在转向轮并使转向轮绕转动点 $D$ 进行转动，产生到齿条上的力 $F_1$ 导致了转向齿轮和转向杆的扭转，接下来到左侧液压缸的油路被打开，右侧液压缸通过转向控制阀与储油罐相连，作用在活塞和齿条上的反作用力 $F_1$ 通过 $F_2$ 将路面作用力消除并防止了改向。

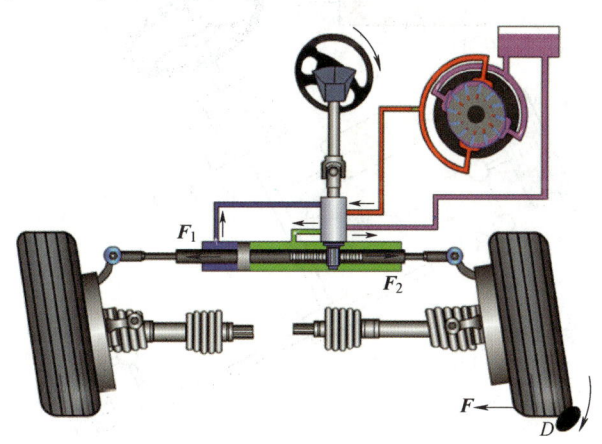

图 4-17 左转突遇外力

由于依靠发动机动力来驱动转向泵，能耗比较高，所以车辆的行驶动力无形中就被消耗了一部分；液压系统的管路结构非常复杂，各种控制油液的阀门数量繁多，后期的维护需要成本；整套油路经常保持高压状态，使用寿命也会受到影响，这些都是机械液压助力转向系统的缺点。

## 三、电子液压助力转向系统

电子液压助力转向系统（Electro-Hydraulic Power Steering，EHPS）如图 4-18 所示。其助力原理与机械式液压助力系统完全相同，而与机械式液压助力系统最大的区别就是不再使用由发动机通过传动带驱动的液压泵，而是换成了电力驱动的电子泵。

电子液压助力的优势首先体现在能耗上。首先，由电能驱动的电子泵使用发电机和蓄电池输出的电能,不再消耗发动机本身的动力,电子泵的启动和关闭全部由电子系统控制,在不做转向动作的时候,电子泵关闭,不像机械液压助力泵那样始终与发动机联动,进一步减小能耗。

其次,电子液压助力转向系统的电子控制单元,能够通过对车速传感器、横向加速度传感器、转向角度传感器等传感器信息的处理,通过实时改变电子泵的流量来改变转向助力的力度大小,也就是随速可变助力功能。

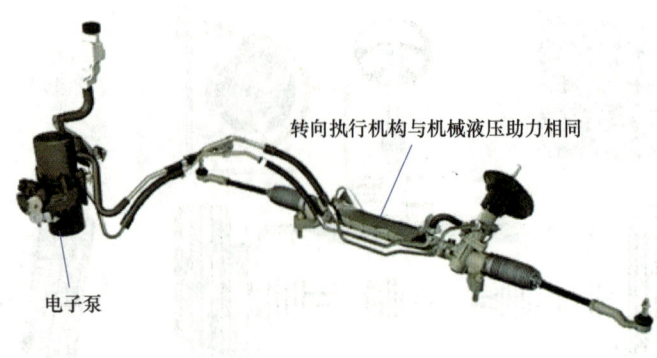

图 4-18 电子液压助力转向系统

## 四、电动助力转向系统

电动助力转向系统(Electric Power Steering,EPS)如图 4-19 所示,与液压助力系统一样,仍然是基于齿轮齿条式转向机构而来,只不过助力机构由复杂的液压机构变成了依靠电动机产生助力的系统。

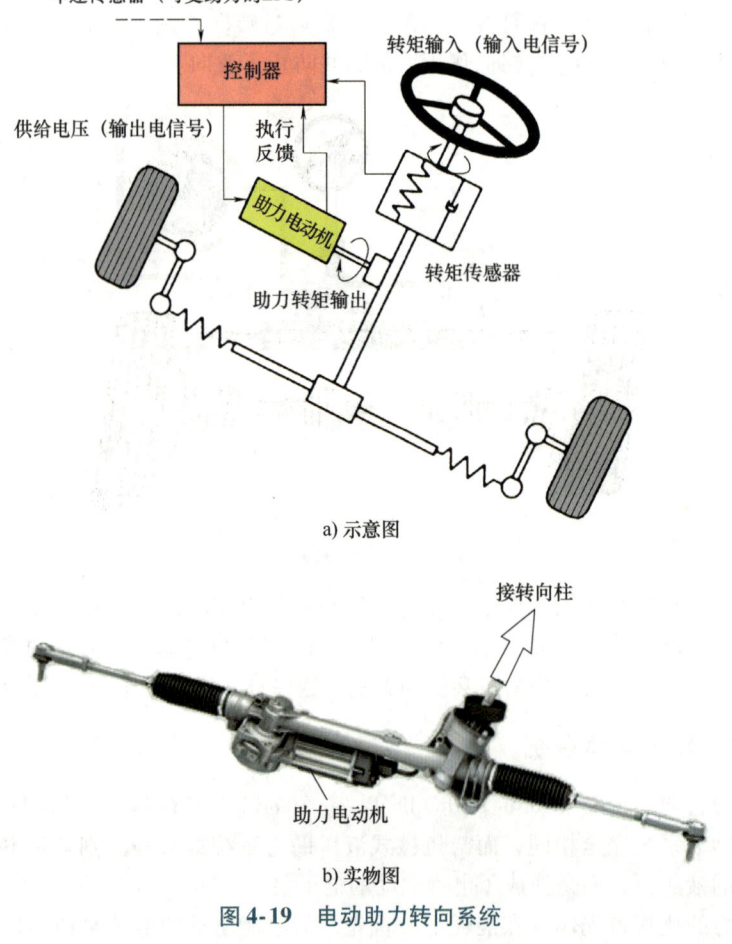

a) 示意图

b) 实物图

图 4-19 电动助力转向系统

电动助力转向系统的结构非常简单,没有了液压泵、储液罐、液压管路和转向控制阀结构,而是由传感器、控制单元和助力电动机构成。在转向柱位置安装了转矩传感器,当转向盘转动时,转矩传感器探测到转动力矩,并将之转化成电信号传给控制器,车速传感器也同时把信号传给控制器,控制器运算后向电动机输出适当的电流,驱动电动机转动,电动机通过减速机构将转矩放大推动转向柱或转向拉杆运动,实现助力。其根据速度可变助力的特性能够让转向盘在低速时更轻盈,而在高速时更稳定。

电动助力转向根据作用位置的不同主要有两种结构,分别是对转向柱和转向拉杆施加助力。对转向柱施加助力的电动助力结构,是将助力电动机(带有减速机构,起放大转矩作用)直接安装在转向柱上,电动机输出的辅助转矩直接施加在转向柱上,相当于电动机直接帮助转动方向盘,如图4-20所示。

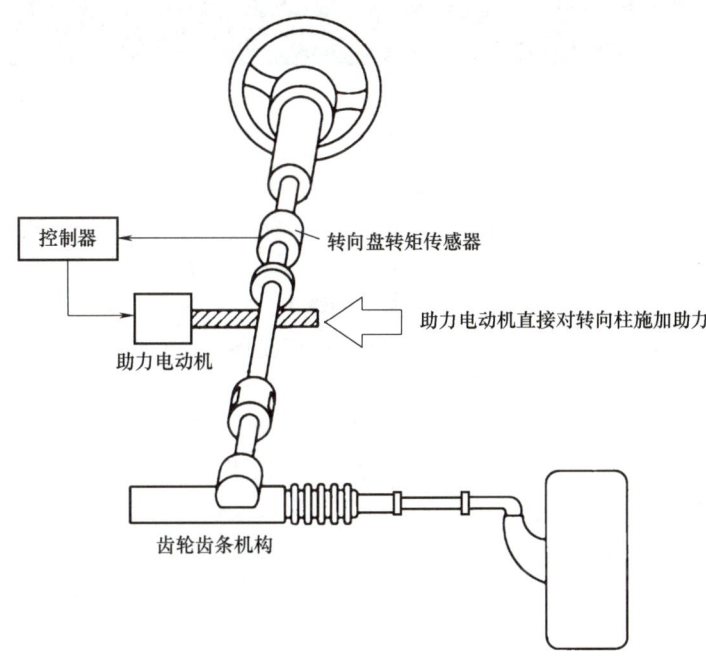

图4-20 助力电动机直接对转向柱施加助力

另一种结构是将助力电动机布置在转向机上,直接作用于转向拉杆,用助力电动机(带有减速机构,起放大转矩作用)推动拉杆帮助车轮转向,这种结构更加紧凑、并且便于布置,目前使用比较广泛。而且这种结构相对第一种结构而言,转向盘转向部分与电动机辅助是相对独立的,路面的信息能够很好地通过轮胎、齿轮齿条机构回馈至转向盘处,较第一种结构拥有更加清晰的"路感",更好地兼顾了驾驶乐趣,如图4-21所示。

相比液压助力转向系统,电动助力转向系统有许多优势:

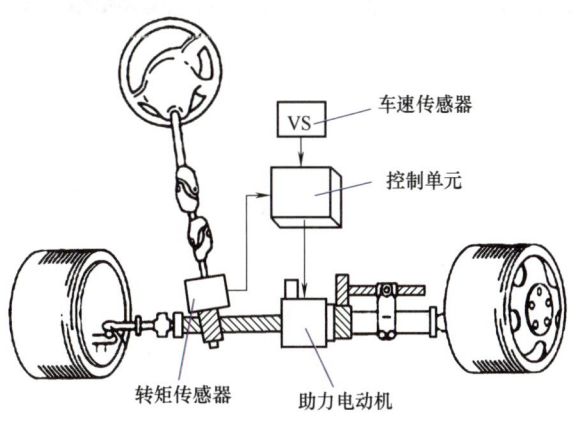

图4-21 助力直接作用于转向拉杆

1) 其结构简单紧凑，制造成本低，工艺相对简单，后期的维护也更加简单。

2) 系统损耗低（不会像液压助力一样有助力液损耗），运行噪声低，不会有液压泵或电子泵运转的噪声，提升舒适性。

3) 电动助力转向有着良好的经济性，纯电能驱动，较机械液压助力能耗低。

4) 它可与其他电子系统联用，有着强大的功能扩展性。最基本的是"助力力度随速可变"，能够根据车速传感器的信息调节助力力度大小，满足车辆高速和低速行驶时对助力大小的不同需求，响应速度较液压助力系统更快、更直接。

 拆装齿轮齿条式转向器

### 1. 任务目的
1) 知道齿轮齿条式转向器的结构和工作过程。
2) 能按流程规范拆装齿轮齿条式转向器。
3) 能积极主动参与任务，能与小组成员团结协作，能执行实训室"6S"规定。

### 2. 任务准备
1) 知识准备：完成项目四第三课"转向器"的学习。
2) 设备准备：齿轮齿条式转向器、套筒扳手、螺钉旋具、演示课件（或操作视频）。

### 3. 任务步骤
1) 老师演示或播放视频：拆装齿轮齿条式转向器。
2) 学生练习拆装齿轮齿条式转向器（或老师演示时同步练习），并完成汽车底盘构造与维修工作页相应部分内容的填写。

拆装齿轮齿条式转向器，先拆卸，后清洗、检查、安装。

### 4. 任务评价
任务评价内容及标准见表4-1。

表4-1 任务评价内容及标准

| 序号 | 项目 | 操作内容 | 分值 | 评分标准 | 得分 |
|---|---|---|---|---|---|
| 1 | 准备 | 清点工量具、清理工位 | 5分 | 酌情扣分 | |
| 2 | 拆卸 | 拆卸齿轮齿条式转向器 | 25分 | 操作不当扣1~25分 | |
| 3 | 清洗检查 | 清洗齿轮齿条式转向器各零件并检查 | 20分 | 操作不当扣1~20分 | |
| 4 | 安装 | 安装齿轮齿条式转向器 | 25分 | 操作不当扣1~25分 | |
| 5 | 完成时间 | 40min | 10分 | 超时1~5min扣1~5分 超时5min以上扣10分 | |
| 6 | 安全文明 | 无安全隐患，无不文明操作 | 5分 | 未达标扣1~5分 | |
| 7 | 结束 | 工量具清洁归位 | 5分 | 漏一项扣1分，未做扣5分 | |
| | | 工作场地清洁 | 5分 | 清洁不彻底扣1~5分，未做扣5分 | |
| | 总分 | | 100分 | | |

# 项目四　汽车转向系统拆装与维修

 任务二　拆装循环球式转向器

### 1. 任务目的
1）知道循环球式转向器的结构和工作过程。
2）能按流程规范拆装循环球式转向器。
3）能积极主动参与任务，能与小组成员团结协作，能执行实训室"6S"规定。

### 2. 任务准备
1）知识准备：完成项目四第三课"转向器"的学习。
2）设备准备：循环球式转向器、套筒扳手、螺钉旋具、黄铜棒、演示课件（或操作视频）。

### 3. 任务步骤
1）老师演示或播放视频：拆装循环球式转向器。
2）学生练习拆装循环球式转向器（或老师演示时同步练习），并完成汽车底盘构造与维修工作页相应部分内容的填写。

拆装循环球式转向器，先拆卸、后清洗、检查、安装。

### 4. 任务评价
任务评价内容及标准见表4-2。

表4-2　任务评价内容及标准

| 序号 | 项　目 | 操作内容 | 分值 | 评分标准 | 得分 |
|---|---|---|---|---|---|
| 1 | 准备 | 清点工量具、清理工位 | 5分 | 酌情扣分 | |
| 2 | 拆卸 | 拆卸循环球式转向器 | 25分 | 操作不当扣1~25分 | |
| 3 | 清洗 | 清洗循环球式转向器各零件并检查 | 20分 | 操作不当扣1~20分 | |
| 4 | 安装 | 安装循环球式转向器 | 25分 | 操作不当扣1~25分 | |
| 5 | 完成时间 | 40min | 10分 | 超时1~5min扣1~5分<br>超时5min以上扣10分 | |
| 6 | 安全文明 | 无安全隐患，无不文明操作 | 5分 | 未达标扣1~5分 | |
| 7 | 结束 | 工量具清洁归位 | 5分 | 漏一项扣1分，未做扣5分 | |
| | | 工作场地清洁 | 5分 | 清洁不彻底扣1~5分，未做扣5分 | |
| | | 总分 | 100分 | | |

 巩固与提高

一、填空题

1. 汽车转向系统的作用是_____和_____汽车的行驶方向。
2. 汽车转向系统按转向动力源的不同可分为_____转向系统和_____转向系统两种。
3. 转向系统结构形式多种多样，但都包括_____、_____和_____三个基本组成部分。
4. 汽车转向时，从转向中心到转向外轮中心的距离称为_____。
5. 转向盘在空转阶段的角行程称为转向盘的_____。
6. 转向器按结构形式不同可分为_____、_____和_____三种。

7. 转向传动机构的作用是将转向器输出的力和运动传给_____，使两侧转向轮偏转以实现_____。

8. 转向传动机构的类型按汽车采用悬架的不同可分为与_____配用的转向传动机构和与_____配用的转向传动机构两种。

9. 助力转向就是通过增加_____来抵抗转向阻力，让驾驶人只需要很少的力就能够完成转向。

10. 汽车助力转向系统按其动力源不同可以分为_____、_____和_____三种。

二、单项选择题

1. 汽车转向时，转向中心个数是（　　）。
   A. 1个　　　　　　B. 2个　　　　　　C. 3个　　　　　　D. 4个
2. 以下不属于机械式转向系统的部件是（　　）。
   A. 转向器　　　　B. 转向柱　　　　C. 转向液压泵　　D. 转向臂
3. 驾驶人直接操纵的转向部件是（　　）。
   A. 转向盘　　　　B. 转向臂　　　　C. 转向柱　　　　D. 转向器
4. 由转向齿轮、转向齿条、转向器壳和调整螺栓等组成的转向器是（　　）。
   A. 蜗杆指销式转向器　　　　　　B. 循环球式转向器
   C. 齿轮齿条式转向器　　　　　　D. 蜗轮蜗杆式转向器
5. 传动效率高，使用寿命长，广泛运用于轻型、中型汽车转向器的结构是（　　）。
   A. 蜗杆指销式　　B. 循环球式　　　C. 齿轮齿条式　　D. 综合式
6. 在转向系统中起减速增矩，改变力的传递方向的是（　　）。
   A. 转向盘　　　　B. 转向横拉杆　　C. 转向梯形　　　D. 转向器
7. 汽车转向系统未采用的类型是（　　）。
   A. 机械式助力转向系统　　　　　B. 气压式转向系统
   C. 液压式助力转向系统　　　　　D. 电动式助力转向系统
8. 机械液压助力转向系统中转向泵的驱动装置是（　　）。
   A. 驾驶人　　　　B. 变速器　　　　C. 电动机　　　　D. 发动机
9. 电动式助力转向系统的英文缩写是（　　）。
   A. ESP　　　　　B. ABS　　　　　C. EBD　　　　　D. EPS
10. 电动式助力转向系中产生助力的部件是（　　）。
    A. 电动机　　　　B. 电磁离合器　　C. 车速传感器　　D. 转向转矩传感器

三、判断题

1. 转弯半径越大，汽车转向机动性越好。　　　　　　　　　　　　　　　　（　　）
2. 转向器是转向系统中减速增矩的传动装置。　　　　　　　　　　　　　　（　　）
3. 齿轮齿条是蜗杆指销式转向器的组成部件。　　　　　　　　　　　　　　（　　）
4. 齿轮齿条式转向器属于极限可逆式转向器。　　　　　　　　　　　　　　（　　）
5. 液压式助力转向系统中允许有气泡存在。　　　　　　　　　　　　　　　（　　）

四、简答题

1. 简述循环球式转向器工作原理。
2. 简述齿轮齿条式转向器工作原理。
3. 简述机械液压助力转向系统工作原理。

# 项目五　汽车制动系统拆装与维修

1. 知道汽车制动系统的作用及类型。
2. 知道液压式和气压式制动传动装置的作用、组成及工作过程。
3. 知道真空助力器、真空增压器和防抱死制动系统的工作原理。
4. 能够识别盘式车轮制动器的结构形式。
5. 能够识别鼓式车轮制动器的功能元件。
6. 能按流程规范拆装盘式和鼓式车轮制动器。
7. 能按流程规范调整驻车制动器和液压制动系统排空气。
8. 培养工匠精神。

任务一　拆装盘式车轮制动器并检查
任务二　拆装鼓式车轮制动器并检查
任务三　调整驻车制动器
任务四　液压式制动系统排空气

## 第一课　汽车制动系统概述

### 一、汽车制动系统的作用及类型

**1. 汽车制动系统的作用**

汽车制动系统的作用是根据需要使汽车减速或在最短的距离内停车，或使已停驶的汽车在各种道路条件下稳定驻车，使下坡行驶的汽车速度保持稳定。

**2. 汽车制动系统的类型**

1）汽车制动系统按功用不同分为行车制动系统、驻车制动系统、应急制动系统和辅助制动系统。

① 行车制动系统。是由驾驶人用脚来操纵的，它的作用是使正在行驶中的汽车减速或在最短的距离内停车。

② 驻车制动系统。是由驾驶人用手来操纵的，它的作用是使已经停在各种路面上的汽车驻留

原地不动。

③ 应急制动系统。是用独立的管路控制车轮的制动器作为备用系统。它的作用是当汽车制动系统失效的情况下保证汽车仍能实现减速或停车。

④ 辅助制动系统。经常在山区行驶的汽车以及某些特殊用途的汽车，为了提高行车的安全性和减轻行车制动系统性能的衰退及制动器的磨损，用以在下坡时稳定车速。其中，利用发动机排气制动应用最广。

2）汽车制动系统按制动能量传输不同分为机械式、液压式、气压式、电磁式和组合式。
3）汽车制动系统按回路多少不同分为单回路制动系统和双回路制动系统。
4）汽车制动系统按能源不同分为人力制动系统、动力制动系统和伺服制动系统。
① 人力制动系统。以驾驶人的肌体作为唯一的制动能源的制动系统。
② 动力制动系统。完全靠由发动机的动力转化而成的气压或液压形式的能量进行制动的制动系统。
③ 伺服制动系统。兼用人力和发动机动力进行制动的制动系统。

### 二、汽车制动系统的组成

汽车制动系统一般由供能装置、控制装置、传动装置和制动器四部分组成，具体各组成部件如图5-1所示。

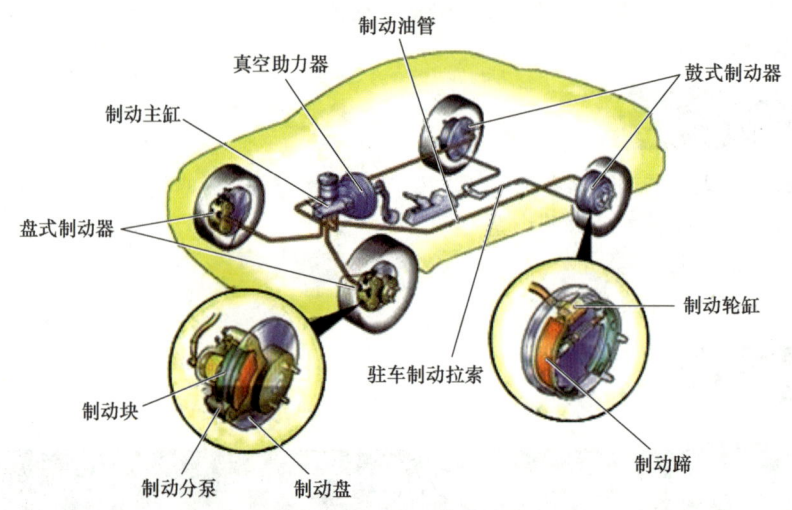

图 5-1　汽车制动系统的组成

（1）**供能装置**　如液压制动系统中的液压泵、气压制动系统中的空气压缩机、人的肌体等。
（2）**控制装置**　如制动踏板等。
（3）**传动装置**　如制动主缸、制动轮缸及连接油管等。
（4）**制动器**　产生阻碍汽车的运动或运动趋势的力（制动力）的部件。

较为完善的制动系统还具有制动力调节装置、报警装置和压力保护装置等附加装置。

### 三、汽车制动系统的工作原理

**1. 制动力的产生**

如图 5-2 所示，制动时，驾驶人踩下制动踏板，推杆便推动制动主缸活塞，迫使制动液经油管进入制动轮缸，推动制动轮缸活塞克服回位弹簧的拉力，使制动蹄绕支承销转动而张开，消除制动蹄与制动鼓之间的间隙后压紧在制动鼓上。这样，不旋转的制动蹄摩擦片对旋转的制动鼓就产生一个摩擦力矩，其方向与车轮旋转方向相反，其大小取决于轮缸的张开力、摩擦因数及制动鼓和制动蹄的尺寸。制动鼓将摩擦力矩传至车轮后，由于车轮与地面的附着作用，车轮即对地面作用一个向前的周缘力 $F_u$。同时，地面也会给车轮一个向后的反作用力，这个力就是车轮受到的地面制动力 $F_b$。各车轮上的制动力之和就是汽车受到的总制动力。在制动力作用下使汽车减速，甚至停车。

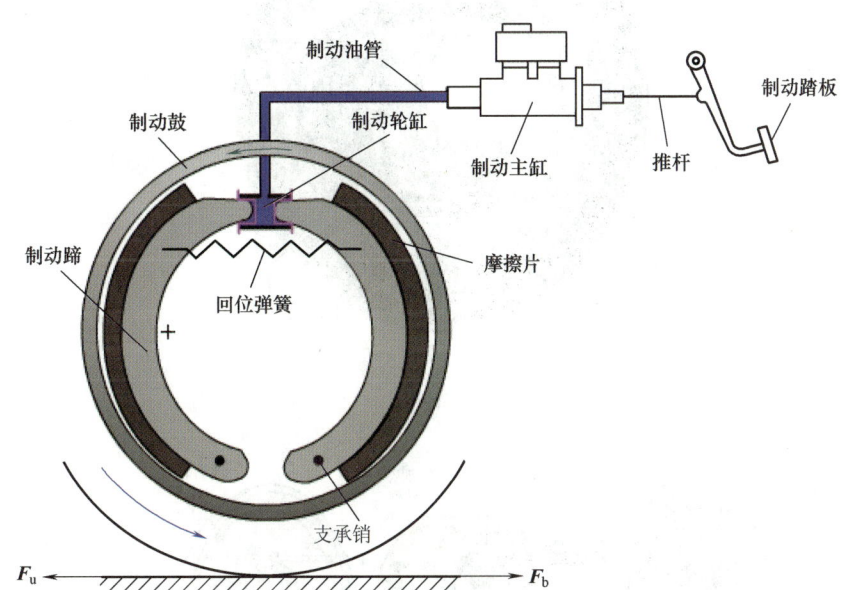

图 5-2　汽车制动系统工作原理

放松制动踏板，在回位弹簧的作用下，制动蹄与制动鼓的间隙又得以恢复，从而解除制动。

**2. 最好的制动条件**

汽车制动时车轮上的制动力不可能超过附着力，当制动力等于附着力时，车轮将被抱死而在路面上滑拖。滑拖会使胎面局部严重磨损，在路面上留下一条黑色的拖印。最大制动力和最短制动距离并不是在车轮抱死时出现，而是在车轮将要抱死又未完全抱死时（制动力接近附着力）出现，即在所谓"临界状态"时，达到最大值。要实现此状态，最理想的是安装电子控制的防抱死制动系统，即 ABS。

 **第二课　车轮制动器**

### 一、鼓式车轮制动器

目前，汽车用的车轮制动器可分为鼓式和盘式两种。鼓式制动器摩擦副中的旋转元件为制动鼓，其工作表面为圆柱面；盘式制动器的旋转元件为圆盘状的制动盘，以端面为工作表面。

鼓式车轮制动器就是利用制动器内静止的制动蹄去摩擦随着车轮转动的制动鼓，以产生摩擦力使车轮转动速度降低的制动装置。鼓式车轮制动器主要由制动轮缸、制动蹄、制动鼓、回位弹簧、摩擦片和支承销等组成，如图 5-3 所示。在获得相同制动力矩的情况下，鼓式车轮制动器的制动鼓直径可以比盘式车轮制动器的制动盘直径小许多。因此，载货用的大型车辆为获取强大的制动力,只能在轮圈的有限空间之中安装鼓式车轮制动器。

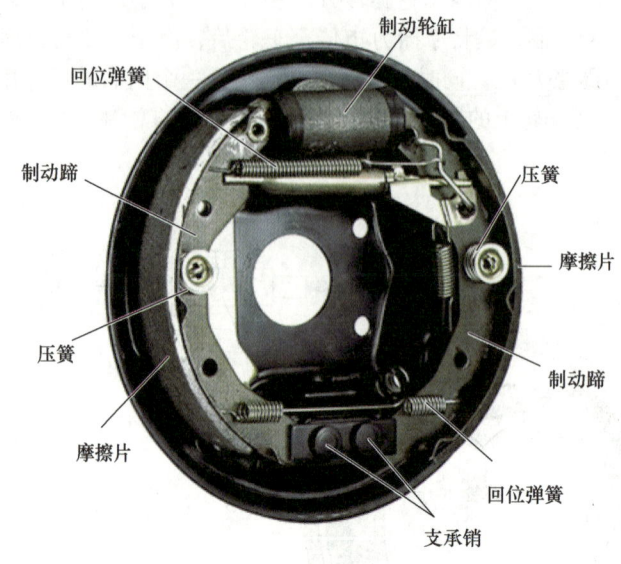

a) 结构图

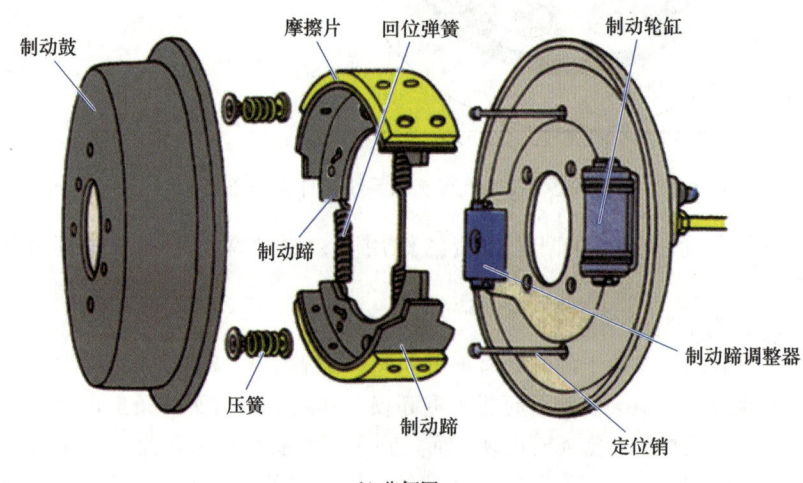

b) 分解图

图 5-3 鼓式车轮制动器

鼓式车轮制动器根据在制动过程中两制动蹄产生制动力矩的不同,可分为领从蹄式、双领蹄式、双向双领蹄式、双从蹄式、单向自增力式和双向自增力式等形式。

**1. 领从蹄式制动器**

领从蹄式制动器示意图,如图 5-4 所示。若制动蹄张开时的旋转方向与制动鼓的旋转方向相同,具有这种属性的制动蹄称为领蹄。若制动蹄张开时的旋转方向与制动鼓的旋转方向相反,具有这种属性的制动蹄称为从蹄。如图 5-4 所示车轮逆时针旋转,这时左蹄为领蹄,右蹄为从蹄。车轮顺时针旋转时,左蹄为从蹄,右蹄为领蹄。这种在制动鼓正向旋转和反向旋转时,都有一个领蹄和一个从蹄的制动器称为领从蹄式制动器。

领从蹄式制动器轮缸的两活塞都可在轮缸内轴向移动,且二者直径相同。因此,制动时两活塞对两个制动蹄所施加的促动力 $F$ 永远是相等的。制动时,领蹄和从蹄在相等的促动力 $F$ 作用下,分别绕各自的支承点旋转到紧压在制动鼓上。旋转着的制动鼓即对两制动蹄分别作用着法向反力 $F_{N_1}$ 和 $F_{N_2}$，以及相应的切向反力 $F_{T_1}$ 和 $F_{T_2}$。由图 5-4 可见，领蹄上的切向反力 $F_{T_1}$ 的作用结果是使领蹄在制动鼓上压得更紧，即力 $F_{N_1}$ 变得更大，从而使 $F_{T_1}$ 也更大，这表明领蹄具有"增势"作用。从蹄上的切向反力 $F_{T_2}$ 的作用结果是使从蹄有放松制动鼓的趋势，即有使力 $F_{N_2}$ 和 $F_{T_2}$ 本身减小的趋势，这表明从蹄具有"减势"作用。

$F_{N_1} > F_{N_2}$，相应的 $F_{T_1} > F_{T_2}$，故两制动蹄对制动鼓所施加的制动力矩不相等，领蹄产生的制动力矩约为从蹄制动力矩的 2~2.5 倍。在汽车倒车时，领蹄变成从蹄，从蹄变成领蹄，故汽车在前进和倒车时的制动效果一样。由于领蹄和从蹄所受的法向反力不等，在两蹄摩擦片工作面积相等的情况下，领蹄摩擦片上的单位压力较大，因而磨损较严重。两制动蹄法向反力不相平衡，则它们法向反力之和只能由车轮轮毂轴承的反力来平衡，这就对轮毂轴承造成了附加径向载荷，使其寿命缩短。领从蹄式制动器的制动鼓所受来自两蹄的法向反力不能互相平衡，其属于非平衡式制动器。

**2. 双领蹄式制动器**

双领蹄式制动器示意图，如图 5-5 所示。其结构特点是：两制动蹄各用一个单活塞式制动轮缸；两套制动蹄、制动轮缸和支承销在制动底板上的布置是中心对称的。双领蹄式制动器在汽车前进制动时，两制动蹄都是领蹄；当汽车倒车时，两制动蹄又都是从蹄，导致前进制动效能提高，倒车制动效能降低。双领蹄式制动器属于平衡式制动器。

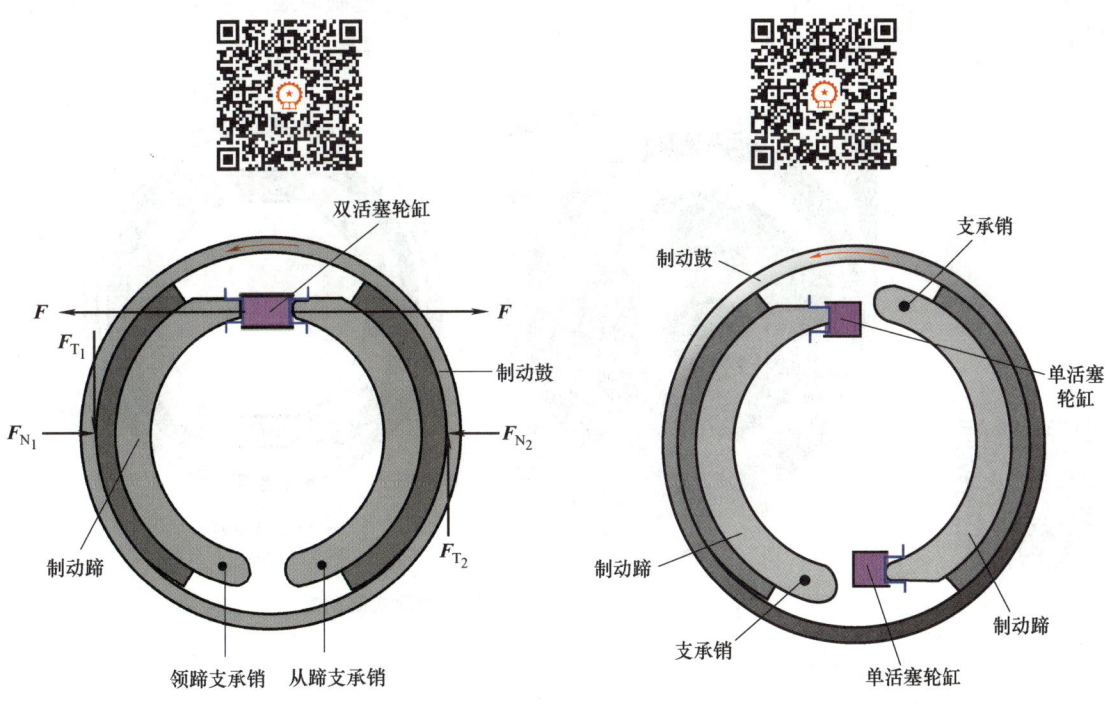

图 5-4 领从蹄式制动器示意图　　图 5-5 双领蹄式制动器示意图

**3. 双从蹄式制动器**

双从蹄式制动器示意图，如图 5-6 所示。其结构特点是：与双领蹄式制动器相比，每个制动蹄的支承销和单活塞轮缸互换位置。双从蹄式制动器汽车在前进时两制动蹄均为从蹄。虽然双从蹄式制动器的前进制动效能低于双领蹄式和领从蹄式制动器，但其效能对摩擦因数变化的敏感程度较小，即具有良好的制动效能稳定性。双从蹄式制动器属于平衡式制动器。

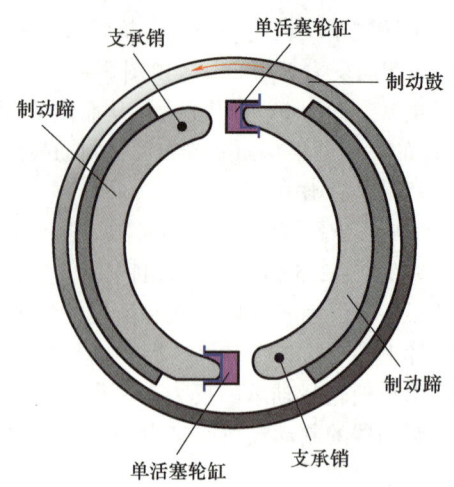

图 5-6 双从蹄式制动器示意图

**4. 双向双领蹄式制动器**

双向双领蹄式制动器示意图，如图 5-7 所示。其结构特点是：采用两个双活塞式制动轮缸；两制动蹄的两端都采用浮式支承，且支点的周向位置也是浮动的；制动底板上的所有固定元件，既按轴对称，又按中心对称布置。双向双领蹄式制动器无论汽车前进制动还是倒车制动，两制动蹄都是领蹄。双向双领蹄式制动器属于平衡式制动器。

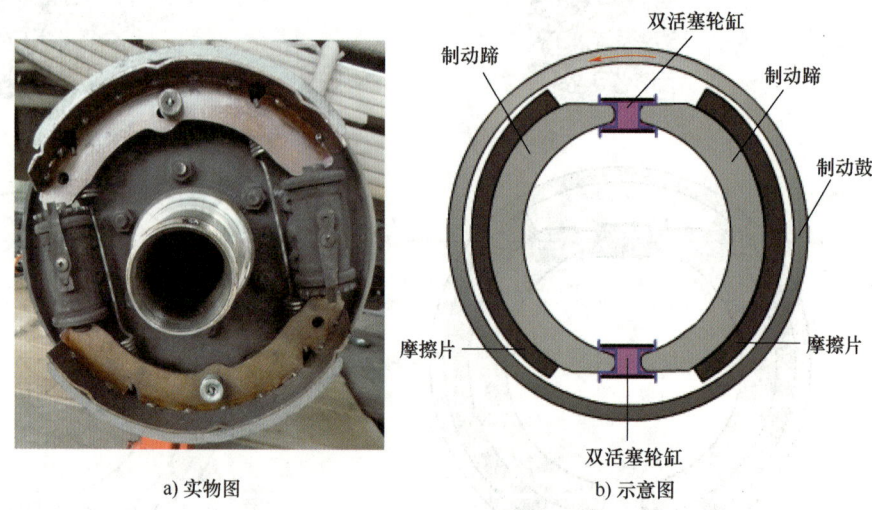

a) 实物图  b) 示意图

图 5-7 双向双领蹄式制动器

**5. 单向自增力式制动器**

单向自增力式制动器示意图，如图 5-8 所示。其结构特点是：制动蹄 1 和制动蹄 2 的下端分别支承在浮动的顶杆两端，制动器只在上方有一个支承销；不制动时，两制动蹄上端均靠各自的回位弹簧拉靠在支承销上。

汽车前进制动时，单活塞式轮缸只将促动力 $F_1$ 施加于制动蹄 1，使其上端离开支承销，整个制动蹄绕顶杆左端支承点旋转，并压靠在制动鼓上。显然，制动蹄 1 是领蹄，并且在促动力 $F_1$、法向反力 $F_{N_1}$、切向反力 $F_{T_1}$ 和沿顶杆轴线方向的 $F_{S_1}$ 作用下处于平衡状态。由于顶杆是浮动的，自然成为制动蹄 2 的促动装置，而将与力 $F_{S_1}$ 大小相等、方向相反的促动力 $F_2$ 施加于制动蹄 2 的下端，故制动蹄2也是领蹄。正因为顶杆是完全浮动的，不受制动底板约束，作用在制动蹄1上的促动力和摩擦力的作用没有如一般领蹄那样完全被制动鼓的法向反力和固定于制动底板上的支承件反力的作用所抵消，而是通过顶杆传到制动蹄2上，形成制动蹄2的促动力 $F_2$。对制动蹄的受力分析可知 $F_2 > F_1$。此外，$F_2$ 对制动蹄2支承点的力臂也大于 $F_1$ 对制动蹄1的力臂。因此，制动蹄2的制动力矩必然大于制动蹄1的制动力矩。由此可见，在制动蹄尺寸和摩擦因数相同的条件下，这种制动器的前进制动效能不仅高于领从蹄式制动器，而且高于双领蹄式制动器。

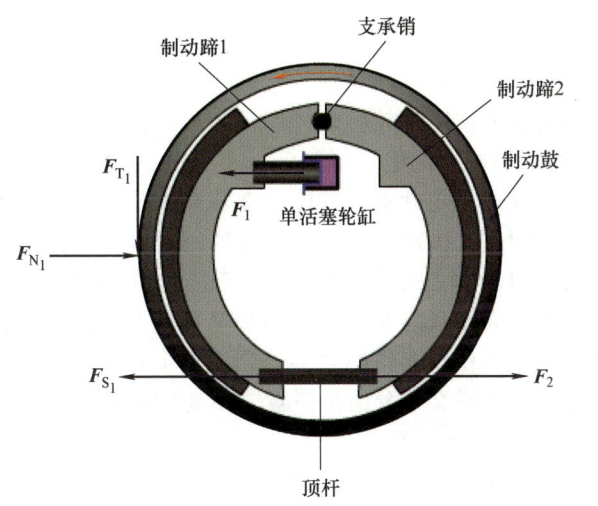

图5-8 单向自增力式制动器示意图

倒车制动时，制动蹄2则因未受促动力而不起制动作用。制动蹄1上端压靠支承销不动，制动蹄1仍是领蹄，但因此时力臂大为减小，制动蹄1制动效能比一般领蹄的制动效能低得多。所以整个制动器的制动效能甚至比双从蹄式制动器的制动效能还低。

**6. 双向自增力式制动器**

双向自增力式制动器示意图，如图5-9所示。其结构特点是：与单向自增力式制动器相比，单活塞轮缸换成了双活塞轮缸。

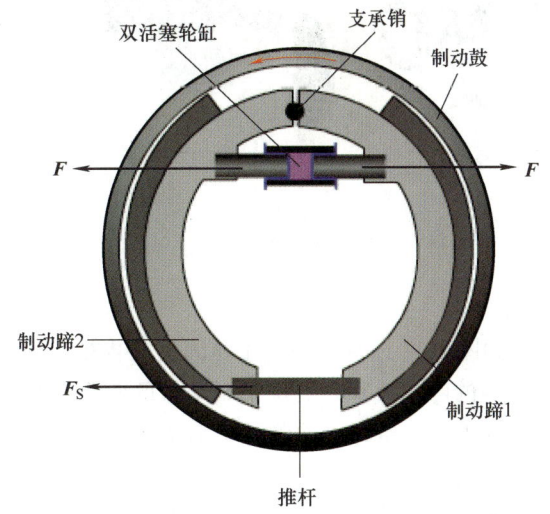

图5-9 双向自增力式制动器示意图

汽车前进制动时，两制动蹄在促动力 $F$ 的作用下张开，压向制动鼓。此时，两制动蹄的上端均离开支承销，沿逆时针方向旋转的制动鼓对两蹄产生摩擦力矩，带动两蹄沿旋转方向转过一个不大的角度，直到制动蹄1又顶靠到支承销上为止。此时，制动蹄1为领蹄。制动鼓作用在制动蹄1上的摩擦力和法向反力的一部分对推杆形成一个推力 $F_S$，推杆又将此推力完全传到制动蹄2的下端。制动蹄2在推力 $F_S$ 的作用下也形成领蹄，并在轮缸促动力 $F$ 的共同作用下进一步压紧制动鼓。推力 $F_S$ 比促动力 $F$ 大得多，从而使制动蹄2产生的制动力矩比制动蹄1更大。汽车倒车制动时，与前进制动时具有同等的自增力作用。

## 二、盘式车轮制动器

盘式车轮制动器是以静止的制动块夹住随车轮转动的制动盘以产生摩擦力，使车轮转动速度降低的制动装置。盘式车轮制动器结构，如图5-10所示，其主要由制动钳体、制动盘、活塞、制动块和放气螺钉等组成。由于盘式车轮制动器的制动盘暴露在空气中，使得盘式车轮制动器有优良的散热性。盘式制动系统的反应快速，可做高频率的制动动作，因而较为符合 ABS 的需求。盘式车轮制动器的制动块与制动盘之间的摩擦面积比鼓式车轮制动器的面积小，使制动的力量也比较小。盘式车轮制动器分为钳盘式车轮制动器和全盘式车轮制动器，钳盘式车轮制动器目前越来越多地被各级轿车和货车用于车轮制动器，全盘式车轮制动器只有少数重型汽车将其作为车轮制动器。钳盘式车轮制动器又可分为定钳盘式车轮制动器和浮钳盘式车轮制动器两种。

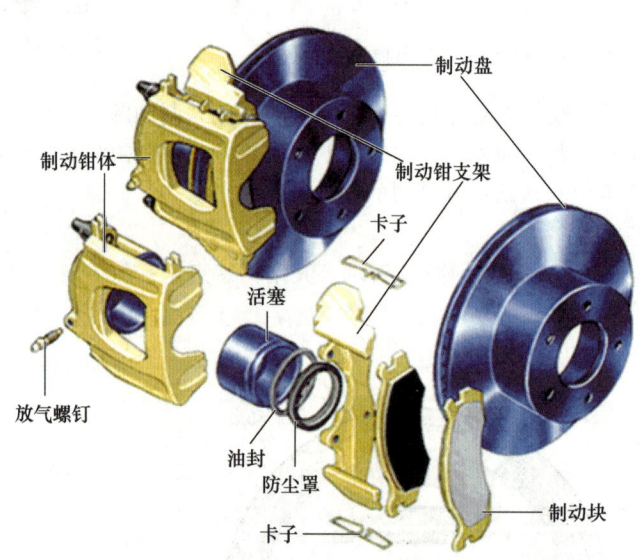

图5-10 盘式车轮制动器结构

**1. 定钳盘式车轮制动器**

定钳盘式车轮制动器结构示意图，如图5-11所示。制动钳体固定安装在车桥上，它既不能旋转，也不能沿制动盘轴线方向移动，其内的两个活塞分别位于制动盘的两侧。制动时，制动主缸内的制动液经进油口进入钳体中两个相通的液压缸，将两侧的制动块压向与车轮固定连接的制动盘，从而产生制动力。

定钳盘式车轮制动器液压缸较多，使制动钳结构复杂和尺寸过大，难以安装在现代轿车的轮辋内；若兼用于驻车制动，则必须加装一个机械促动的驻车制动钳。故定钳盘式车轮制动器逐渐让位于浮钳盘式车轮制动器。

**2. 浮钳盘式车轮制动器**

浮钳盘式车轮制动器结构示意图，如图 5-12 所示。制动钳体通过导向销与车桥相连，可以相对于制动盘轴向移动。制动钳体只在制动盘的内侧设置液压缸，而外侧的制动块则附装在制动钳体上。制动时，来自制动主缸的制动液通过进油口进入制动液压缸，推动活塞及其上的制动块向右移动，并压到制动盘上。制动盘给活塞一个向左的反作用力，使得活塞连同制动钳体整体沿销钉向左移动，直到制动盘右侧的制动块也压到制动盘上。此时，两侧的制动块都压在制动盘上，夹住制动盘使其制动。

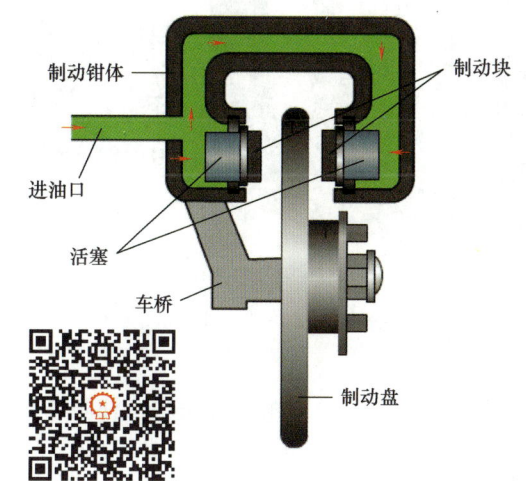

图 5-11　定钳盘式车轮制动器结构示意图　　图 5-12　浮钳盘式车轮制动器结构示意图

浮钳盘式车轮制动器轴向和径向尺寸较小，而且制动液受热汽化的机会较少。此外，浮钳盘式车轮制动器在兼行车和驻车制动器的情况下，只需在行车制动钳液压缸附近加装一些用以推动液压缸活塞的驻车制动机械传动零件即可。

**3. 制动间隙自动调整**

盘式车轮制动器具有制动间隙自动调节的功能，如图 5-13 所示。矩形橡胶密封圈嵌在制动钳体液压缸的矩形槽内，密封圈内圆与活塞外圆配合较紧。制动时，活塞被压向制动盘，密封圈发生弹性变形。解除制动时，密封圈要恢复原状，于是将活塞拉回原位。

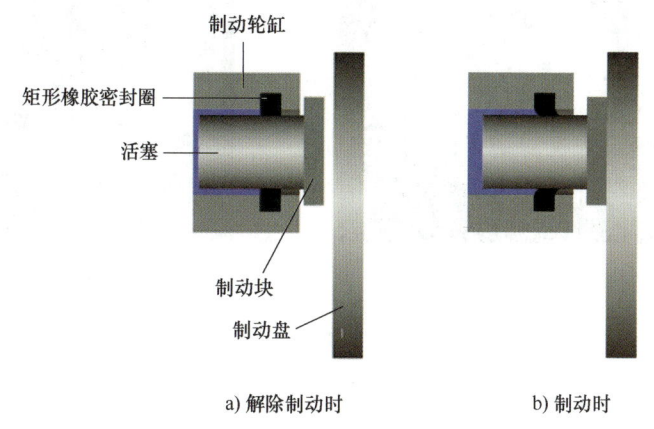

a) 解除制动时　　b) 制动时

图 5-13　制动间隙自动调整原理图

当制动盘与制动块磨损后引起的制动间隙增大超过活塞的设置行程时,活塞在制动液压力作用下克服密封圈的摩擦阻力而继续前移,直到实现完全制动为止。活塞与密封圈之间这一不可恢复的相对位移便补偿了由于磨损而产生的过量的间隙,即对制动间隙进行了自动调整,始终保持制动间隙的正常数值,保证了制动的可靠性。

### 4. 制动盘

制动盘按是否有散热孔可分为实心盘式制动盘和通风式制动盘,如图 5-14 所示。实心盘式制动盘在汽车制动时不能快速散热,逐渐被通风式制动盘所取代。通风式制动盘内部是中空的,冷空气可以从中间穿过进行降温。从外表看,它在圆周上有许多通向圆心的空洞,它利用汽车在行驶中产生的离心力能使空气对流,达到散热的目的。

打孔通风式制动盘,如图 5-15 所示。它是在通风式制动盘的基础上对盘面进行打孔,最大程度保证空气流通,降低热衰减。高性能的跑车常使用这种制动盘,具有较好的冷却作用。

a) 实心盘式  b) 通风式

图 5-14 制动盘的分类

制动盘按材料不同又可分为铸铁式制动盘和陶瓷式制动盘,如图 5-16 所示。铸铁式制动盘价格便宜,但一般用上几年就要更换。陶瓷式制动盘并非就是普通陶瓷,而是在 1700℃ 高温下碳纤维与碳化硅合成的增强型复合陶瓷,陶瓷式制动盘的重量只有普通铸铁式制动盘的一半不到。举个例子,采用陶瓷式制动盘的 SLR MCIAREB,其前轮制动盘直径为 370mm,但其质量仅为 6.4kg。而采用普通铸铁式制动盘的 CL-CLASS,其前盘直径为 360mm,但其质量高达 15.4kg。

图 5-15 打孔通风式制动盘    图 5-16 陶瓷式制动盘

更轻的制动盘就意味着悬架下重量的减轻,这令悬架系统的反应更快,因而能够提升车辆整体的操控水平。另外,普通的制动盘容易在全力制动下因高热产生热衰退,而陶瓷式制动盘能有效而稳定地抵抗热衰退,其耐热效果比普通制动盘高出许多倍,还有,陶瓷式制动盘在制动最初阶段就立刻能产生最大的制动力,因此,甚至无须制动辅助系统,而整体制动效果比传统制动系统更快、距离更短，如果正常使用是终生免更换的。而尽管陶瓷式制动盘的制动性能十分优异，但是它的价格却十分昂贵，如保时捷和奥迪的高性能跑车上选装的陶瓷式制动盘的价格都在 10 万元以上。

**5. 制动块**

制动块，如图 5-17 所示，它一般是由钢板及粘贴或铆接在其上的摩擦材料构成的。制动块上的摩擦材料比用于鼓式制动蹄的硬很多，这是因为制动块推压、接触制动盘的摩擦面积较小，压力非常高。

图 5-17　制动块

### 三、车轮制动器的检修

**1. 鼓式车轮制动器的检修**

（1）制动鼓　制动鼓主要检查其裂纹、磨损和圆度或圆柱度误差。制动鼓外观检查，如图 5-18 所示。制动鼓不得有任何性质的裂纹，否则应更换新件。制动鼓工作表面有轻微刮痕，可通过修磨的方法予以消除；若工作表面的刮痕较深，应采用镗削加工或更换新件。

用游标卡尺内测量爪测量制动鼓的内径，如图 5-19 所示。若制动鼓的内径超过极限值，应更换制动鼓。

图 5-18　制动鼓外观检查　　　　　　图 5-19　制动鼓内径测量

用专用工具测量制动鼓内表面圆度，若圆度公差值超限应对制动鼓采用镗削加工或更换新件。

（2）制动蹄　检查制动蹄摩擦片厚度，如图 5-20 所示。若测量值小于磨损极限或出现单边不均匀磨损时，应更换制动蹄或摩擦片。

图 5-21 所示制动蹄，摩擦片采用树脂胶粘剂将其与制动蹄黏结。摩擦片磨损超限，只能更换制动蹄总成。

图 5-20　检查制动蹄摩擦片厚度

图 5-21　摩擦片黏结在制动蹄上

图 5-22 所示制动蹄，摩擦片用铆钉铆接在制动蹄上。摩擦片磨损超限，可更换制动蹄总成或更换摩擦片。

更换摩擦片时，先去掉制动蹄摩擦片上的旧铆钉及孔中的毛刺，如图 5-23 所示。

图 5-22　摩擦片铆接在制动蹄上

图 5-23　拆除旧摩擦片及铆钉

铆接新摩擦片时，摩擦片铆钉孔出厂前已加工好，如图 5-24 所示。
新摩擦片铆接时，应从中间向两端铆接，如图 5-25 所示。

a) 与制动蹄贴合面

b) 与制动鼓摩擦面

图 5-24　新摩擦片

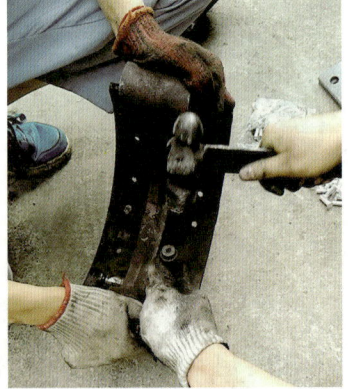
图 5-25　铆接新摩擦片

新更换的制动蹄总成或制动蹄摩擦片修复后，应修整制动蹄摩擦片与制动鼓的初始靠合面积，如图 5-26 所示。对于领从蹄式制动蹄，靠合面积不小于 60%，靠合应两端重中间轻；双领蹄式制动蹄，靠合面积不小于75%。如不符合要求时，应进行修整。

a) 摩擦片与制动鼓内表面相互摩擦

b) 观看初始靠合面积

图 5-26　检查制动蹄摩擦片与制动鼓靠合面积

**2. 盘式车轮制动器的检修**

（1）**制动盘**　制动盘主要检查其磨损、裂纹及变形。制动盘不得有裂纹及变形，否则应更换。若制动盘单面磨损严重，应检查原因并更换制动盘，如图 5-27 所示。制动盘双面正常磨损异常，也应更换。

图 5-27　制动盘单面磨损严重

制动盘的工作表面有轻微锈蚀、划痕和沟槽，如图 5-28 所示，可用砂磨盘清除。制动盘的工作表面若有严重磨损或划痕时，可进行车削，但车削后的极限厚度应不超过规定。制动盘的厚度检查，如图 5-29 所示。

图 5-28　制动盘的工作表面有
轻微锈蚀、划痕和沟槽

图 5-29　制动盘的厚度检查

车削后的制动盘端面,应检查制动盘的轴向圆跳动,如图5-30所示。百分表表头应触在与制动盘接触的中间位置或各车型规定的位置上,一般要求轴向圆跳动公差值不大于0.05~0.10mm。

(2) **制动块** 浮钳盘式制动器的制动块摩擦片与摩擦片底板采用黏结方式连接,为一次性使用件,磨损至极限或有不均匀磨损时应更换,磨损的制动块如图5-31所示。

大部分制动块上装有磨损极限报警装置,一种是弹簧传感器式,另一种是警告灯式。

图5-30 制动盘端面圆跳动的检查

图5-31 磨损的制动块

1)弹簧传感器式制动块磨损超限报警装置。当制动块磨损超限后,将使固定在制动块上的弹簧片触碰制动盘,产生摩擦声,利用声音提醒驾驶人应及时更换制动块,如图5-32所示。

2)警告灯式制动块磨损超限报警装置。有些汽车的前轮制动器制动块中埋有报警线,当制动块磨损至报警线露出时,报警线与制动盘接触搭铁构成回路,仪表板中制动警告灯就会发亮,提醒驾驶人及时更换制动块总成,如图5-33所示。

图5-32 弹簧传感器式制动块
　　　　磨损超限报警装置

图5-33 警告灯式制动块磨损超限报警装置

## 第三课　驻车制动器

### 一、驻车制动器的作用

驻车制动器的作用是防止车辆停驶后滑溜;坡道上顺利起步;行车制动效能失效后临时使用或配合行车制动器进行紧急制动。

## 二、驻车制动器的类型

驻车制动器按其安装位置不同可分为中央制动式和车轮制动式两种。中央制动式驻车制动器通常安装在变速器的后面，其制动力矩作用在传动轴上，如图5-34所示。

图 5-34　中央制动式驻车制动器

车轮制动式驻车制动器通常与车轮制动器共用一个制动器总成，如图5-35所示。只是传动机构是相互独立的，由于其结构简单紧凑，已在轿车上得到普遍应用。

a) 鼓式车轮制动式驻车制动器

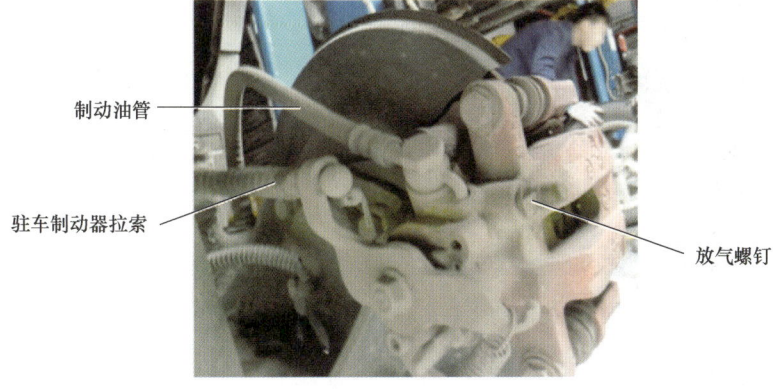

b) 盘式车轮制动式驻车制动器

图 5-35　车轮制动式驻车制动器

驻车制动器按其操纵方式不同可分为手操纵式驻车制动器和脚踏式驻车制动器。驻车制动器按其控制方式不同可分为机械控制式驻车制动器和电子控制式驻车制动器。

### 三、手操纵车轮制动式驻车制动器

手操纵车轮制动式驻车制动器示意图，如图5-36所示。鼓式制动时，将操纵手柄上端向后拉，作用力通过拉索将两制动蹄张开，并压紧制动鼓产生制动作用。盘式制动时，两制动块压向制动盘产生制动作用。此时，棘爪和齿扇将操纵手柄锁止在制动位置。

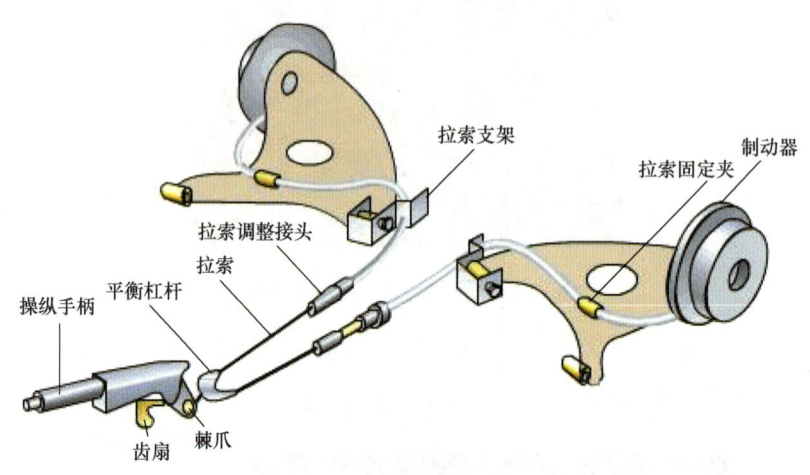

图5-36 手操纵车轮制动式驻车制动器示意图

解除制动时，按下操纵手柄上端的按钮，使下端的棘爪脱离齿扇，然后将制动操纵手柄推向最前端位置，各机件的运动方向与制动时方向相反，从而使制动蹄与制动鼓（或制动块与制动盘）恢复原来间隙，驻车制动解除。

手操纵车轮制动式驻车制动器的调整，如图5-37所示。调整时，先松开驻车操纵手柄，用力踩制动踏板一次，然后将驻车操纵手柄拉紧2个齿，转动拉杆上的调整螺母，直到用手不能转动后轮为止。放松驻车制动拉杆后，两后轮应能自由转动。充分拉起驻车制动器操纵杆，驻车制动器应处于完全制动状态，即为调整合适。否则应重复上述调整。

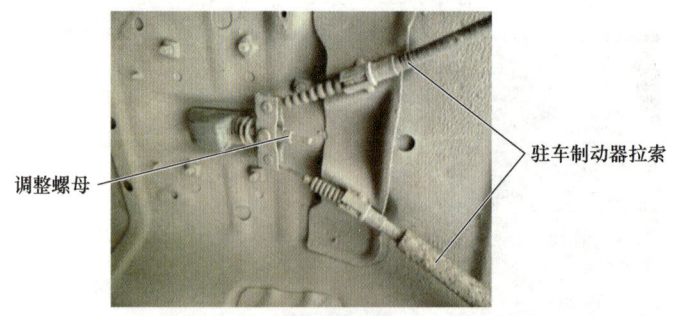

图5-37 手操纵车轮制动式驻车制动器的调整

### 四、驻车制动器的检修

**1. 驻车制动器传动装置的检修**

传动机构中的拉索通常是涂有塑料材料的钢丝绳。拉紧或松开驻车制动器时，拉索既不能松弛,也不能阻滞。因此,拉索不得有磨损或腐蚀,不得有扭结或卡住现象。锁止机构中的棘爪和扇形齿不得有磨损或断齿。

**2. 制动器的检修**

制动器的检修方法同鼓式制动器和盘式制动器的检修方法,此处不再重述。

## 第四课　制动传动装置

### 一、液压式制动传动装置

**1. 液压式制动传动装置的作用及类型**

液压式制动传动装置是利用制动液作为传力介质,将驾驶人施于制动踏板上的力转换为油液压力,并通过管路传至车轮制动器,推动制动蹄或制动块产生制动作用。液压制动柔和灵敏,结构简单,维护方便,不消耗发动机功率。但其操纵较费力,制动力不太大,制动液受温度变化而降低其制动效能。液压式制动传动装置已广泛应用在轿车上。液压式制动传动装置按回路多少不同分为单回路液压制动传动装置和双回路液压制动传动装置两种,单回路液压制动传动装置已被淘汰。

双回路液压制动传动装置是利用彼此独立的双腔制动主缸,通过两套独立回路,分别控制两桥的车轮制动器。其特点是若其中一套回路发生故障而失效时,另一套回路仍能继续起制动作用,从而提高了汽车制动的可靠性和行车安全性。双回路液压制动传动装置有前后独立式和前后交叉式两种。

（1）前后独立式　前后独立式液压制动传动示意图,如图 5-38 所示。其由双腔制动主缸通过两套独立回路分别控制前后车轮制动器,主要用于对后轮制动依赖性较大的发动机后置后轮驱动的汽车。

（2）前后交叉式　前后交叉式液压制动传动示意图,如图 5-39 所示。该装置由双腔制动主缸,两套独立且前后交叉回路分别控制车轮制动器,它主要用于对前轮制动力依赖性较大的发动机前置前轮驱动的汽车。

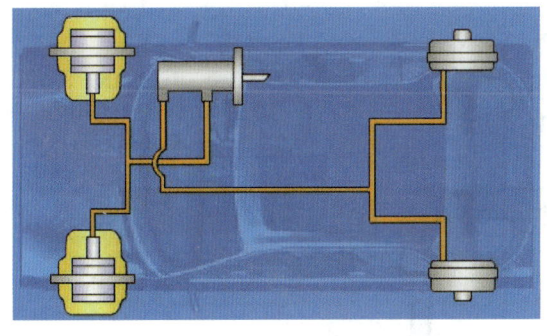
图 5-38　前后独立式液压制动传动示意图

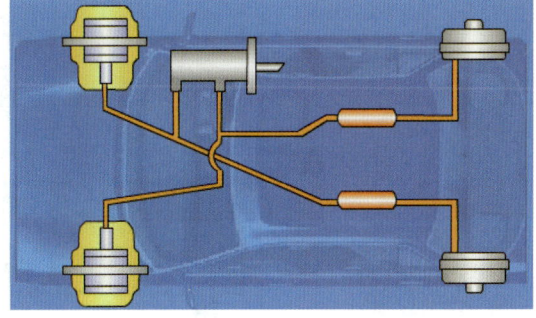
图 5-39　前后交叉式液压制动传动示意图

**2. 液压式制动传动装置主要零部件**

（1）制动主缸　制动主缸有的与储油罐铸成一体,也有二者分制而装合在一起或用油管连接的,如图 5-40 所示。制动主缸的作用是将制动踏板输入的机械能转换成液压能。目前,国内轿车及大多数国外轿车都采用双腔等径制动主缸,少数国外轿车采用双腔异径制动主缸。

图 5-40 制动主缸

串联双腔等径制动主缸，如图 5-41 所示。缸体呈筒形，内有两个活塞。前活塞位于缸筒的中间位置，将主缸分成前、后两个工作腔。每个工作腔内产生的液压经各自的油管分别传至前、后车轮制动器。每个工作腔分别通过补偿孔和进油孔与储液罐相通。后活塞在弹簧的作用下压靠在限位环上，使其处于后工作腔的补偿孔和进油孔之间。每个活塞上都有轴向小孔，皮碗的端部通过垫片压在小孔的一侧，以便两腔建立油压并保持密封。

a) 串联双腔等径制动主缸外形图

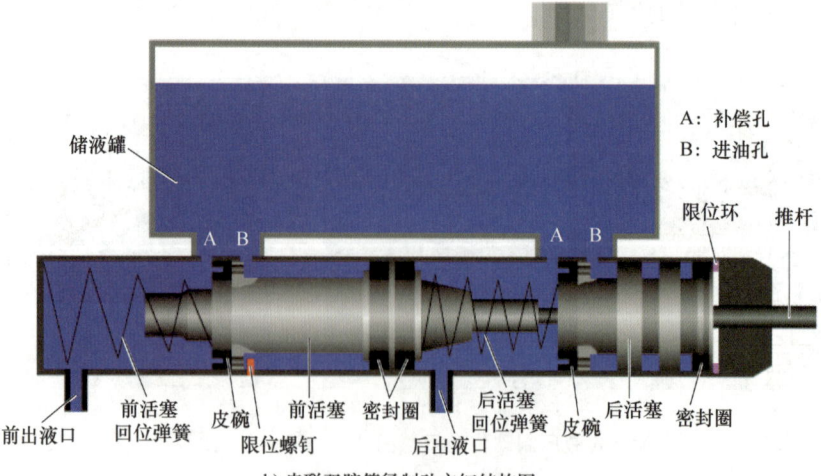

b) 串联双腔等径制动主缸结构图

图 5-41 串联双腔等径制动主缸

当踩下制动踏板时，真空助力器推动后活塞左移，直到皮碗盖住补偿孔后，后工作腔中液压升高，制动液一方面通过腔内后出液口进入一套制动回路，一方面又推动前活塞左移。在后腔液

压和弹簧的作用下，前活塞向左移动，前工作腔压力也随之提高，制动液通过腔内前出液口进入另外一套制动回路。当继续踩下制动踏板时，前、后工作腔的液压继续提高，使前、后车轮制动器制动。

解除制动时，活塞在弹簧作用下复位，制动液自制动油管流回制动主缸。如活塞复位过快，工作腔容积迅速增大，油压迅速降低，制动油管中的制动液由于管路阻力的影响，来不及充分流回工作腔，使工作腔中形成一定的真空度，于是，储液罐中的制动液便经补偿孔和活塞上的轴向小孔推开垫片及皮碗进入工作腔。当活塞完全复位时，补偿孔开放，制动油路中流回工作腔的多余制动液经补偿孔流回储液罐。

双回路液压制动系统中任一回路失效时，制动主缸仍能工作，只是所需踏板行程加大，将导致汽车的制动距离增长，制动效能降低。

（2）**制动轮缸** 制动轮缸有双活塞式和单活塞式两种，其作用是把油液压力转换为轮缸活塞的推力，推动制动蹄或制动块压靠在制动鼓或制动盘上，产生制动作用。双活塞式制动轮缸的结构如图 5-42 所示。缸体用螺栓固定在制动底板上，缸内有两个活塞，二者之间的内腔由两个皮碗密封。制动时，制动液自油管接头和进油孔进入，活塞在液压作用下外移，通过顶块推动制动蹄。弹簧保证皮碗、活塞、制动蹄紧密接触，并保持两活塞之间的进油间隙。防护罩除防尘外，还可防止水分进入，以免活塞和轮缸生锈而卡住。在轮缸缸体上方还装有放气螺钉，以便放出液压系统中的空气。

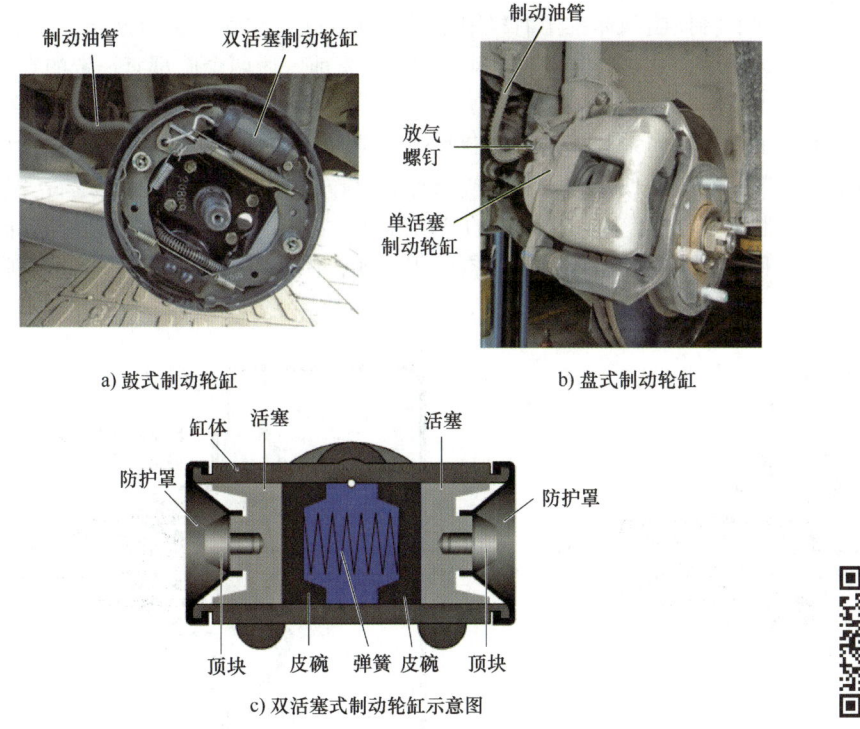

图 5-42 制动轮缸的结构

（3）**真空助力器** 真空助力器的作用是利用发动机进气产生的真空度转变为机械推力，此机械推力作用于液压主缸，以弥补驾驶人踏板力的不足。

真空助力器结构如图 5-43 所示。真空助力器左端与制动主缸连接，右端与制动踏板机构连接。膜片及控制阀体将加力气室分为前、后两个腔，前腔经真空单向阀与发动机进气管相连。控制阀体上真空通道连通前腔和控制阀腔，大气通道连通后腔和控制阀腔。

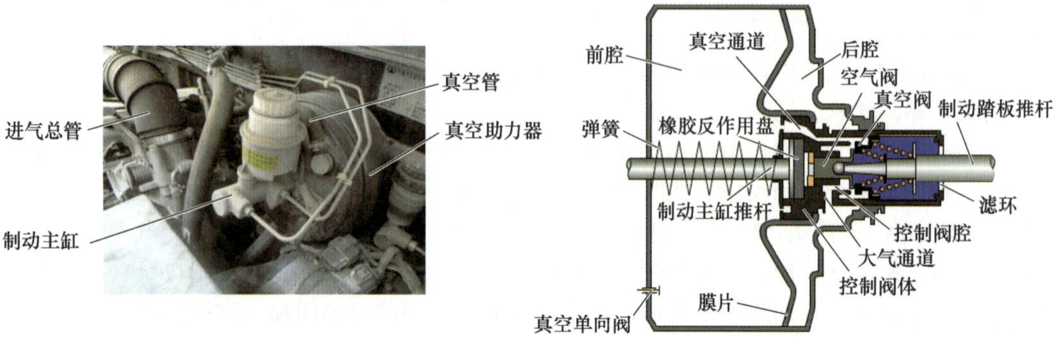

图 5-43 真空助力器
a) 真空助力器安装位置
b) 真空助力器结构

未踩下制动踏板时，弹簧将控制阀体推至右极限位置，真空阀与空气阀紧密贴合，真空阀开启，空气阀关闭。发动机运转后，真空单向阀被吸开，加力气室前、后两个腔都有一定的真空度，如图5-44所示。

刚踩下制动踏板时，加力气室尚未起作用，控制阀体固定不动，来自踏板机构的控制力可以推动制动踏板推杆和空气阀相对于控制阀体左移，当与橡胶反作用盘之间的间隙消除后，控制力便经反作用盘、推杆传给制动主缸。此时，主缸内的制动液以一定压力流入制动轮缸。与此同时，真空阀也在弹簧作用下左移，直至与控制阀体上的空气阀接触，使真空通道和大气通道隔断，如图5-45所示。

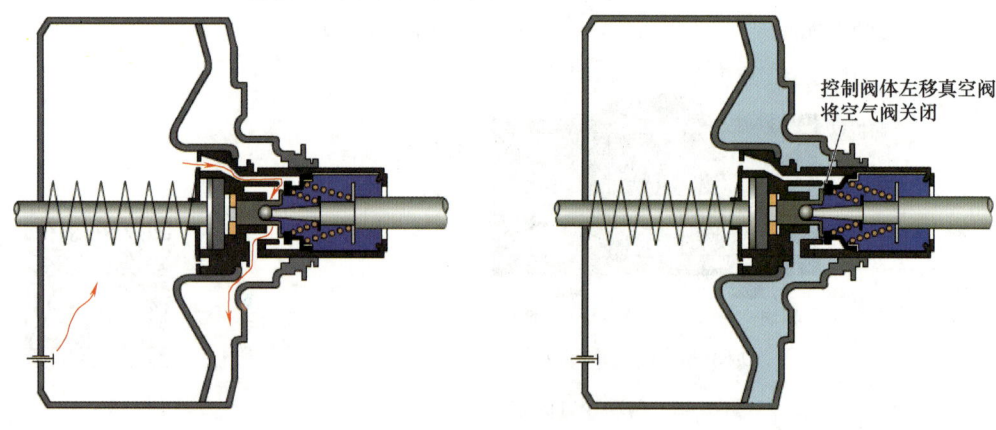

图 5-44 前、后两个腔相通

图 5-45 真空阀将空气阀关闭

然后，制动踏板推杆继续推动空气阀左移到其后端面离开真空阀一定距离。于是，外界空气经过滤环、真空阀、控制阀腔和大气通道进入助力器室的后腔，如图5-46所示，使其中真空度降低，在加力气室前、后腔之间产生一个压力差，推动制动主缸活塞增加制动压力。

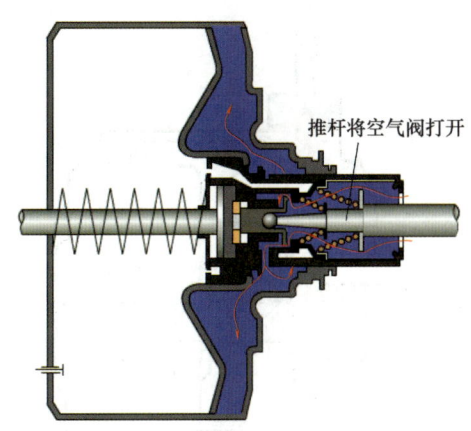

图 5-46 推杆将空气阀打开

(4) **真空增压器** 真空增压器的作用是把发动机进气产生的真空度与大气压力差转变为机械推力，将制动主缸输出的制动液进行增压后输入各轮缸，从而增大了制动力，减轻了驾驶人的操纵力。

真空增压器的结构，如图 5-47 所示。它由辅助缸、控制阀、加力气室、推杆等组成。辅助缸是将低压制动液变为高压制动液的装置，辅助缸的内腔被辅助缸活塞分隔为两部分，右腔经出油接头与制动主缸相通，左腔经接头通制动轮缸。推杆后端与加力气室膜片相连，前端嵌装着球阀，其阀座在辅助缸活塞上。不制动时，推杆前部的球阀与阀座之间保持一定距离，保证辅助缸两腔相通。加力气室膜片将加力气室分成前、后两腔。

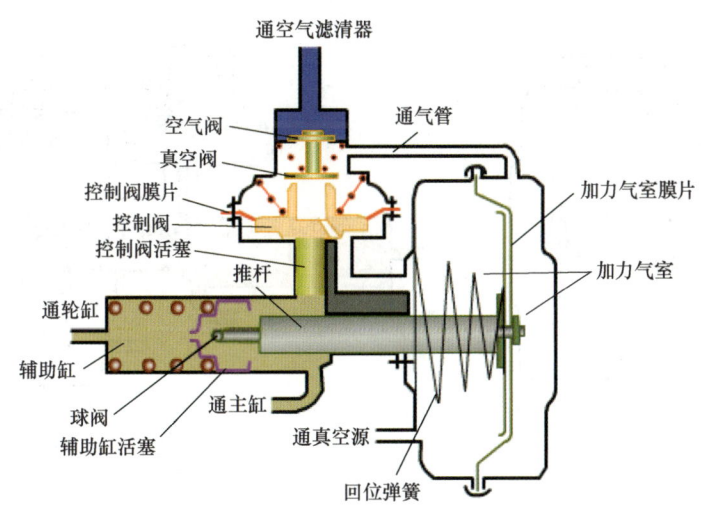

图 5-47 真空增压器结构

未制动时，如图 5-48 所示，空气阀关闭，真空阀打开，控制阀上腔和下腔连通。加力气室后腔通过通气管与控制阀上腔相通，此时加力气室前、后腔保持同样的真空度，无压力差。

踩下制动踏板，制动主缸的油压力传入辅助缸体中，一部分液压油经活塞中间的小孔进入各轮缸，补偿管路真空，同时液压油作用在控制阀活塞上，当油压力升到一定值时，活塞连同膜片上移，首先关闭真空阀，同时关闭控制阀上、下腔，加力气室前、后腔也就不通了，如图 5-49 所示。

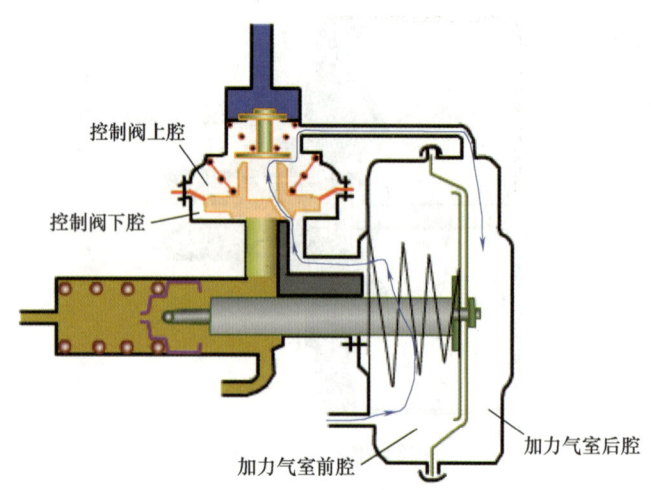

图 5-48 未制动时

控制阀膜片继续上移将空气阀打开，如图 5-50 所示，空气经空气阀进入控制阀上腔和加力气室后腔。这样加力气室前、后两腔产生压力差，推动加力气室膜片使推杆左移，在球阀关闭辅助缸活塞中孔后，辅助缸左腔被密闭，当推杆继续推动活塞左移时，作用于轮缸的制动液压力便进一步升高，且远高于主缸油压。

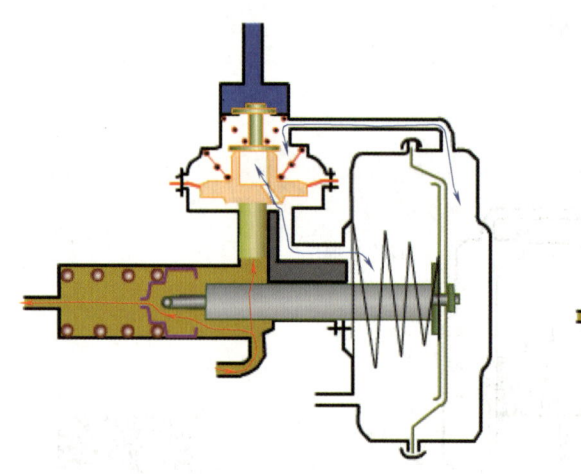

图 5-49 踩下踏板，关闭真空阀

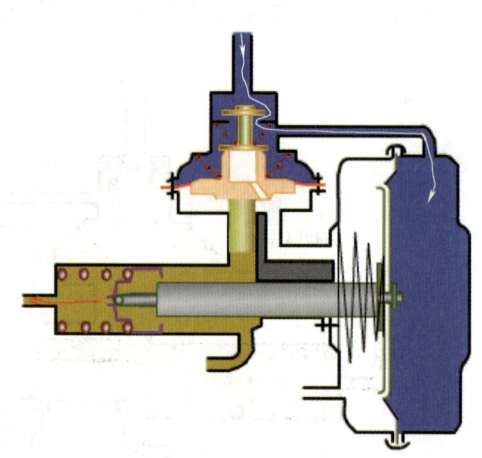

图 5-50 继续踩下踏板，打开空气阀

松开制动踏板，控制阀活塞下移关闭空气阀，打开真空阀，此时控制阀上、下腔和加力气室前、后腔均通真空源，具有相同的真空度。推杆、膜片及辅助缸活塞在弹簧的作用下各自回位，轮缸油液从辅助缸活塞的小孔中流回，从而解除制动。

（5）制动踏板、制动油管和储液罐　制动踏板一般有踏板力和踏板行程两方面的要求。轿车的踏板力要小于 500N，踏板行程小于 120mm；载货车的踏板力要小于 700N，踏板行程小于 150mm；在不制动时，制动主缸的推杆与活塞之间应保持一定间隙，以保证活塞能够在回位弹簧作用下退到极限位置时皮碗不致堵住补偿孔。制动时，为了消除这一间隙所需的踏板行程称为制动踏板自由行程，一般为 5~20mm。

制动油管一般采用金属管（铜管）制成，制动油管除用金属管外，部分有相对运动的区段还用高强度的橡胶软管连接，如图 5-51 所示。

图 5-51　制动油管

储液罐一般装在制动主缸上方，与制动主缸工作腔相通。制动前，整个液压系统充满了制动液。当液压系统制动液不足时，可通过储液罐进行补充。储液罐盖（或储液罐体）上一般装有制动液位报警开关，如图 5-52 所示。当液面高度过低时，报警开关将点亮位于仪表盘内的制动警告灯以警示驾驶人。

a) 在储液罐盖上　　　　　　　　　　b) 在储液罐体上

图 5-52　制动液位报警开关

### 3. 制动液

（1）制动液的种类（GB 12981—2012 机动车辆制动液）　汽车制动液按原料的不同分为醇型、矿物油型和合成型三种。其中醇型和矿物油型已经淘汰，市面上常见的制动液为合成型制动液。

合成型制动液根据基础油的不同分为四种类型（GB 12981—2012），由此也分成四个等级，分别是 HZY3、HZY4、HZY5 和 HZY6，其中 HZY3、HZY4、HZY5 与国际标准中的 DOT3、DOT4、DOT5.1 一一对应。数字序号越高，制动液的等级也越高，质量也越好。

DOT3/HZY3 等级的制动液的基础油是醇醚型的，沸点比较低，并且吸水性较强，含水量超过一定比例沸点会大幅度下降，严重影响制动性能，现在已经很少使用了。

DOT4/HZY4 等级的制动液如图 5-53 所示。它的基础油是醇醚硼酸酯型的，沸点比较高，虽然也有一定的吸水性，但是有较强的抗湿能力，能分解所吸收的水分，从而减缓由于吸水而导致的沸点下降，综合性能较好，是使用最为广泛的一种制动液。

DOT5.1/HZY5 等级的制动液的基础油是硅油型的，沸点比较高，不吸水。

(2) 汽车制动液的选用

1)根据汽车生产厂家对本车制动液的要求选用制动液。图 5-54 所示为对汽车制动液的要求，应选用 DOT4 制动液。

图 5-53　DOT4/HZY4 制动液

图 5-54　汽车制动液的要求

2)根据环境条件或汽车速度性能的不同选用制动液。根据当地的气温、湿度和道路条件确定制动液的质量级别。高速汽车，特别是高级轿车比一般货车，制动液的工作温度高，应选用级别较高的制动液。汽车制动液的型号及适用范围见表 5-1。

表 5-1　汽车制动液的型号及适用范围

| 制动液型号/等级 | 适用范围 |
| --- | --- |
| DOT3/HZY3 | 国产轿车、微型车、进口货车 |
| DOT4/HZY4 | 新型轿车 |
| DOT5.1/HZY5 | 有特殊要求的车辆 |

(3) 汽车制动液的检查　汽车制动液储液罐一般装在制动主缸上方，与制动主缸工作腔相通，如图 5-55 所示。制动前，整个液压系统充满了制动液。当液压系统制动液不足时，可通过储液罐进行补充。储液罐盖（或储液罐体）上一般装有制动液位报警开关。当液面高度过低时，报警开关将点亮位于仪表盘内的制动警告灯以警示驾驶人。

(4) 汽车制动液的更换　汽车制动液的更换时间一般为 40000km 或者两年，也可以根据汽车使用说明书的规定进行汽车制动液的更换。

汽车制动液的更换步骤：

1)拧下制动储液罐的加液口盖。

2)在分泵放气螺钉上套上一根透明塑料管，将管的另一端放入一个装有制动液的容器内。

3)拧松放气阀，连续踩下制动踏板，直到制动液不再流出为止，拧紧放气螺钉。

4)其余轮胎重复 2)、3)操作放油，确保所有车轮的旧制动液已经排出。

项目五　汽车制动系统拆装与维修

a) 在储液罐盖上　　　　　　　b) 在储液罐体上

图 5-55　制动液位报警开关

5）加注新的汽车制动液。

6）排出液压制动系统中的空气，并随时添加制动液。

(5) **液压式制动系统排空气（三人操作）**　在维修过程中，由于拆检液压式制动系统、接头松动或制动液不足等原因，造成空气进入制动管路中。制动管路进入空气，将造成制动踏板行程增加、踏板发软、影响制动效果，故应及时将制动系统中的空气排出。排出液压式制动系统空气的原则是距离制动主缸由远及近的原则，排放顺序为右后→左后→右前→左前。液压式制动系统排空气时，三人配合操作：一人负责排空气，一人负责踩制动踏板，一人负责添加制动液。

具体操作步骤如下：

1）拔下制动器上放气螺钉的防尘罩，将一根软管一端接到放气螺钉上，另一端插入容器中，如图 5-56 所示。

2）车内辅助人员用力迅速踩下并缓慢放松制动踏板，如此反复数次后，踩下制动踏板，并保持不动，如图 5-57 所示。

3）车外操作人员拧松放气螺钉，管路中空气随制动液顺着胶管排出制动系统，排出空气后再拧紧放气螺钉，如图 5-58 所示。

图 5-56　拔下制动防尘罩

图 5-57　踩制动踏板　　　　　图 5-58　排出空气

4）重复以上 2）和 3）步骤多次，直到容器中的制动液里无气泡为止。

5）取下制动液盛放容器软管，套上防尘罩，如图5-59所示。

6）其余三个车轮排出空气的方法同上。

7）在排出空气的过程中，应及时向制动液储液罐内添加制动液，保持液面的规定高度，如图5-60所示。

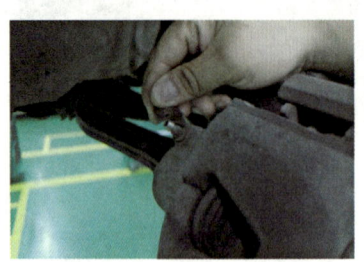

图5-59 套上防尘罩

图5-60 添加制动液

**4. 液压式制动系统各部件的检修**

**（1）制动主缸的检修**

1）检查缸体，不得有任何性质的裂纹及破损。轻微的应予以焊修，严重的予以更换。

2）检查储液罐是否破损，若出现破损应予以更换。

3）检查泵体内孔和活塞表面，其表面不得有划伤和腐蚀。

4）检查制动主缸皮碗、密封圈是否老化、损坏和磨损，若有应予以更换。

**（2）制动轮缸的检修**

1）同一车桥上的两只轮缸的内径必须相同，以保证得到相等的制动力，防止制动跑偏。

2）检查制动轮缸皮碗、密封圈是否老化、损坏和磨损，若有应予以更换。

3）检查防护罩是否破损。

**（3）制动油管的检修** 检查制动油管有无裂纹或破损，损坏的一律更换，更换时同一轴的两根软管内径必须相等。

## 二、气压式制动传动装置

**1. 气压式制动传动装置的作用及组成**

气压式制动传动装置是利用压缩空气作动力源的动力制动装置。制动时，驾驶人通过控制制动踏板的行程，便可控制制动气压的大小，得到不同的制动强度。气压制动操纵省力、制动强度大、踏板行程小。但需要消耗发动机的动力，制动粗暴而且结构比较复杂。一般在重型和部分中型汽车上使用。

双回路气压制动传动装置，如图5-61所示。它由气源和控制装置两部分组成。气源部分包括空气压缩机、调压装置、双针气压表、前后桥储气筒、气压过低报警装置、油水放出阀、取气阀和安全阀等部件。控制装置包括制动踏板、拉杆和并列双腔制动阀等。

空气压缩机产生的压缩空气经单向阀先进入湿储气筒进行清洁、干燥，然后分别进入相互独立的前、后桥储气筒。前桥储气筒与并列双腔式制动控制阀的右腔室相连以控制前轮制动。后桥储气筒与并列双腔式制动控制阀的左腔室相连以控制后轮制动，并通过管路与气压表相连，后桥制动回路装有膜片快放阀，可使后桥制动器迅速解除制动。双针气压表白针指示后桥储气筒气压，红针指示后桥制动管路中的气压。

当踩下制动踏板，拉杆拉动制动控制阀使之工作，前后桥储气筒的压缩空气便通过制动控

项目五 汽车制动系统拆装与维修

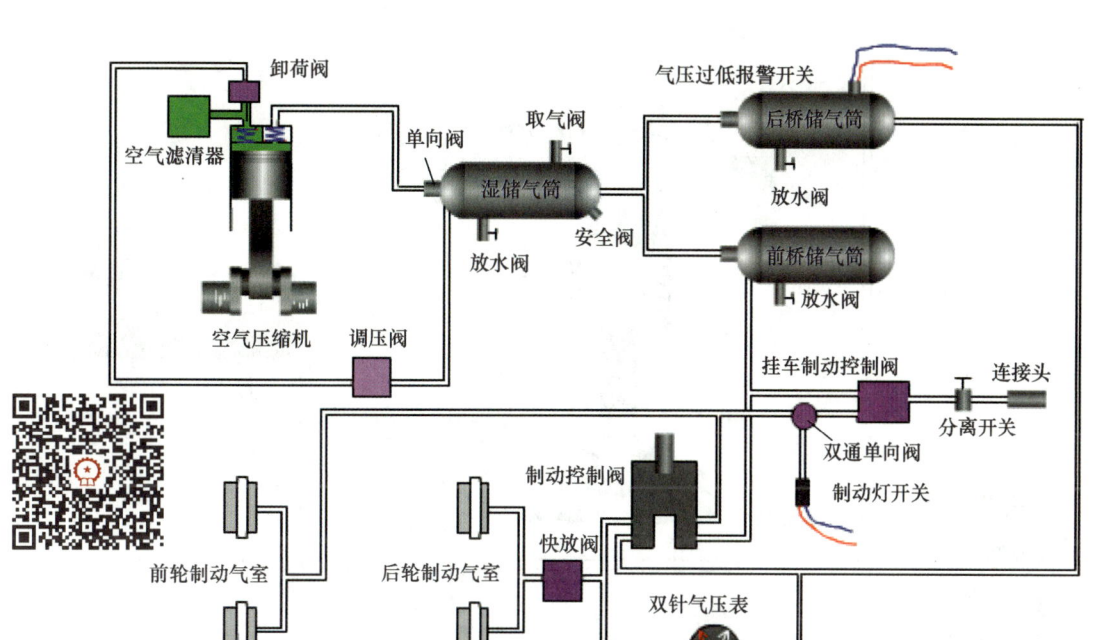

图 5-61 双回路气压制动传动装置

制阀的右腔和左腔进入前后轮制动气室，使前后轮制动。与此同时，通过前后制动回路之间并联的双通单向阀接通挂车制动控制阀，将前桥储气筒与通向挂车的通路切断，使挂车进行放气制动。

松开制动踏板后，前后制动气室中的压缩空气返回，经制动控制阀排入大气，从而解除制动。

**2. 气压式制动传动装置主要零部件**

**（1）空气压缩机** 空气压缩机，如图 5-62 所示，它固定在发动机一侧的支架上，由曲轴带轮通过 V 带驱动，主要由缸体、曲轴、活塞、连杆、进出气阀门和空气滤清器等组成。进气口经气管通向空气滤清器，出气口经气管通向湿储气筒。发动机运转时，空气压缩机即随之运转。当活塞下行，吸开进气阀门，外界空气经空气滤清器、进气阀进入气缸。活塞上行，进气阀在弹簧和压缩空气作用下关闭，气缸内空气被压缩并顶开出气阀门，压缩空气经出气口和气管送到湿储气筒。

**（2）调压阀、卸荷阀** 调压阀的作用是使湿储气筒保持在规定的气压范围内，并在超过规定气压后，实现空气压缩机的卸荷空转，以减少发动机的功率消耗。调压阀在回路中的连接方法有两种：一种是将调压阀串联在空气压缩机和湿储气筒之间，当系统内的空气压力达到规定值时，它将多余的压缩空气直接排入大气，使空气压缩机卸荷空转。另一种是将调压阀与空气压缩机和湿储气筒并联，如图 5-63 所示，当系统内的空气压力达到规定值时，卸荷阀的卸荷柱塞顶开进气阀，使空气压缩机气缸与大气相通不再泵气，卸掉活塞上的载荷，减少了发动机的功率损失。

**（3）制动控制阀** 制动控制阀的作用是控制从储气筒充入制动气室和挂车制动控制阀的压缩空气量，从而控制制动气室中的工作气压，并有逐渐变化的随动作用，即保证制动气室的气压与踏板行程有一定的比例关系。制动控制阀常见的结构有串联活塞式和并联膜片式两种。

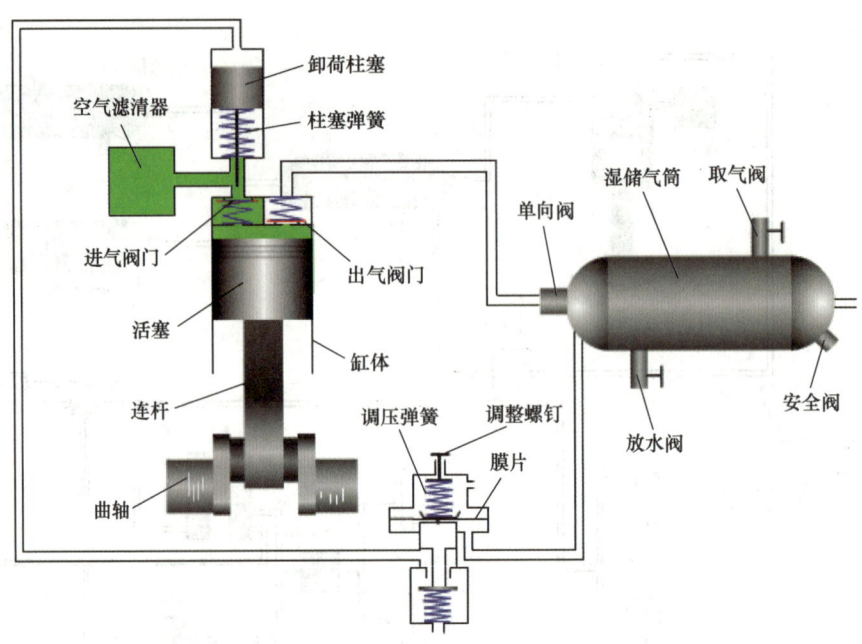

图 5-62 空气压缩机

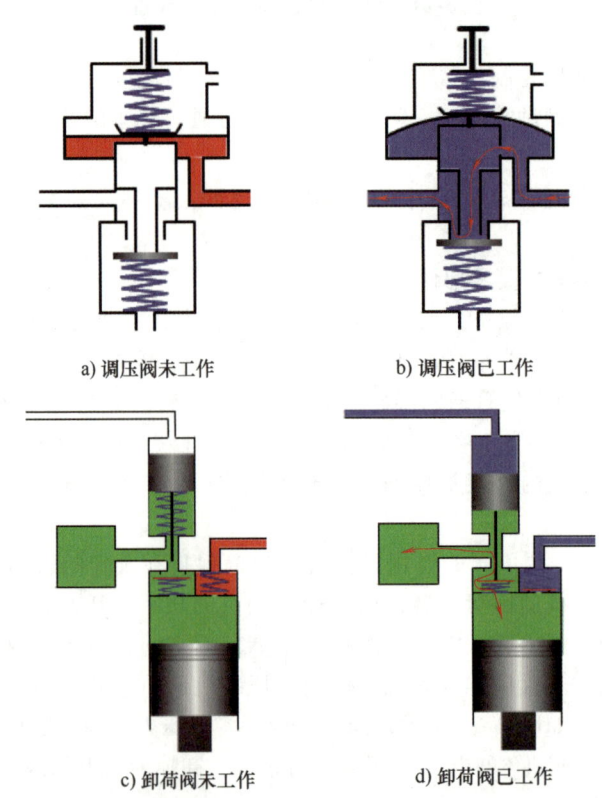

a) 调压阀未工作　　　　b) 调压阀已工作

c) 卸荷阀未工作　　　　d) 卸荷阀已工作

图 5-63 调压阀和卸荷阀工作过程

1) 双管路串联活塞式制动控制阀，如图 5-64 所示。它由上盖、上阀体、中阀体和下阀体等组成，并用螺钉连接在一起，其间装有密封垫。中阀体上的通气口 A1 和 B1 分别接后桥储气筒和后桥制动气室；下阀体上的通气口 A2 和 B2 分别接前桥储气筒和前桥制动气室。上下腔活塞与壳体间装有密封圈。下腔活塞由大小两个活塞套装在一起，小活塞对大活塞能进行单向分离。上腔阀门滑动地套装在芯管上，其外圆有密封隔套。下腔阀门滑动地套在有密封圈的下阀体中心孔中，中空的芯管和小活塞制成一体。

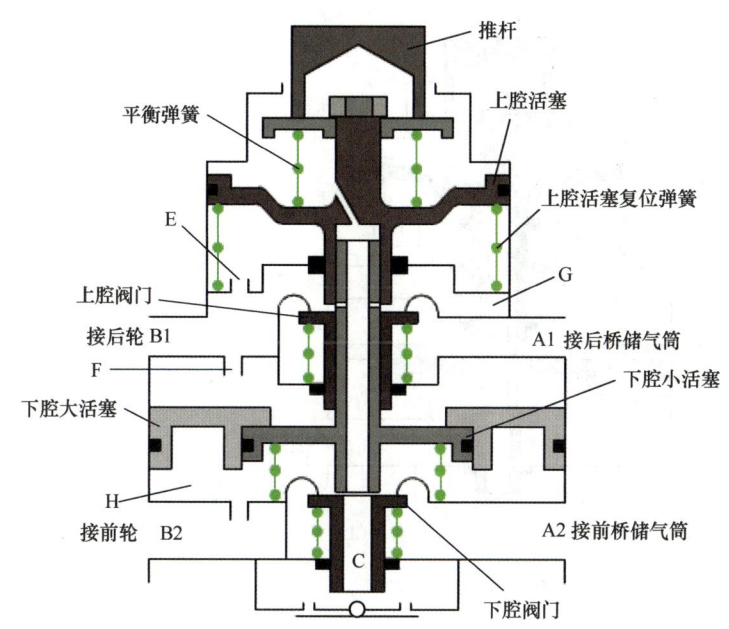

图 5-64　双管路串联活塞式制动控制阀

制动时，如图 5-65 所示，驾驶人将制动踏板踩下到一定距离，通过滚轮、推杆使平衡弹簧及上腔活塞向下移动，消除排气间隙（上腔阀门与上腔活塞之间）而推开上腔阀门，此时，从储气筒来的压缩空气经 A1 阀门与中阀体上的进气阀座间的进气间隙进入 G 腔，并经出气口 B1 进入后制动气室，使后轮制动。与此同时，进入 G 腔的压缩空气通过通气孔 F 进入大活塞及下腔小活塞的上方，使其下移推开下腔阀门，此时从前桥储气筒来的压缩空气经下腔阀门与下体阀座之间形成的进气间隙进入 H 腔，并经出气口 B2 充入前制动气室，使前轮制动。

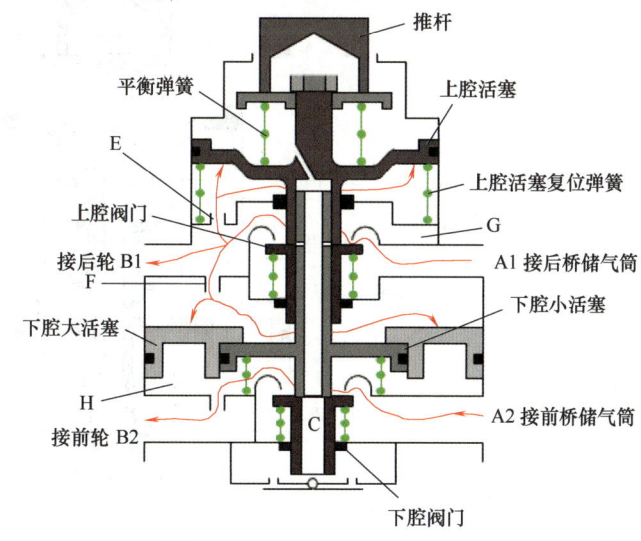

图 5-65　制动时

当制动踏板保持在某一位置（即维持制动状态）时，如图 5-66 所示，压缩空气在进入 G 腔的同时由通气孔 E 进入上腔活塞的下方，并推动上腔活塞上移，使 G 腔中气压作用与回位弹簧的张力之和与平衡弹簧的压紧力相平衡，此时上腔阀门和下腔阀门均关闭，G 腔和 H 腔中的气压保持稳定状态，即为制动阀的平衡位置。

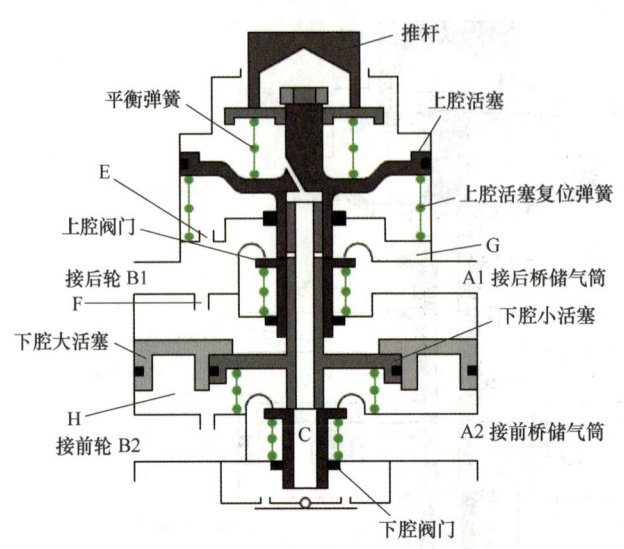

图 5-66　制动平衡时

若驾驶人感到制动强度不足，可将制动踏板再踩下一些，此时上腔阀门和下腔阀门又重新开启，使中阀体的 G 腔和下阀体的 H 腔以及制动气室进一步充气，直至 G 腔中气压又一次达到与平衡弹簧的压力平衡，而 H 腔中的压缩空气对下腔活塞向上的压力重新与下腔活塞上方的压缩空气对下腔活塞向下作用的压力相平衡。在此新的平衡状态下，制动气室所保持的稳定压力比以前更高。同时，平衡弹簧的压缩量和踏板力也比以前更大。

当放松制动踏板时，如图 5-67 所示，操纵摇臂复位，芯管上移，平衡弹簧恢复到原来装配长度，上腔活塞上移到使下端与上腔阀门之间形成排气间隙。后制动气室的压缩空气经 G 腔排气间隙和其下面的排气口 C 排入大气；与此同时，下腔大活塞及下腔小活塞受回位弹簧的张力的作用而上升，使下腔阀门与下阀体的阀座接触，从而关闭储气筒与前制动气室的通路；另一方面，由于下腔大活塞及下腔小活塞的上移，使小活塞的下端与下腔阀门之间也形成排气间隙，前制动气室的压缩空气经 H 腔及所形成的排气间隙以及下腔阀门和排气口 C 排入大气中。

若前桥管路失效，控制阀的上腔室仍能按上述方式工作，因此后桥管路照常工作。当后桥管路失效时，由于下腔室的大活塞上方建立不起控制气压而无法动作，上腔平衡弹簧将通过上活塞推

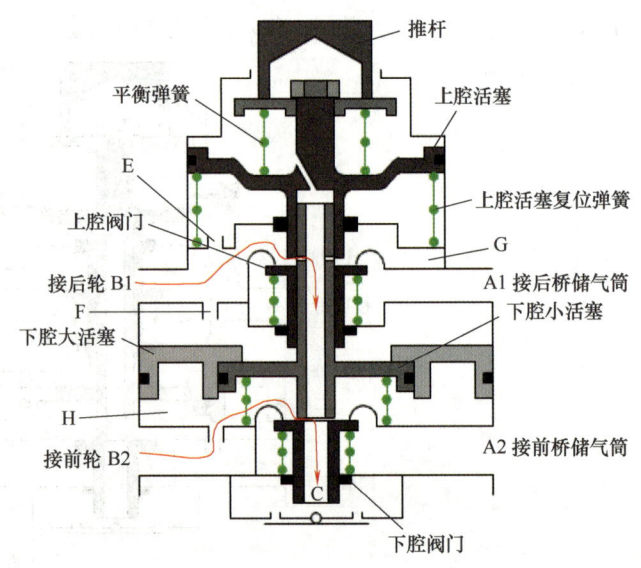

图 5-67　解除制动

动小活塞及芯管使小活塞与大活塞单向分离而下移,推开下阀门使前桥控制管路建立制动气压,并利用小活塞和平衡弹簧的张力相互平衡起随动作用。

2)双管路并联活塞式制动控制阀。双管路并联活塞式制动控制阀(以 EQ140 双腔总泵为例)结构如图 5-68 所示,它主要由上壳体、下壳体、平衡臂、活塞总成、弹簧及进气阀等部件组成。

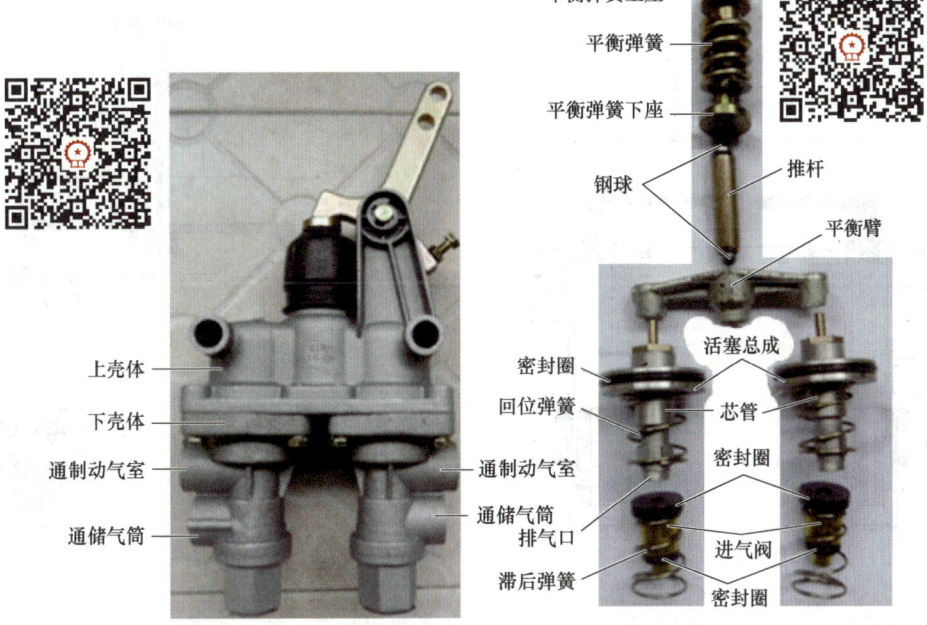

图 5-68 双管路并联活塞式制动控制阀结构图

当驾驶人踩下制动踏板时,如图 5-69 所示,拉动制动阀拉臂,将平衡弹簧上座下压,经平衡弹簧和平衡弹簧下座、钢球,并通过推杆及钢球将平衡臂压下,从而推动两腔活塞总成下移。消除间隙后,先关闭排气口,再打开进气阀。这时,储气筒内的压缩空气经制动阀进入各制动气室,推杆推动调整臂使凸轮转动,制动蹄压向制动鼓,产生制动作用。

当驾驶人踩下踏板某一位置不动时,如图 5-70 所示,由于压缩空气不断输送到前、后制动气室,同时压缩空气经芯管与下壳体孔之间的间隙进入活塞下方平衡腔的气压也随之增大。当活塞下方的总压力和回位弹簧的弹力之和大于平衡弹簧的弹力时,活塞总成上移,通过平衡臂,顶动平衡弹簧下座上移。这时,平衡弹簧被压缩,进气阀和排气阀同时关闭,储气筒便停止对制动气室输送压缩空气,处于一种平衡状态。同样,各制动气室的压缩空气便保留在制动气室中,车轮应保持一定的制动强度,此时称为平衡过程。

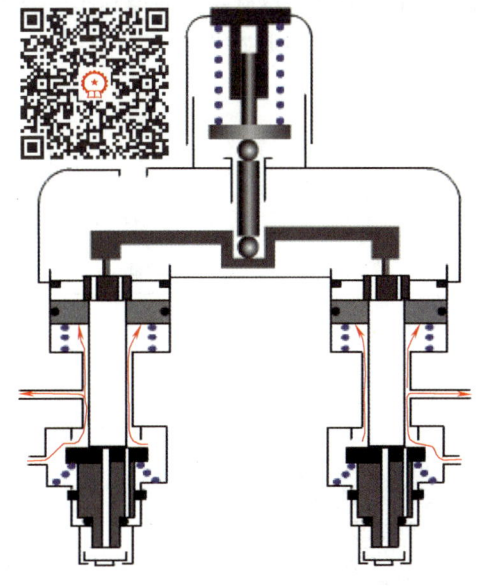

图 5-69 制动时

当驾驶人放松制动踏板时,如图 5-71 所示,拉臂在回位弹簧的作用下回位。平衡弹簧座上端面的压力消除。这时,推杆、平衡臂、活塞总成均在回位弹簧及平衡腔内压缩空气的作用下向上移,排气口被打开。制动气室及制动管路的压缩空气便经排气口,穿过芯管内孔通道,从上壳体的排气孔排入大气(或通过快放阀排入大气)。同时,制动蹄在回位弹簧作用下,摩擦片与制动鼓分离,解除制动。

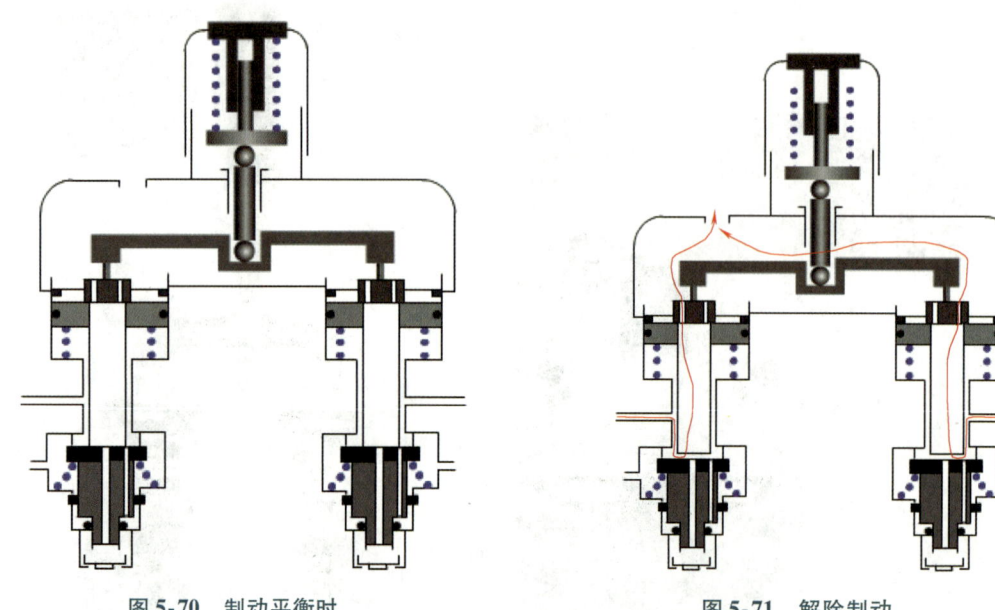

图 5-70　制动平衡时　　　　　　　图 5-71　解除制动

（4）快放阀　快放阀主要作用是使后轮制动气室就近放气,迅速解除后轮制动,以提高汽车制动时的行驶稳定性。它由上壳体、膜片、密封圈和下壳体等零件组成,如图 5-72a 所示。快放阀安装在制动控制阀前腔室和后轮制动气室之间,其上、下壳体用螺钉连成一体,之间装有密封圈。膜片装在上、下壳体内腔中,膜片周缘部分与上、下壳体之间有一定间隙,可以上下移动。上壳体的气口通过接头、气管接制动控制阀前腔室,下壳体与两端气口通过接头、气管接后轮左、右制动气室,下边气口通大气。

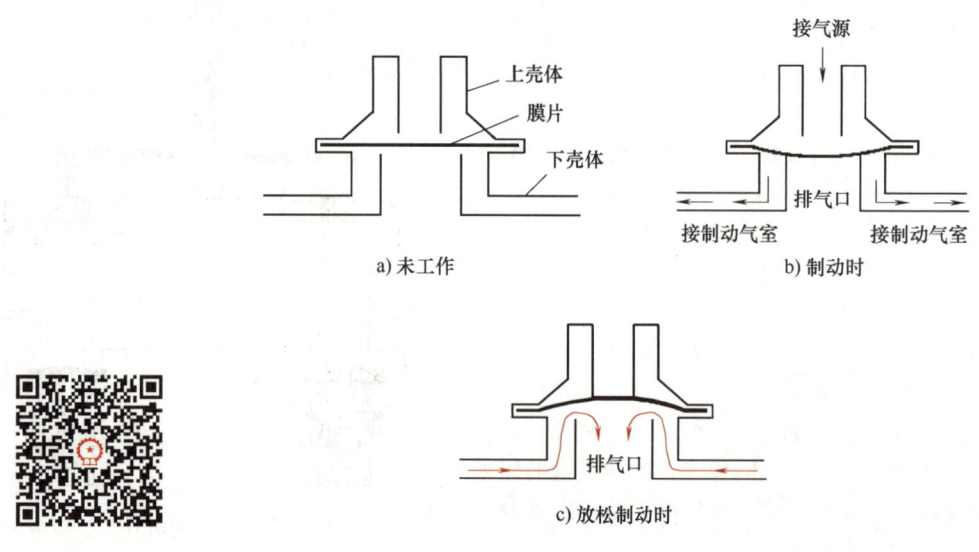

图 5-72　快放阀工作过程

项目五 汽车制动系统拆装与维修

当制动时，从制动控制阀前腔室输往后轮制动气室的压缩空气进入气源口后推动膜片，将排气口堵住，同时吹开膜片四周，使膜片边缘下弯，制动压缩空气沿下壳体的径向沟槽，经制动气室接口分别通往左、右制动气室，如图5-72b所示。

当放松制动时，制动气室的压缩空气回流，从快放阀制动气室接口进入，将膜片向上吹起关闭气源口，同时从排气口排入大气，如图5-72c所示。

（5）**制动气室** 制动气室安装在车轮制动器旁，它将来自制动控制阀的压缩空气转变为制动凸轮的机械力，使车轮制动器产生摩擦力矩。制动气室分为膜片式和活塞式两种。如图5-73所示为膜片式制动气室，它主要由盖、膜片、壳体及回位弹簧等部件组成。

制动时，踩下制动踏板，压缩空气经制动气室进气孔充入工作腔，膜片向右拱曲将推杆推出，使制动调整臂带动制动凸轮转动，从

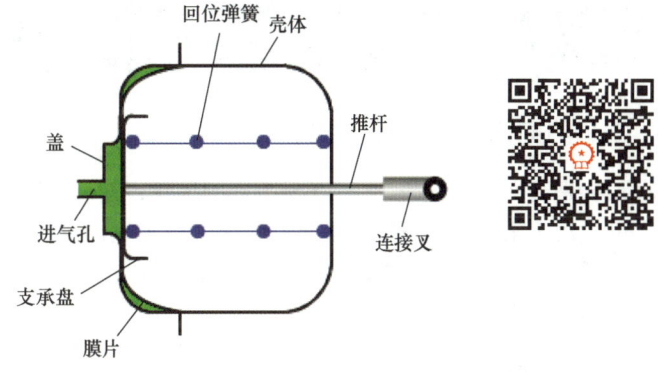

图5-73 膜片式制动气室

而推动制动蹄张开压向制动鼓，实现制动，如图5-74a所示。松开制动踏板，工作腔中的压缩空气经制动控制阀（或快放阀）排入大气，膜片和推杆在弹簧作用下回位，从而解除制动，如图5-74b所示。

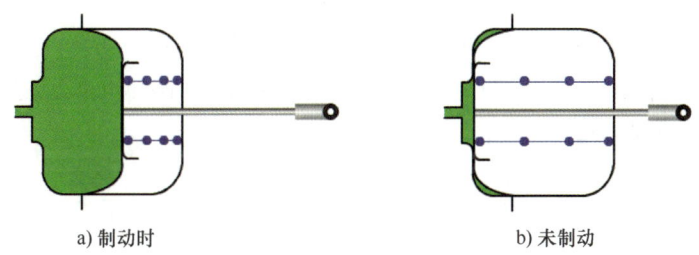

a) 制动时　　　　　　　　b) 未制动

图5-74 膜片式制动气室工作过程

（6）**车轮制动器** 所有国产汽车及部分外国汽车的气压制动系统中，都采用凸轮促动的车轮制动器，而且大多设计成领从蹄式，如图5-75所示。制动时，制动调整臂在制动气室的推杆作用下，带动凸轮轴转动，使得两制动蹄压靠到制动鼓上而制动。由于凸轮轮廓的中心对称性及两蹄结构和安装的轴对称性，凸轮转动所引起的两蹄上相应点的位移必然相等。

**3. 气压式制动系统主要总成的检修**

（1）**空气压缩机的检修** 空气压缩机工作时，不应有过量的润滑油窜入储气筒。检查空气压缩机时应详细检查活塞与活塞环的磨损、后盖与油堵的密封、回油管是否畅通以及连杆大端与曲轴的轴向间隙等，根据发现的问题进行维修。

空气压缩机的曲轴、连杆、活塞及进、排气阀的检修与发动机连杆机构、配气机构的检修相似。

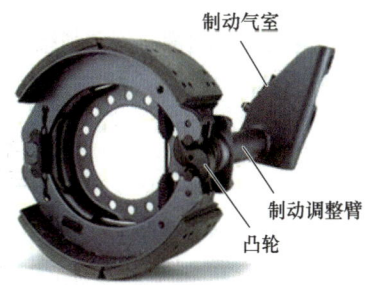

图5-75 车轮制动器

（2）制动气室的检修　膜片如有裂纹、变形或老化等情况，应予以更换。弹簧发现明显的变形或严重锈蚀，应予以更换。左、右制动气室的弹簧张力应一致，不符合规定的，应予以调整。

（3）制动控制阀的检修　制动控制阀在使用中最常见的损伤是密封不良、零件运动不灵活或调整不当等。拆检制动控制阀时可重点检查阀门与壳体接触的工作面是否有压伤痕迹，活塞上下运动是否灵活，制动控制阀上部挺杆运动是否灵活，橡胶零件是否老化和有无裂纹。

## 第五课　防抱死制动系统（ABS）

### 一、防抱死制动系统的含义

ABS是英文Anti-lock Braking System的缩写，全称是防抱死制动系统，它是现代汽车广泛采用的一种主动安全装置。防抱死制动系统能防止车轮制动时抱死，通过在制动过程中自动控制和调节制动压力的大小，消除制动过程中的跑偏、侧滑、丧失转向能力等非稳定状态，它已经成为现代轿车的标配。

### 二、防抱死制动系统的优点

**1. 制动转向操纵性能好**

汽车装了ABS，它在转弯的时候不会滑出去。

**2. 制动稳定性好**

装了ABS的汽车，即使在附着条件很差的冰雪路面上转向制动的时候，也不会甩尾（侧滑）。

**3. 制动距离短**

在其他条件都一样的情况下，同一辆汽车若没有装ABS，制动距离长；同样这辆汽车，在没有装ABS的情况下，若驾驶人采用"点制动"的方式来踩制动，制动距离会缩短；同样这辆汽车，若装了ABS，制动距离是最短的。

**4. 轮胎的磨损少**

如果汽车没有安装ABS，一次紧急制动，车轮会磨损严重，而装了ABS的汽车，制动的时候没有明显的痕迹。

### 三、防抱死制动系统的组成和工作原理

ABS是在普通液压制动系统的基础上增加了传感器、ECU和执行器，如图5-76所示。

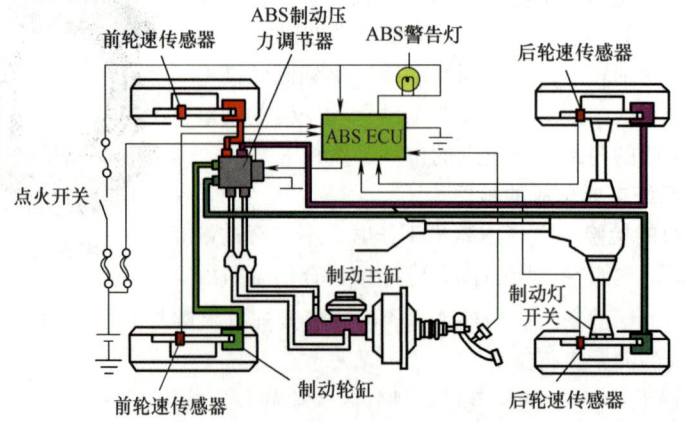

图5-76　防抱死制动系统的组成

项目五 汽车制动系统拆装与维修

ABS 的传感器装在四个车轮上,称之为轮速传感器,如图 5-77 所示。

图 5-77 轮速传感器

ABS 的执行器装在主缸和轮缸之间,称之为制动压力调节器。现代轿车采用的 ABS 将制动压力调节器、储液器和电磁阀三者组合在一起构成液压控制单元。将液压控制单元、电子控制单元和 ABS 泵三者组合到一起构成一个总成,安装在发动机机舱,其上一般有六根制动油管,两根用于和制动主缸相连,其余四根分别和四个车轮的制动轮缸相连,如图 5-78 所示。

图 5-78 ABS 总成

当 ABS 工作的时候,轮速传感器不断地检测车轮的转动情况,并将它们以电信号传给 ECU,ECU 经过分析、运算、处理,向制动压力调节器发出指令,制动压力调节器调节各个车轮的制动力大小,不让车轮抱死,而且控制滑移率在 20% 以内。下面以循环式制动压力调节器为例讲解 ABS 的工作原理。

**1. 循环式制动压力调节器的位置及组成**

循环式制动压力调节器装在主缸与轮缸之间,由电磁阀、储液器、液压泵和油路等组成,如图 5-79 所示。

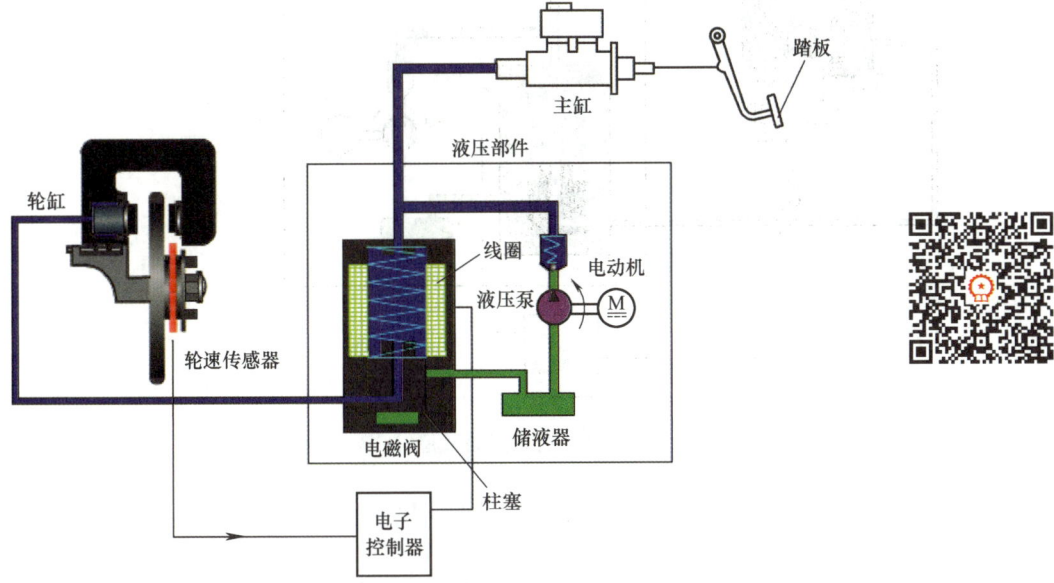

图 5-79 循环式制动压力调节器的位置及组成

## 2. 三位三通电磁阀

三位三通电磁阀的工作原理如图 5-80 所示。三通是指通制动主缸、通轮缸和通储液器。三位是指电磁阀柱塞的三个位置，最下端、中间和最上端。如果电磁阀不通电流，柱塞在弹簧的作用下，处于最下端；如果给电磁阀通小电流，电磁线圈会产生磁力吸引柱塞向上运动，处于中间位置；如果给电磁阀通大电流，柱塞会吸引到最上端位置。

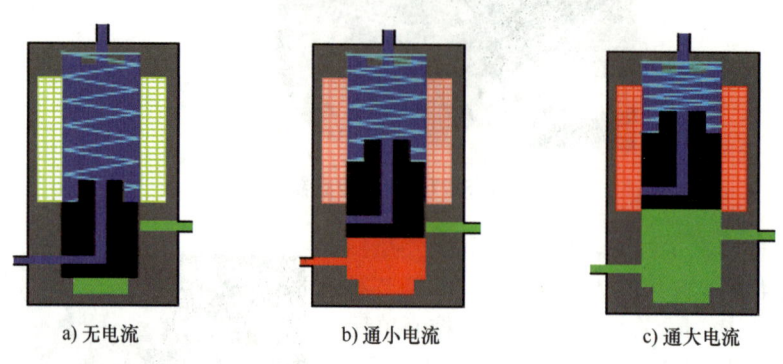

图 5-80 三位三通电磁阀的工作原理

## 3. ABS 的工作原理

（1）常规制动　常规制动过程中，ABS 不工作，电磁线圈中没有电流，这个时候柱塞处于最下端，如图 5-81 所示。此时，主缸和轮缸的油路是相通的，轮缸的压力随着主缸的压力而增减。回液压泵并不参加工作。油的流动是双向的，如果踏下踏板，制动液从主缸进入轮缸；如果抬一下踏板，油液又会由轮缸回流到主缸。

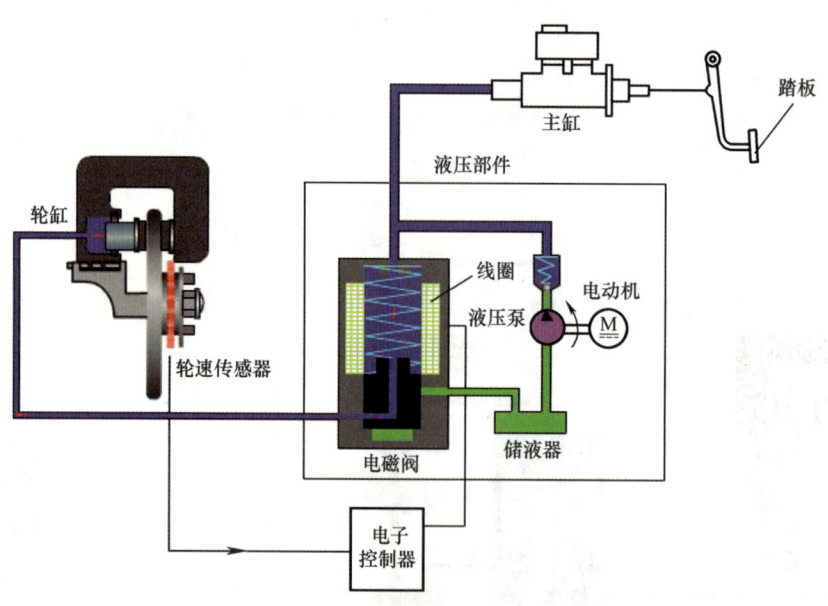

图 5-81 常规制动过程

（2）保压过程　当轮速传感器发出抱死危险信号时，ECU 经过分析运算，确定滑移率等于 20% 了，此时，它会向电磁阀输入小电流，电磁阀的柱塞在中间位置，如图 5-82 所示。主缸和轮缸之间不相通，轮缸与储液器之间也不通。此时，轮缸中的制动压力保持不变。

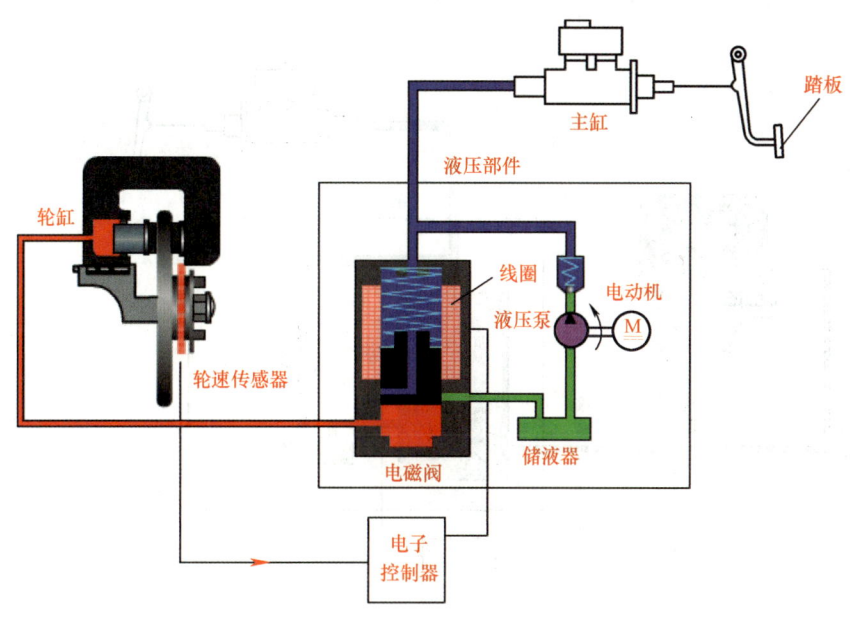

图 5-82 保压过程

（3）减压过程 如果在"保压"命令发出后，仍有车轮抱死的信号，ECU 通过分析运算，确定滑移率大于 20% 了，ECU 就会向电磁阀通大电流，电磁阀的柱塞位于最上端位置，这时主缸和轮缸不通，但是轮缸跟储液器相通了，如图 5-83 所示。此时，轮缸当中的制动液经过电磁阀流入储液器，回液压泵开始工作，将储液器当中的油液泵入主缸，轮缸的压力就下降了。这时候制动踏板会反弹，驾驶人的脚会感觉颤动。

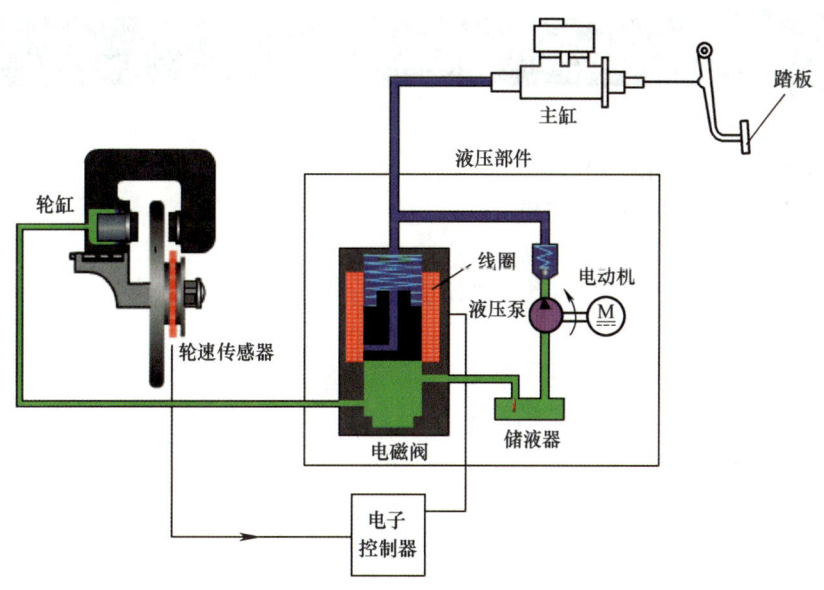

图 5-83 减压过程

（4）增压过程 减压过程中轮缸的压力下降，车轮的速度会加快，这时候 ECU 通过分析运算，确定滑移率小于 20% 了，于是断开电磁阀电流，电磁阀的柱塞处于最下端位置，如图 5-84 所示主缸和轮缸又相通了,主缸里的高压制动液会进入轮缸,轮缸的制动压力又增大了。

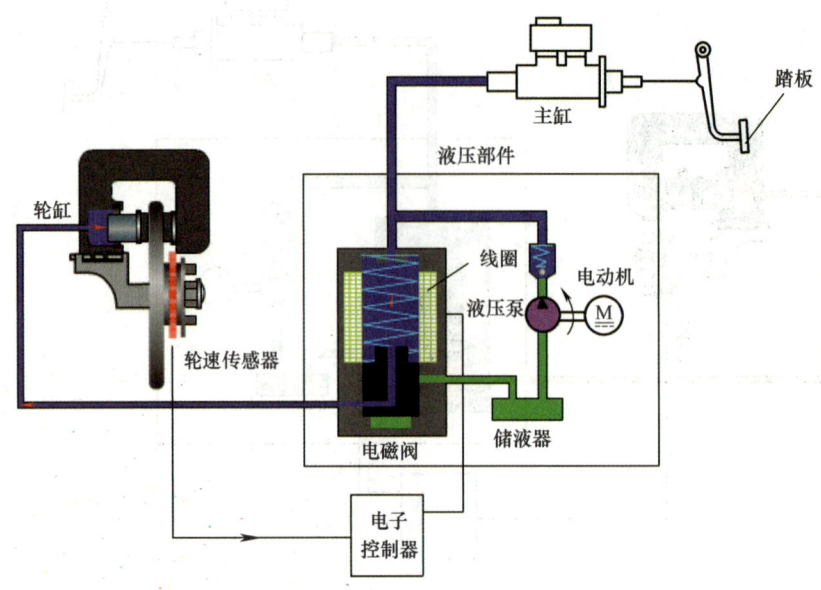

图 5-84　增压过程

ABS 通过保压、减压和增压这三个过程的交替进行,来不断地调节每一个车轮的制动力的大小,不让车轮抱死,而且保持滑移率在 20%。这样,就提高了汽车制动时的安全性。

## 任务一　拆装盘式车轮制动器并检查

**1. 任务目的**

1) 知道盘式车轮制动器的工作过程。
2) 能够识别盘式车轮制动器的结构形式。
3) 能按流程规范拆装盘式车轮制动器。
4) 能积极主动参与任务,能与小组成员团结协作,能执行实训室"6S"规定。

**2. 任务准备**

1) 知识准备:完成项目五第二课"车轮制动器"的学习。
2) 设备准备:带盘式车轮制动器的汽车、举升机、扭力扳手、套筒扳手、冲击扳手、木槌、演示课件(或操作视频)。

**3. 任务步骤**

1) 老师演示或播放视频:拆装盘式车轮制动器。
2) 学生练习拆装盘式车轮制动器(或老师演示时同步练习),并完成汽车底盘构造与维修工作页相应部分内容的填写。

拆装盘式车轮制动器,先拆卸后检查安装。

**4. 任务评价**

任务评价内容及标准见表 5-2。

项目五　汽车制动系统拆装与维修

表5-2　任务评价内容及标准

| 序号 | 项目 | 操作内容 | 分值 | 评分标准 | 得分 |
|---|---|---|---|---|---|
| 1 | 准备 | 清点工量具、清理工位 | 5分 | 酌情扣分 | |
| 2 | 拆卸 | 拆卸盘式车轮制动器 | 25分 | 操作不当扣1~25分 | |
| 3 | 检查 | 检查盘式车轮制动器各零件 | 20分 | 操作不当扣1~20分 | |
| 4 | 安装 | 安装盘式车轮制动器 | 25分 | 操作不当扣1~25分 | |
| 5 | 完成时间 | 80min | 10分 | 超时1~5min扣1~5分<br>超时5min以上扣10分 | |
| 6 | 安全文明 | 无安全隐患，无不文明操作 | 5分 | 未达标扣1~5分 | |
| 7 | 结束 | 工量具清洁归位 | 5分 | 漏一项扣1分，未做扣5分 | |
| | | 工作场地清洁 | 5分 | 清洁不彻底扣1~5分，未做扣5分 | |
| | 总分 | | 100分 | | |

## 任务二　拆装鼓式车轮制动器并检查

**1. 任务目的**

1）知道鼓式车轮制动器的工作过程。

2）能够识别鼓式车轮制动器的功能元件。

3）能按流程规范拆装鼓式车轮制动器。

4）能积极主动参与任务，能与小组成员团结协作，能执行实训室"6S"规定。

**2. 任务准备**

1）知识准备：完成项目五第二课"车轮制动器"的学习。

2）设备准备：带鼓式车轮制动器的汽车、举升机、螺钉旋具、鲤鱼钳、尖嘴钳、演示课件（或操作视频）。

**3. 任务步骤**

1）老师演示或播放视频：车轮制动器。

2）学生练习拆装鼓式车轮制动器（或老师演示时同步练习），并完成汽车底盘构造与维修工作页相应部分内容的填写。

拆装鼓式车轮制动器，先拆卸后检查安装。

**4. 任务评价**

任务评价内容及标准见表5-3。

表5-3　任务评价内容及标准

| 序号 | 项目 | 操作内容 | 分值 | 评分标准 | 得分 |
|---|---|---|---|---|---|
| 1 | 准备 | 清点工量具、清理工位 | 5分 | 酌情扣分 | |
| 2 | 拆卸 | 拆卸鼓式车轮制动器 | 25分 | 操作不当扣1~25分 | |
| 3 | 检查 | 检查鼓式车轮制动器各零件 | 20分 | 操作不当扣1~20分 | |
| 4 | 安装 | 安装鼓式车轮制动器 | 25分 | 操作不当扣1~25分 | |

（续）

| 序号 | 项　目 | 操作内容 | 分值 | 评分标准 | 得分 |
|---|---|---|---|---|---|
| 5 | 完成时间 | 80min | 10分 | 超时1~5min 扣1~5分<br>超时5min 以上扣10分 | |
| 6 | 安全文明 | 无安全隐患，无不文明操作 | 5分 | 未达标扣1~5分 | |
| 7 | 结束 | 工量具清洁归位 | 5分 | 漏一项扣1分，未做扣5分 | |
| | | 工作场地清洁 | 5分 | 清洁不彻底扣1~5分，未做扣5分 | |
| | 总分 | | 100分 | | |

 任务三　调整驻车制动器

**1. 任务目的**

1) 知道驻车制动器的工作过程。
2) 能按流程规范调整驻车制动器。
3) 能积极主动参与任务，能与小组成员团结协作，能执行实训室"6S"规定。

**2. 任务准备**

1) 知识准备：完成项目五第三课"驻车制动器"的学习。
2) 设备准备：汽车、举升机、常用工具一套、演示课件（或操作视频）。

**3. 任务步骤**

1) 老师演示或播放视频：调整驻车制动器。
2) 学生练习调整驻车制动器（或老师演示时同步练习），并完成汽车底盘构造与维修工作页相应部分内容的填写。

调整驻车制动器，先拉紧驻车制动器操纵杆2齿，然后调整。

**4. 任务评价**

任务评价内容及标准见表5-4。

表5-4　任务评价内容及标准

| 序号 | 项　目 | 操作内容 | 分值 | 评分标准 | 得分 |
|---|---|---|---|---|---|
| 1 | 准备 | 清点工量具、清理工位 | 5分 | 酌情扣分 | |
| 2 | 拉紧操纵杆 | 拉紧驻车制动器操纵杆2齿 | 20分 | 操作不当扣1~20分 | |
| 3 | 调整 | 拧紧驻车制动器拉索调整螺母 | 50分 | 操作不当扣1~50分 | |
| 4 | 完成时间 | 40min | 10分 | 超时1~5min 扣1~5分<br>超时5min 以上扣10分 | |
| 5 | 安全文明 | 无安全隐患，无不文明操作 | 5分 | 未达标扣1~5分 | |
| 6 | 结束 | 工量具清洁归位 | 5分 | 漏一项扣1分，未做扣5分 | |
| | | 工作场地清洁 | 5分 | 清洁不彻底扣1~5分，未做扣5分 | |
| | 总分 | | 100分 | | |

## 任务四　液压式制动系统排空气

**1. 任务目的**

1) 知道液压式制动系统的结构和工作过程。
2) 能够识别液压式制动传动回路的布置形式。
3) 能按流程规范操作液压式制动系统排空气。
4) 能积极主动参与任务，能与小组成员团结协作，能执行实训室"6S"规定。

**2. 任务准备**

1) 知识准备：完成项目五第四课"制动传动装置"的学习。
2) 设备准备：带液压制动的汽车、举升机、制动液、各种扳手、演示课件（或操作视频）。

**3. 任务步骤**

1) 老师演示或播放视频：液压式制动系统排空气。
2) 学生练习液压式制动系统排空气（或老师演示时同步练习），并完成汽车底盘构造与维修工作页相应部分内容的填写。

液压式制动系统排空气，需要3人密切配合。

**4. 任务评价**

任务评价内容及标准见表5-5。

表5-5　任务评价内容及标准

| 序号 | 项目 | 操作内容 | 分值 | 评分标准 | 得分 |
|---|---|---|---|---|---|
| 1 | 准备 | 清点工量具、清理工位 | 5分 | 酌情扣分 | |
| 2 | 举升汽车 | 举升汽车 | 10分 | 操作不当扣1~10分 | |
| 3 | 踩刹车 | 一人踩住制动踏板 | 30分 | 操作不当扣1~30分 | |
| 4 | 排空气 | 另外一人排空气 | 30分 | 操作不当扣1~30分 | |
| 5 | 完成时间 | 80min | 10分 | 超时1~5min扣1~5分<br>超时5min以上扣10分 | |
| 6 | 安全文明 | 无安全隐患，无不文明操作 | 5分 | 未达标扣1~5分 | |
| 7 | 结束 | 工量具清洁归位 | 5分 | 漏一项扣1分，未做扣5分 | |
| | | 工作场地清洁 | 5分 | 清洁不彻底扣1~5分，未做扣5分 | |
| | | 总分 | 100分 | | |

### 巩固与提高

**一、填空题**

1. 汽车制动系统的作用是根据需要使汽车_____或在最短的距离内_____，使已停驶的汽车在各种道路条件下_____，使下坡行驶的汽车速度保持稳定。

2. 汽车制动系统按回路多少不同分为_____制动系统和_____制动系统。

3. 汽车制动系统一般由_____、_____、_____和_____四个部分组成。

4. 目前，汽车用的车轮制动器可分为_____和_____两种。

5. 钳盘式车轮制动器又可分为_____车轮制动器和_____车轮制动器两种。
6. 制动盘按材料不同又可分为_____制动盘和_____制动盘两种。
7. 驻车制动器按其安装位置不同可分为_____和_____两种。
8. 双回路液压制动传动装置有_____和_____两种。
9. 制动主缸的作用是将制动踏板的机械能转换成_____能。
10. 大部分制动块上装有磨损极限报警装置,一种是_____,另一种是_____。
11. 真空助力器的作用是利用发动机进气产生的真空度转变为机械推力,此机械推力作用于_____,以助驾驶人踏板力之不足。
12. 气压式制动传动装置是利用_____作动力源的动力制动装置。
13. ABS通过_____、_____和_____这三个过程的交替进行,来不断地调节每一个车轮的制动力的大小,不让车轮抱死。

## 二、单项选择题

1. 根据需要使汽车减速或停车的系统是（　　）。
   A. 传动系统　　　　　　　　　B. 行驶系统
   C. 转向系统　　　　　　　　　D. 制动系统
2. 汽车制动时制动力的大小主要取决于（　　）。
   A. 制动距离　　B. 制动力矩　　C. 车速　　　　D. 制动时间
3. 以下会造成汽车停放在坡道上自行滑移的故障原因是（　　）。
   A. 行车制动不良　　　　　　　B. 制动间隙过小
   C. 驻车制动不良　　　　　　　D. 制动液不足
4. 盘式制动器中与制动盘进行摩擦的部件是（　　）。
   A. 制动摩擦片　　B. 轮缸　　　C. 制动鼓　　　D. 制动钳
5. 以下属于鼓式制动器的部件是（　　）。
   A. 制动主缸　　B. 制动盘　　　C. 制动钳　　　D. 制动鼓
6. 下列不属于拉索式驻车制动器失效或无法保持制动的原因是（　　）。
   A. 驻车制动器拉索调整不当　　B. 制动摩擦片磨损量过大
   C. 制动管内进入大量空气　　　D. 驻车制动器调整不当
7. 液压式制动系统中将机械能转变为液压能的部件是（　　）。
   A. 制动管路　　B. 制动主缸　　C. 制动轮缸　　D. 真空助力器
8. 在不制动时,液压式制动系统中制动主缸与制动轮缸的油压是（　　）。
   A. 主缸高于轮缸　　　　　　　B. 主缸与轮缸相等
   C. 主缸小于轮缸　　　　　　　D. 大小不定
9. 在行车制动装置中产生液压力的装置是（　　）。
   A. 制动主缸　　B. 制动蹄片　　C. 真空助力器　D. 制动油管
10. 气压式制动系统中传递动力的介质是（　　）。
    A. 液压油　　　B. 制动液　　　C. 压缩空气　　D. 水
11. 气压式制动系统中产生压缩空气的装置是（　　）。
    A. 制动阀　　　　　　　　　　B. 空气压缩机
    C. 制动气室　　　　　　　　　D. 储气罐
12. 在行车制动装置中提供助力的是（　　）。
    A. 制动主缸　　B. 制动盘　　　C. 制动鼓　　　D. 真空助力器
13. 汽车制动效能随制动器工作温度的升高而（　　）。

A. 先减弱后增强　　　B. 减弱　　　　　C. 增强　　　　　　D. 不变

14. 装有电子控制 ABS 的汽车在紧急制动时（　　）。

A. 制动距离长，但稳定性好　　　　　B. 制动距离短，但容易跑偏

C. 制动距离短，不易侧滑　　　　　　D. 在光滑路面上易侧滑

### 三、判断题

1. 盘式制动器的制动间隙是自动调整的。　　　　　　　　　　　　　　（　　）
2. 双管路液压制动比单管路液压制动的可靠性和安全性要低。　　　　　（　　）
3. 制动液是一种有毒液体。　　　　　　　　　　　　　　　　　　　　（　　）
4. 防抱死制动系统是主动安全装置。　　　　　　　　　　　　　　　　（　　）

### 四、简答题

1. 简述拆装盘式车轮制动器步骤。
2. 简述拆装鼓式车轮制动器步骤。
3. 简述液压式制动系统排空气步骤。
4. 简述防抱死制动系统的工作原理。

### 五、按要求作题

在排出液压式制动系统的空气时，需按规定的排气顺序进行。

1）请在下表中填写正确的排气顺序。

| 位　置 | 数字序号 |
| --- | --- |
| 左前轮 | |
| 右前轮 | |
| 左后轮 | |
| 右后轮 | |

2）液压式制动系统修复安装后，若不及时排出制动系统中的空气，将造成制动的_____。

# 参 考 文 献

[1] 刘汉涛. 汽车底盘构造与原理精解 [M]. 北京：机械工业出版社，2015.
[2] 蒋红枫. 汽车构造与拆装（底盘部分）[M]. 3版. 北京：机械工业出版社，2021.
[3] 杜瑞丰，李忠凯. 汽车底盘构造与维修 [M]. 2版. 北京：高等教育出版社，2007.
[4] 高峰. 汽车底盘构造与维修 [M]. 北京：机械工业出版社，2010.
[5] 尹维贵. 汽车底盘构造与维修 [M]. 2版. 北京：机械工业出版社，2013.

# 汽车底盘构造与维修

# 工作页

班级_____

姓名_____

学号_____

# 目　　录

| | | |
|---|---|---|
| 工作页 1-1 | 认识汽车底盘 | （1） |
| 工作页 1-2 | 举升汽车 | （3） |
| 工作页 1-3 | 更换备胎 | （5） |
| 工作页 1-4 | 使用四轮定位仪 | （7） |
| 工作页 2-1 | 拆装离合器 | （9） |
| 工作页 2-2 | 调整离合器 | （11） |
| 工作页 2-3 | 拆装手动变速器 | （13） |
| 工作页 2-4 | 更换变速器润滑油 | （15） |
| 工作页 2-5 | 拆装万向传动装置 | （17） |
| 工作页 2-6 | 拆装驱动桥 | （19） |
| 工作页 2-7 | 更换驱动桥润滑油 | （21） |
| 工作页 3-1 | 调整前轮前束 | （23） |
| 工作页 3-2 | 车轮总成动平衡 | （25） |
| 工作页 3-3 | 拆装轮胎 | （27） |
| 工作页 3-4 | 轮胎换位 | （29） |
| 工作页 4-1 | 拆装齿轮齿条式转向器 | （31） |
| 工作页 4-2 | 拆装循环球式转向器 | （33） |
| 工作页 5-1 | 拆装盘式车轮制动器并检查 | （35） |
| 工作页 5-2 | 拆装鼓式车轮制动器并检查 | （37） |
| 工作页 5-3 | 调整驻车制动器 | （39） |
| 工作页 5-4 | 液压式制动系统排空气 | （41） |

# 工作页 1-1　认识汽车底盘

| 任 务 名 称 | 认识汽车底盘 |
|---|---|
| 日　　期 | |
| 第＿＿小组成员 | |

## 一、收集信息

[引导问题]

1. 汽车传动系统的布置形式有_____。
2. 实训轿车传动系统的布置形式是_____。
3. 汽车悬架的类型有_____，实训轿车悬架的类型是_____。
4. 汽车转向系统的类型有_____，实训轿车转向系统的类型是_____。
5. 汽车制动系统的类型有_____，实训轿车制动系统的类型是_____。

[查阅资料]

1. 汽车底盘的发展方向：
_____
_____
_____

2. 企业 6S 管理的内容是什么：
_____
_____
_____

## 二、计划组织

| 小 组 组 别 | |
|---|---|
| 设备工具 | 轿车、_____<br>_____ |
| 组织安排 | 一组二人：A 操作，B 观察及记录 |
| 准备工作 | 检查安全环保措施、熟悉布置工作场景 |

## 三、任务实施

| 作业内容 | 质量要求 | 完成情况 |
|---|---|---|
| 查找轿车的传动系统 | | □完成　□未完成 |
| 查找轿车的行驶系统 | | □完成　□未完成 |
| 查找轿车的转向系统 | | □完成　□未完成 |
| 查找轿车的制动系统 | | □完成　□未完成 |

### 四、评价反思

在教师的指导下,反思自己的工作方式和工作质量。

| 项　目 | 评价指标 | 自　评 | 互　评 |
|---|---|---|---|
| 专业技能 | 查找轿车底盘四大系统 | □合格　□不合格 | □合格　□不合格 |
| | 按照质量要求完成作业内容 | □合格　□不合格 | □合格　□不合格 |
| | 完整填写工作页 | □合格　□不合格 | □合格　□不合格 |
| 工作态度 | 着装规范,符合职业要求 | □合格　□不合格 | □合格　□不合格 |
| | 正确查阅维修资料和学习材料 | □合格　□不合格 | □合格　□不合格 |
| | 分工明确,配合默契 | □合格　□不合格 | □合格　□不合格 |
| 个人反思 | | 完成任务的安全、质量、时间和6S要求,是否达到最佳程度,请提出个人改进建议 | |
| 教师评价 | 教师签字　　　　　　　年　月　日 | 成绩　　　　　　　□合格　　□不合格 | |

# 工作页 1-2　举升汽车

| 任 务 名 称 | 举升汽车 |
|---|---|
| 日　　期 | |
| 第___小组成员 | |

## 一、收集信息

[引导问题]

1. 学校实训室举升机的型号：
_____
_____

2. 举升机的安全操作规程：
_____
_____
_____

[查阅资料]

举升机的类型：
_____
_____
_____

## 二、计划组织

| 小 组 组 别 | |
|---|---|
| 设备工具 | 汽车、举升机_____ |
| 组织安排 | 一组二人：A 操作，B 观察及记录 |
| 准备工作 | 检查安全环保措施、熟悉布置工作场景 |

## 三、任务实施

| 作 业 内 容 | | 质 量 要 求 | 完 成 情 况 |
|---|---|---|---|
| 准备 | 清点工具、清理工位 | | □完成　□未完成 |
| 调整 | 支角胶垫接触底盘支撑部位 | | □完成　□未完成 |
| 举升 | 举升汽车 | | □完成　□未完成 |
| 检查 | 检查汽车支撑稳定情况 | | □完成　□未完成 |
| 再次举升 | 再次举升汽车到所需高度 | | □完成　□未完成 |
| 去保险 | 拉出保险锁销 | | □完成　□未完成 |
| 降落 | 降落汽车 | | □完成　□未完成 |
| 结束 | 工具清洁归位、工作场地清洁 | | □完成　□未完成 |

## 四、评价反思

在教师的指导下，反思自己的工作方式和工作质量。

| 项 目 | 评 价 指 标 | 自　评 | 互　评 |
|---|---|---|---|
| 专业技能 | 举升汽车 | □合格　□不合格 | □合格　□不合格 |
| | 按照质量要求完成作业内容 | □合格　□不合格 | □合格　□不合格 |
| | 完整填写工作页 | □合格　□不合格 | □合格　□不合格 |
| 工作态度 | 着装规范，符合职业要求 | □合格　□不合格 | □合格　□不合格 |
| | 正确查阅维修资料和学习材料 | □合格　□不合格 | □合格　□不合格 |
| | 分工明确，配合默契 | □合格　□不合格 | □合格　□不合格 |
| 个人反思 | | | 完成任务的安全、质量、时间和 6S 要求，是否达到最佳程度，请提出个人改进建议 |
| 教师评价 | 教师签字<br><br>年　月　日 | 成绩 | |
| | | □合格　　□不合格 | |

# 工作页 1-3　更换备胎

| 任 务 名 称 | 更换备胎 |
|---|---|
| 日　期 | |
| 第___小组成员 | |

## 一、收集信息

[引导问题]

1. 学校实训室千斤顶的型号：
___
___

2. 千斤顶的使用步骤：
___
___
___

[查阅资料]

千斤顶使用的注意事项：
___
___
___

## 二、计划组织

| 小 组 组 别 | |
|---|---|
| 设备工具 | 汽车、轮胎套筒、千斤顶 |
| 组织安排 | 一组二人：A 操作，B 观察及记录 |
| 准备工作 | 检查安全环保措施、熟悉布置工作场景 |

## 三、任务实施

| | 作业内容 | 质量要求 | 完成情况 |
|---|---|---|---|
| 准备 | 清点工具、清理工位 | | □完成　□未完成 |
| 拆卸 | 拧松轮胎所有的紧固螺母 | | □完成　□未完成 |
| | 举升汽车，拧下所有的紧固螺母，取下车轮总成 | | □完成　□未完成 |
| 检查 | 检查备胎 | | □完成　□未完成 |
| 安装 | 预紧轮胎所有的紧固螺母 | | □完成　□未完成 |
| | 轮胎落地，拧紧轮胎所有的紧固螺母 | | □完成　□未完成 |
| 结束 | 工具清洁归位、工作场地清洁 | | □完成　□未完成 |

## 四、评价反思

在教师的指导下，反思自己的工作方式和工作质量。

| 项　目 | 评价指标 | 自　评 | 互　评 |
|---|---|---|---|
| 专业技能 | 更换备胎 | □合格　□不合格 | □合格　□不合格 |
| 专业技能 | 按照质量要求完成作业内容 | □合格　□不合格 | □合格　□不合格 |
| 专业技能 | 完整填写工作页 | □合格　□不合格 | □合格　□不合格 |
| 工作态度 | 着装规范，符合职业要求 | □合格　□不合格 | □合格　□不合格 |
| 工作态度 | 正确查阅维修资料和学习材料 | □合格　□不合格 | □合格　□不合格 |
| 工作态度 | 分工明确，配合默契 | □合格　□不合格 | □合格　□不合格 |
| 个人反思 | | 完成任务的安全、质量、时间和6S要求，是否达到最佳程度，请提出个人改进建议 | |
| 教师评价 | 教师签字　　　　　年　月　日 | 成绩 | □合格　　□不合格 |

# 工作页 1-4　使用四轮定位仪

| 任 务 名 称 | 使用四轮定位仪 |
|---|---|
| 日　　期 | |
| 第___小组成员 | |

## 一、收集信息

[引导问题]

1. 四轮定位分为_____和_____。
2. 学校实训室四轮定位仪的型号：

_____
_____

3. 学校实训室四轮定位仪的使用步骤：

_____
_____
_____

[查阅资料]

前轮定位参数：

_____
_____
_____

## 二、计划组织

| 小 组 组 别 | |
|---|---|
| 设备工具 | 汽车、举升机、四轮定位仪、_____<br>_____ |
| 组织安排 | 一组二人：A 操作，B 观察及记录 |
| 准备工作 | 检查安全环保措施、熟悉布置工作场景 |

## 三、任务实施

| | 作业内容 | 质量要求 | 完成情况 |
|---|---|---|---|
| 准备 | 清点工具、清理工位 | | □完成　□未完成 |
| 车辆到位 | 将汽车开到四轮定位工位上 | | □完成　□未完成 |
| 安装 | 安装后轮轮胎防滑器 | | □完成　□未完成 |
| 举升汽车 | 举升汽车到方便操作的高度 | | □完成　□未完成 |
| 安装 | 安装靶标 | | □完成　□未完成 |
| 固定 | 将方向固定在水平位置 | | □完成　□未完成 |
| 开机 | 开机进入"TSL"操作系统 | | |

(续)

| 作业内容 | | 质量要求 | 完成情况 |
|---|---|---|---|
| 检测前轮 | 检测前轮定位参数 | | |
| 检测后轮 | 检测后轮定位参数 | | |
| 保存 | 保存检测数据 | | |
| 结束 | 工具清洁归位、工作场地清洁 | | □完成　□未完成 |

## 四、评价反思

在教师的指导下，反思自己的工作方式和工作质量。

| 项　　目 | 评价指标 | 自　评 | 互　评 |
|---|---|---|---|
| 专业技能 | 使用四轮定位仪 | □合格　□不合格 | □合格　□不合格 |
| | 按照质量要求完成作业内容 | □合格　□不合格 | □合格　□不合格 |
| | 完整填写工作页 | □合格　□不合格 | □合格　□不合格 |
| 工作态度 | 着装规范，符合职业要求 | □合格　□不合格 | □合格　□不合格 |
| | 正确查阅维修资料和学习材料 | □合格　□不合格 | □合格　□不合格 |
| | 分工明确，配合默契 | □合格　□不合格 | □合格　□不合格 |
| 个人反思 | | 完成任务的安全、质量、时间和 6S 要求，是否达到最佳程度，请提出个人改进建议 | |
| 教师评价 | 教师签字<br><br>年　月　日 | 成绩 | |
| | | □合格　□不合格 | |

# 工作页 2-1  拆装离合器

| 任 务 名 称 | 拆装离合器 |
|---|---|
| 日　　期 | |
| 第___小组成员 | |

## 一、收集信息

[引导问题]

1. 离合器的类型有 _____。
2. 学校实训汽车离合器的类型是 _____。

[查阅资料]

1. 自动离合器的工作原理：
   _____
   _____
   _____

2. 离合器摩擦片的材质：
   _____
   _____
   _____

## 二、计划组织

| 小 组 组 别 | |
|---|---|
| 设备工具 | 汽车、举升机、_____ |
| 组织安排 | 一组二人：A 操作，B 观察及记录 |
| 准备工作 | 检查安全环保措施、熟悉布置工作场景 |

## 三、任务实施

| 作 业 内 容 | 质 量 要 求 | 完 成 情 况 |
|---|---|---|
| 准备 | 清点工具、清理工位 | □完成　□未完成 |
| 举升汽车 | | □完成　□未完成 |
| 从车上拆下离合器 | | □完成　□未完成 |
| 检查离合器 | | □完成　□未完成 |
| 安装离合器到车上 | | □完成　□未完成 |
| 结束 | 工具清洁归位、工作场地清洁 | □完成　□未完成 |

## 四、评价反思

在教师的指导下，反思自己的工作方式和工作质量。

| 项　目 | 评价指标 | 自　评 | 互　评 |
|---|---|---|---|
| 专业技能 | 拆装离合器 | □合格　□不合格 | □合格　□不合格 |
| | 按照质量要求完成作业内容 | □合格　□不合格 | □合格　□不合格 |
| | 完整填写工作页 | □合格　□不合格 | □合格　□不合格 |
| 工作态度 | 着装规范，符合职业要求 | □合格　□不合格 | □合格　□不合格 |
| | 正确查阅维修资料和学习材料 | □合格　□不合格 | □合格　□不合格 |
| | 分工明确，配合默契 | □合格　□不合格 | □合格　□不合格 |
| 个人反思 | | 完成任务的安全、质量、时间和6S要求，是否达到最佳程度，请提出个人改进建议 | |
| 教师评价 | 教师签字<br><br>年　月　日 | 成绩<br><br>□合格　　□不合格 | |

# 工作页 2-2　调整离合器

| 任 务 名 称 | 调整离合器 |
|---|---|
| 日　　期 | |
| 第＿＿小组成员 | |

## 一、收集信息
[引导问题]
1. 离合器操纵机构的类型有＿＿＿＿＿＿＿＿＿＿＿＿＿＿＿＿＿＿＿＿＿＿＿＿＿。
2. 学校实训汽车离合器操纵机构的类型是＿＿＿＿＿＿＿＿＿＿＿＿。

[查阅资料]
离合器气压助力式液压操纵机构的工作过程：
_____
_____
_____
_____

## 二、计划组织

| 小 组 组 别 | |
|---|---|
| 设备工具 | 汽车、举升机、＿＿＿＿＿＿＿＿＿＿＿＿＿＿＿＿＿＿＿＿＿＿ |
| 组织安排 | 一组二人：A 操作，B 观察及记录 |
| 准备工作 | 检查安全环保措施、熟悉布置工作场景 |

## 三、任务实施

| 作 业 内 容 | 质 量 要 求 | 完 成 情 况 |
|---|---|---|
| 准备 | 清点工具、清理工位 | □完成　□未完成 |
| 测量离合器踏板的高度 | | □完成　□未完成 |
| 调整离合器踏板的高度 | | □完成　□未完成 |
| 结束 | 工具清洁归位、工作场地清洁 | □完成　□未完成 |

## 四、评价反思
在教师的指导下，反思自己的工作方式和工作质量。

| 项　　目 | 评 价 指 标 | 自　　评 | 互　　评 |
|---|---|---|---|
| 专业技能 | 离合器的调整 | □合格　□不合格 | □合格　□不合格 |
| | 按照质量要求完成作业内容 | □合格　□不合格 | □合格　□不合格 |
| | 完整填写工作页 | □合格　□不合格 | □合格　□不合格 |

（续）

| 项 目 | 评 价 指 标 | 自 评 | | 互 评 | |
|---|---|---|---|---|---|
| 工作态度 | 着装规范，符合职业要求 | □合格 | □不合格 | □合格 | □不合格 |
| | 正确查阅维修资料和学习材料 | □合格 | □不合格 | □合格 | □不合格 |
| | 分工明确，配合默契 | □合格 | □不合格 | □合格 | □不合格 |
| 个人反思 | | 完成任务的安全、质量、时间和6S要求，是否达到最佳程度，请提出个人改进建议 | | | |
| 教师评价 | 教师签字<br><br>年 月 日 | 成绩 | | | |
| | | □合格　　□不合格 | | | |

# 工作页 2-3  拆装手动变速器

| 任 务 名 称 | 拆装手动变速器 |
|---|---|
| 日　期 | |
| 第＿＿小组成员 | |

## 一、收集信息

[引导问题]

1. 变速器按所用轴的数目不同分为_____。
2. 惯性式同步器按结构不同可分为_____。
3. 简述手动变速器的拆装步骤：

_____
_____
_____
_____

4. 画出实训变速器的档位路线图：









[查阅资料]

双离合变速器（DSG）工作原理：

_____
_____
_____

## 二、计划组织

| 小 组 组 别 | |
|---|---|
| 设备工具 | 手动变速器、_____ |
| 组织安排 | 一组二人：A 操作，B 观察及记录 |
| 准备工作 | 检查安全环保措施、熟悉布置工作场景 |

### 三、任务实施

| | 作业内容 | 质量要求 | 完成情况 |
|---|---|---|---|
| 准备 | 清点工具、清理工位 | | □完成 □未完成 |
| 拆卸 | 拆卸手动变速器总成 | | □完成 □未完成 |
| 清洗检查 | 清洗变速器各零部件 | | □完成 □未完成 |
| 安装 | 安装变速器总成 | | □完成 □未完成 |
| 结束 | 工具清洁归位、工作场地清洁 | | □完成 □未完成 |

### 四、评价反思

在教师的指导下，反思自己的工作方式和工作质量。

| 项　目 | 评价指标 | 自　评 | 互　评 |
|---|---|---|---|
| 专业技能 | 拆装手动变速器 | □合格　□不合格 | □合格　□不合格 |
| | 按照质量要求完成作业内容 | □合格　□不合格 | □合格　□不合格 |
| | 完整填写工作页 | □合格　□不合格 | □合格　□不合格 |
| 工作态度 | 着装规范，符合职业要求 | □合格　□不合格 | □合格　□不合格 |
| | 正确查阅维修资料和学习材料 | □合格　□不合格 | □合格　□不合格 |
| | 分工明确，配合默契 | □合格　□不合格 | □合格　□不合格 |
| 个人反思 | | 完成任务的安全、质量、时间和6S要求，是否达到最佳程度，请提出个人改进建议 | |
| 教师评价 | 教师签字<br><br>年　月　日 | 成绩<br><br>□合格　□不合格 | |

# 工作页 2-4　更换变速器润滑油

| 任 务 名 称 | 更换变速器润滑油 |
|---|---|
| 日　　期 | |
| 第＿＿小组成员 | |

## 一、收集信息

[引导问题]

1. 学校实训室变速器润滑油的型号是＿＿＿＿＿＿＿＿＿＿＿＿＿＿＿＿＿＿＿。
2. 更换变速器润滑油的步骤：

＿＿＿＿＿＿＿＿＿＿＿＿＿＿＿＿＿＿＿＿＿＿＿＿＿＿＿＿＿＿＿＿＿＿＿＿＿＿＿＿
＿＿＿＿＿＿＿＿＿＿＿＿＿＿＿＿＿＿＿＿＿＿＿＿＿＿＿＿＿＿＿＿＿＿＿＿＿＿＿＿
＿＿＿＿＿＿＿＿＿＿＿＿＿＿＿＿＿＿＿＿＿＿＿＿＿＿＿＿＿＿＿＿＿＿＿＿＿＿＿＿

[查阅资料]

根据 GB/T 28767—2012《车辆齿轮油分类》，简述车辆齿轮油分类：

＿＿＿＿＿＿＿＿＿＿＿＿＿＿＿＿＿＿＿＿＿＿＿＿＿＿＿＿＿＿＿＿＿＿＿＿＿＿＿＿

## 二、计划组织

| 小 组 组 别 | |
|---|---|
| 设备工具 | 汽车、举升机、＿＿＿＿＿＿＿＿＿＿＿＿＿＿＿＿＿＿＿＿＿＿＿ |
| 组织安排 | 一组二人：A 操作，B 观察及记录 |
| 准备工作 | 检查安全环保措施、熟悉布置工作场景 |

## 三、任务实施

| | 作业内容 | 质量要求 | 完成情况 |
|---|---|---|---|
| 准备 | 清点工具、清理工位 | | □完成　□未完成 |
| 排放 | 旧变速器润滑油 | | □完成　□未完成 |
| 加注 | 新变速器润滑油 | | □完成　□未完成 |
| 结束 | 工具清洁归位、工作场地清洁 | | □完成　□未完成 |

## 四、评价反思

在教师的指导下，反思自己的工作方式和工作质量。

| 项　目 | 评 价 指 标 | 自　评 | 互　评 |
|---|---|---|---|
| 专业技能 | 更换变速器润滑油 | □合格　□不合格 | □合格　□不合格 |
| | 按照质量要求完成作业内容 | □合格　□不合格 | □合格　□不合格 |
| | 完整填写工作页 | □合格　□不合格 | □合格　□不合格 |

（续）

| 项　目 | 评价指标 | 自　评 | 互　评 |
|---|---|---|---|
| 工作态度 | 着装规范，符合职业要求 | □合格　□不合格 | □合格　□不合格 |
| | 正确查阅维修资料和学习材料 | □合格　□不合格 | □合格　□不合格 |
| | 分工明确，配合默契 | □合格　□不合格 | □合格　□不合格 |
| 个人反思 | | 完成任务的安全、质量、时间和 6S 要求，是否达到最佳程度，请提出个人改进建议 | |
| 教师评价 | 教师签字<br><br>年　月　日 | 成绩 | |
| | | □合格　　□不合格 | |

# 工作页 2-5　拆装万向传动装置

| 任 务 名 称 | 拆装万向传动装置 |
|---|---|
| 日　　期 | |
| 第___小组成员 | |

## 一、收集信息
[引导问题]
1. 常见的万向节类型有_____。
2. 学校实训汽车所采用的万向节类型是_____。
3. 拆装万向传动装置的步骤：

_____
_____
_____

[查阅资料]
十字轴式万向节实现两轴间等角速传动的措施：

_____
_____

## 二、计划组织

| 小 组 组 别 | |
|---|---|
| 设备工具 | 汽车、万向节、_____<br>_____ |
| 组织安排 | 一组二人：A 操作，B 观察及记录 |
| 准备工作 | 检查安全环保措施、熟悉布置工作场景 |

## 三、任务实施

| | 作 业 内 容 | 质 量 要 求 | 完 成 情 况 |
|---|---|---|---|
| 准备 | 清点工具、清理工位 | | □完成　□未完成 |
| 拆卸 | 万向节从车上拆下 | | □完成　□未完成 |
| | 分解万向节 | | □完成　□未完成 |
| 清洗检查 | 清洗万向节各零部件并检查 | | □完成　□未完成 |
| 安装 | 组装万向节 | | □完成　□未完成 |
| | 安装万向节到车上 | | □完成　□未完成 |
| 结束 | 工具清洁归位、工作场地清洁 | | □完成　□未完成 |

## 四、评价反思
在教师的指导下，反思自己的工作方式和工作质量。

| 项　目 | 评　价　指　标 | 自　评 | | 互　评 | |
|---|---|---|---|---|---|
| 专业技能 | 拆装万向传动装置 | □合格 | □不合格 | □合格 | □不合格 |
| | 按照质量要求完成作业内容 | □合格 | □不合格 | □合格 | □不合格 |
| | 完整填写工作页 | □合格 | □不合格 | □合格 | □不合格 |
| 工作态度 | 着装规范，符合职业要求 | □合格 | □不合格 | □合格 | □不合格 |
| | 正确查阅维修资料和学习材料 | □合格 | □不合格 | □合格 | □不合格 |
| | 分工明确，配合默契 | □合格 | □不合格 | □合格 | □不合格 |
| 个人反思 | | 完成任务的安全、质量、时间和6S要求，是否达到最佳程度，请提出个人改进建议 | | | |
| 教师评价 | 教师签字<br><br>年　月　日 | 成绩<br><br>□合格　　□不合格 | | | |

# 工作页 2-6　拆装驱动桥

| 任 务 名 称 | 拆装驱动桥 |
|---|---|
| 日　　期 | |
| 第＿＿小组成员 | |

## 一、收集信息

[引导问题]

1. 驱动桥的类型有＿＿＿＿＿＿＿＿＿＿＿＿＿＿＿＿＿＿＿＿＿＿＿＿＿＿＿。
2. 学校实训汽车驱动桥的类型是＿＿＿＿＿＿＿＿＿＿。
3. 拆装驱动桥的步骤：

[查阅资料]

托森差速器工作原理＿＿＿＿＿＿＿＿＿＿＿＿＿＿＿＿＿＿＿＿＿＿＿＿＿＿＿

## 二、计划组织

| 小组组别 | |
|---|---|
| 设备工具 | 汽车、＿＿＿＿＿＿＿＿＿＿＿＿＿＿＿＿＿＿＿＿＿＿＿＿ |
| 组织安排 | 一组二人：A 操作，B 观察及记录 |
| 准备工作 | 检查安全环保措施、熟悉布置工作场景 |

## 三、任务实施

| | 作业内容 | 质量要求 | 完成情况 |
|---|---|---|---|
| 准备 | 清点工具、清理工位 | | □完成　□未完成 |
| 拆卸 | 从车上拆下驱动桥 | | □完成　□未完成 |
| | 分解驱动桥总成 | | □完成　□未完成 |
| 清洗检查 | 清洗驱动桥各零部件并检查 | | □完成　□未完成 |
| 安装 | 组装驱动桥总成 | | □完成　□未完成 |
| | 安装驱动桥到车上 | | □完成　□未完成 |
| 结束 | 工具清洁归位、工作场地清洁 | | □完成　□未完成 |

## 四、评价反思

在教师的指导下，反思自己的工作方式和工作质量。

| 项 目 | 评 价 指 标 | 自 评 | | 互 评 | |
|---|---|---|---|---|---|
| 专业技能 | 拆装驱动桥 | □合格 | □不合格 | □合格 | □不合格 |
| | 按照质量要求完成作业内容 | □合格 | □不合格 | □合格 | □不合格 |
| | 完整填写工作页 | □合格 | □不合格 | □合格 | □不合格 |
| 工作态度 | 着装规范，符合职业要求 | □合格 | □不合格 | □合格 | □不合格 |
| | 正确查阅维修资料和学习材料 | □合格 | □不合格 | □合格 | □不合格 |
| | 分工明确，配合默契 | □合格 | □不合格 | □合格 | □不合格 |
| 个人反思 | | 完成任务的安全、质量、时间和6S要求，是否达到最佳程度，请提出个人改进建议 | | | |
| 教师评价 | 教师签字<br><br>年 月 日 | 成绩 | | | |
| | | □合格 □不合格 | | | |

# 工作页 2-7　更换驱动桥润滑油

| 任 务 名 称 | 更换驱动桥润滑油 |
|---|---|
| 日　　期 | |
| 第___小组成员 | |

## 一、收集信息
［引导问题］
1. 学校实训室驱动桥润滑油的型号是_____。
2. 驱动桥润滑油一般_____万 km 或_____年左右更换一次。
3. 更换驱动桥润滑油的步骤：

_____
_____

［查阅资料］
1. 驱动桥润滑油如何选择？

_____

2. 排放驱动桥润滑油时，为什么要拆下加油螺塞？

_____

## 二、计划组织

| 小 组 组 别 | |
|---|---|
| 设备工具 | 汽车、汽车底盘拆装工具、_____ _____ |
| 组织安排 | 一组二人：A 操作，B 观察及记录 |
| 准备工作 | 检查安全环保措施、熟悉布置工作场景 |

## 三、任务实施

| 作 业 内 容 | | 质 量 要 求 | 完 成 情 况 |
|---|---|---|---|
| 准备 | 清点工具、清理工位 | | □完成　□未完成 |
| 排放 | 旧驱动桥润滑油 | | □完成　□未完成 |
| 加注 | 新驱动桥润滑油 | | □完成　□未完成 |
| 结束 | 工具清洁归位、工作场地清洁 | | □完成　□未完成 |

## 四、评价反思
在教师的指导下，反思自己的工作方式和工作质量。

| 项　　目 | 评 价 指 标 | 自　　评 | | 互　　评 | |
|---|---|---|---|---|---|
| 专业技能 | 更换驱动桥润滑油 | □合格 | □不合格 | □合格 | □不合格 |
| | 按照质量要求完成作业内容 | □合格 | □不合格 | □合格 | □不合格 |
| | 完整填写工作页 | □合格 | □不合格 | □合格 | □不合格 |
| 工作态度 | 着装规范，符合职业要求 | □合格 | □不合格 | □合格 | □不合格 |
| | 正确查阅维修资料和学习材料 | □合格 | □不合格 | □合格 | □不合格 |
| | 分工明确，配合默契 | □合格 | □不合格 | □合格 | □不合格 |
| 个人反思 | | 完成任务的安全、质量、时间和6S要求，是否达到最佳程度，请提出个人改进建议 | | | |
| 教师评价 | 教师签字<br><br>年　月　日 | 成绩 | | | |
| | | □合格　　□不合格 | | | |

# 工作页 3-1  调整前轮前束

| 任 务 名 称 | 调整前轮前束 |
|---|---|
| 日　　期 | |
| 第___小组成员 | |

## 一、收集信息

[引导问题]

前轮前束的调整步骤：

_____

_____

_____

[查阅资料]

前轮前束值有哪三种情况？各自有何特点？

_____

_____

_____

## 二、计划组织

| 小 组 组 别 | |
|---|---|
| 设备工具 | 汽车、举升机、钢卷尺、管钳、_____<br>_____ |
| 组织安排 | 一组三人：A、B 操作，C 观察及记录 |
| 准备工作 | 检查安全环保措施、熟悉布置工作场景 |

## 三、任务实施

| | 作 业 内 容 | 质 量 要 求 | 完 成 情 况 |
|---|---|---|---|
| 准备 | 清点工具、清理工位 | | □完成　□未完成 |
| 检查 | 检查轮胎气压是否符合要求以及转向机构、轮毂轴承预紧度及各拉杆连接的间隙是否正常 | | □完成　□未完成 |
| 举升 | 举升汽车至方便调整的高度 | | □完成　□未完成 |
| 测量 | 两轮胎内侧轮辋外边缘测量距离（前面） | | □完成　□未完成 |
| 旋转 | 两前轮旋转 180° | | □完成　□未完成 |
| 测量 | 两轮胎内侧轮辋外边缘测量距离（后面） | | □完成　□未完成 |
| 调整 | 松开锁紧螺栓调整 | | □完成　□未完成 |

（续）

| 作业内容 | | 质量要求 | 完 成 情 况 |
|---|---|---|---|
| 再次测量距离 | 再次测量距离，调整到符合要求为止 | | □完成　□未完成 |
| 结束 | 工具清洁归位、工作场地清洁 | | □完成　□未完成 |

## 四、评价反思

在教师的指导下，反思自己的工作方式和工作质量。

| 项　　目 | 评价指标 | 自　　评 | 互　　评 |
|---|---|---|---|
| 专业技能 | 调整前轮前束 | □合格　□不合格 | □合格　□不合格 |
| | 按照质量要求完成作业内容 | □合格　□不合格 | □合格　□不合格 |
| | 完整填写工作页 | □合格　□不合格 | □合格　□不合格 |
| 工作态度 | 着装规范，符合职业要求 | □合格　□不合格 | □合格　□不合格 |
| | 正确查阅维修资料和学习材料 | □合格　□不合格 | □合格　□不合格 |
| | 分工明确，配合默契 | □合格　□不合格 | □合格　□不合格 |
| 个人反思 | | 完成任务的安全、质量、时间和6S要求，是否达到最佳程度，请提出个人改进建议 | |
| 教师评价 | 教师签字<br><br>年　月　日 | 成绩<br><br>□合格　□不合格 | |

# 工作页 3-2　车轮总成动平衡

| 任 务 名 称 | 车轮总成动平衡 |
|---|---|
| 日　　期 | |
| 第＿＿小组成员 | |

## 一、收集信息

[引导问题]

1. 写出图中各部分的名称。

2. 学校实训室轮胎动平衡机的型号是＿＿＿＿＿＿＿＿＿＿＿＿＿＿。
3. 学校实训室轮胎动平衡机的使用步骤：

_____
_____
_____

[查阅资料]

1. 车轮平衡块的种类。

_____

2. 汽车轮胎压力监测系统。

_____
_____

## 二、计划组织

| 小 组 组 别 | |
|---|---|
| 设备工具 | 车轮总成、轮胎动平衡机、＿＿＿＿＿＿＿＿＿＿＿＿＿＿＿＿＿＿＿＿＿＿ |
| 组织安排 | 一组二人：A 操作，B 观察及记录 |
| 准备工作 | 检查安全环保措施、熟悉布置工作场景 |

25

### 三、任务实施

| | 作业内容 | 质量要求 | 完成情况 |
|---|---|---|---|
| 准备 | 清点工具、清理工位 | | □完成　□未完成 |
| 拆卸 | 拆卸旧的平衡块 | | □完成　□未完成 |
| 检测 | 检测不平衡位置 | | □完成　□未完成 |
| 安装 | 安装新的平衡块 | | □完成　□未完成 |
| 结束 | 工具清洁归位、工作场地清洁 | | □完成　□未完成 |

### 四、评价反思

在教师的指导下，反思自己的工作方式和工作质量。

| 项目 | 评价指标 | 自 评 | 互 评 |
|---|---|---|---|
| 专业技能 | 车轮总成动平衡 | □合格　□不合格 | □合格　□不合格 |
| | 按照质量要求完成作业内容 | □合格　□不合格 | □合格　□不合格 |
| | 完整填写工作页 | □合格　□不合格 | □合格　□不合格 |
| 工作态度 | 着装规范，符合职业要求 | □合格　□不合格 | □合格　□不合格 |
| | 正确查阅维修资料和学习材料 | □合格　□不合格 | □合格　□不合格 |
| | 分工明确，配合默契 | □合格　□不合格 | □合格　□不合格 |
| 个人反思 | | 完成任务的安全、质量、时间和6S要求，是否达到最佳程度，请提出个人改进建议 | |
| 教师评价 | 教师签字　　　　　年　月　日 | 成绩　　　　　□合格　□不合格 | |

## 工作页 3-3  拆装轮胎

| 任务名称 | 拆装轮胎 |
|---|---|
| 日　　期 |  |
| 第___小组成员 |  |

### 一、收集信息
[引导问题]
1. 学校实训室轮胎拆装机的型号是_____。
2. 学校实训室轮胎拆装机的使用步骤：

_____

_____

_____

[查阅资料]
防爆轮胎（RFT 轮胎）：

_____

_____

_____

### 二、计划组织

| 小组组别 |  |
|---|---|
| 设备工具 | 车轮总成、轮胎拆装机、_____ |
| 组织安排 | 一组二人：A 操作，B 观察及记录 |
| 准备工作 | 检查安全环保措施、熟悉布置工作场景 |

### 三、任务实施

|  | 作业内容 | 质量要求 | 完成情况 |
|---|---|---|---|
| 准备 | 清点工具、清理工位 |  | □完成　□未完成 |
| 拆卸 | 拆卸车轮总成 |  | □完成　□未完成 |
| 检查 | 检查车轮总成各零部件 |  | □完成　□未完成 |
| 安装 | 安装车轮总成各零部件 |  | □完成　□未完成 |
| 结束 | 工具清洁归位、工作场地清洁 |  | □完成　□未完成 |

### 四、评价反思
在教师的指导下，反思自己的工作方式和工作质量。

| 项 目 | 评价指标 | 自 评 | | 互 评 | |
|---|---|---|---|---|---|
| 专业技能 | 拆装轮胎 | □合格 | □不合格 | □合格 | □不合格 |
| | 按照质量要求完成作业内容 | □合格 | □不合格 | □合格 | □不合格 |
| | 完整填写工作页 | □合格 | □不合格 | □合格 | □不合格 |
| 工作态度 | 着装规范，符合职业要求 | □合格 | □不合格 | □合格 | □不合格 |
| | 正确查阅维修资料和学习材料 | □合格 | □不合格 | □合格 | □不合格 |
| | 分工明确，配合默契 | □合格 | □不合格 | □合格 | □不合格 |
| 个人反思 | | 完成任务的安全、质量、时间和6S要求，是否达到最佳程度，请提出个人改进建议 | | | |
| 教师评价 | 教师签字<br><br>年　月　日 | 成绩 | | | |
| | | □合格　　□不合格 | | | |

# 工作页 3-4　轮胎换位

| 任 务 名 称 | 轮胎换位 |
|---|---|
| 日　　　期 | |
| 第＿＿小组成员 | |

## 一、收集信息

[引导问题]

1. 轮胎换位的方法有＿＿＿＿＿＿＿＿＿＿＿＿＿＿＿＿＿＿＿＿。
2. 学校实训汽车轮胎的换位方法是＿＿＿＿＿＿＿＿＿＿＿＿。

[查阅资料]

子午线轮胎的换位方法：

_____

_____

_____

## 二、计划组织

| 小组组别 | |
|---|---|
| 设备工具 | 汽车、举升机、轮胎拆装工具、＿＿＿＿＿＿＿＿＿＿＿＿＿＿＿＿＿＿ |
| 组织安排 | 一组二人：A 操作，B 观察及记录 |
| 准备工作 | 检查安全环保措施、熟悉布置工作场景 |

## 三、任务实施

| | 作业内容 | 质量要求 | 完成情况 |
|---|---|---|---|
| 准备 | 清点工具、清理工位 | | □完成　□未完成 |
| 拆卸 | 拆卸轮胎 | | □完成　□未完成 |
| 检查 | 检查轮胎 | | □完成　□未完成 |
| 安装 | 轮胎换位安装 | | □完成　□未完成 |
| 结束 | 工具清洁归位、工作场地清洁 | | □完成　□未完成 |

## 四、评价反思

在教师的指导下，反思自己的工作方式和工作质量。

| 项　　目 | 评价指标 | 自　　评 | 互　　评 |
|---|---|---|---|
| 专业技能 | 轮胎换位 | □合格　□不合格 | □合格　□不合格 |
| | 按照质量要求完成作业内容 | □合格　□不合格 | □合格　□不合格 |
| | 完整填写工作页 | □合格　□不合格 | □合格　□不合格 |

(续)

| 项 目 | 评 价 指 标 | 自 评 | 互 评 |
|---|---|---|---|
| 工作态度 | 着装规范，符合职业要求 | □合格　□不合格 | □合格　□不合格 |
| | 正确查阅维修资料和学习材料 | □合格　□不合格 | □合格　□不合格 |
| | 分工明确，配合默契 | □合格　□不合格 | □合格　□不合格 |
| 个人反思 | | 完成任务的安全、质量、时间和6S要求，是否达到最佳程度，请提出个人改进建议 | |
| 教师评价 | 教师签字<br><br>年　月　日 | 成绩 | |
| | | □合格　　□不合格 | |

# 工作页 4-1 拆装齿轮齿条式转向器

| 任 务 名 称 | 拆装齿轮齿条式转向器 |
|---|---|
| 日 期 | |
| 第___小组成员 | |

## 一、收集信息

[引导问题]

1. 转向装置的作用是_____。
2. 转向器的类型有_____。
3. 齿轮齿条式转向器的拆装步骤：

_____
_____
_____

[查阅资料]

如何调整转向齿条和转向齿轮之间的啮合间隙：

_____
_____
_____

## 二、计划组织

| 小 组 组 别 | |
|---|---|
| 设备工具 | 齿轮齿条式转向器、_____ |
| 组织安排 | 一组二人：A 操作，B 观察及记录 |
| 准备工作 | 检查安全环保措施、熟悉布置工作场景 |

## 三、任务实施

| | 作业内容 | 质量要求 | 完成情况 |
|---|---|---|---|
| 准备 | 清点工具、清理工位 | | □完成 □未完成 |
| 拆卸 | 拆卸齿轮齿条式转向器 | | □完成 □未完成 |
| 清洗检查 | 清洗齿轮齿条式转向器各零部件并检查 | | □完成 □未完成 |
| 安装 | 安装齿轮齿条式转向器 | | □完成 □未完成 |
| 结束 | 工具清洁归位、工作场地清洁 | | □完成 □未完成 |

## 四、评价反思

在教师的指导下，反思自己的工作方式和工作质量。

| 项 目 | 评价指标 | 自 评 | | 互 评 | |
|---|---|---|---|---|---|
| 专业技能 | 拆装齿轮齿条式转向器 | □合格 | □不合格 | □合格 | □不合格 |
| | 按照质量要求完成作业内容 | □合格 | □不合格 | □合格 | □不合格 |
| | 完整填写工作页 | □合格 | □不合格 | □合格 | □不合格 |
| 工作态度 | 着装规范，符合职业要求 | □合格 | □不合格 | □合格 | □不合格 |
| | 正确查阅维修资料和学习材料 | □合格 | □不合格 | □合格 | □不合格 |
| | 分工明确，配合默契 | □合格 | □不合格 | □合格 | □不合格 |
| 个人反思 | | 完成任务的安全、质量、时间和6S要求，是否达到最佳程度，请提出个人改进建议 | | | |
| 教师评价 | 教师签字<br><br>年 月 日 | 成绩<br><br>□合格　　□不合格 | | | |

# 工作页 4-2  拆装循环球式转向器

| 任 务 名 称 | 拆装循环球式转向器 |
|---|---|
| 日　　期 | |
| 第＿＿小组成员 | |

## 一、收集信息

[引导问题]

1. 循环球式转向器第一级传动副是＿＿＿＿＿＿＿＿＿＿，第二级传动副是＿＿＿＿＿＿＿＿＿＿。

2. 循环球式转向器的拆装步骤：

_____

_____

_____

[查阅资料]

助力转向系统的工作原理：

_____

_____

_____

## 二、计划组织

| 小 组 组 别 | |
|---|---|
| 设备工具 | 循环球式转向器、＿＿＿＿＿＿＿＿＿＿＿＿＿＿＿＿＿＿＿＿＿＿＿＿＿＿＿＿＿＿＿＿＿ |
| 组织安排 | 一组二人：A 操作，B 观察及记录 |
| 准备工作 | 检查安全环保措施、熟悉布置工作场景 |

## 三、任务实施

| 作业内容 | | 质量要求 | 完成情况 |
|---|---|---|---|
| 准备 | 清点工具、清理工位 | | □完成　□未完成 |
| 拆卸 | 拆卸循环球式转向器 | | □完成　□未完成 |
| 清洗检查 | 清洗循环球式转向器各零部件并检查 | | □完成　□未完成 |
| 安装 | 安装循环球式转向器 | | □完成　□未完成 |
| 结束 | 工具清洁归位、工作场地清洁 | | □完成　□未完成 |

## 四、评价反思

在教师的指导下，反思自己的工作方式和工作质量。

| 项 目 | 评 价 指 标 | 自 评 | | 互 评 | |
|---|---|---|---|---|---|
| 专业技能 | 拆装循环球式转向器 | □合格 | □不合格 | □合格 | □不合格 |
| | 按照质量要求完成作业内容 | □合格 | □不合格 | □合格 | □不合格 |
| | 完整填写工作页 | □合格 | □不合格 | □合格 | □不合格 |
| 工作态度 | 着装规范，符合职业要求 | □合格 | □不合格 | □合格 | □不合格 |
| | 正确查阅维修资料和学习材料 | □合格 | □不合格 | □合格 | □不合格 |
| | 分工明确，配合默契 | □合格 | □不合格 | □合格 | □不合格 |
| 个人反思 | | 完成任务的安全、质量、时间和6S要求，是否达到最佳程度，请提出个人改进建议 | | | |
| 教师评价 | 教师签字<br><br>年　月　日 | 成绩 | | | |
| | | □合格　　□不合格 | | | |

# 工作页 5-1  拆装盘式车轮制动器并检查

| 任 务 名 称 | 拆装盘式车轮制动器并检查 |
|---|---|
| 日 期 | |
| 第___小组成员 | |

## 一、收集信息
[引导问题]
1. 盘式车轮制动器的类型有 _____。
2. 实训汽车盘式车轮制动器的类型是 _____。
3. 写出下列盘式车轮制动器各部分的名称。
1 _____, 2 _____, 3 _____, 4 _____, 5 _____
6 _____, 7 _____, 8 _____, 9 _____, 10 _____

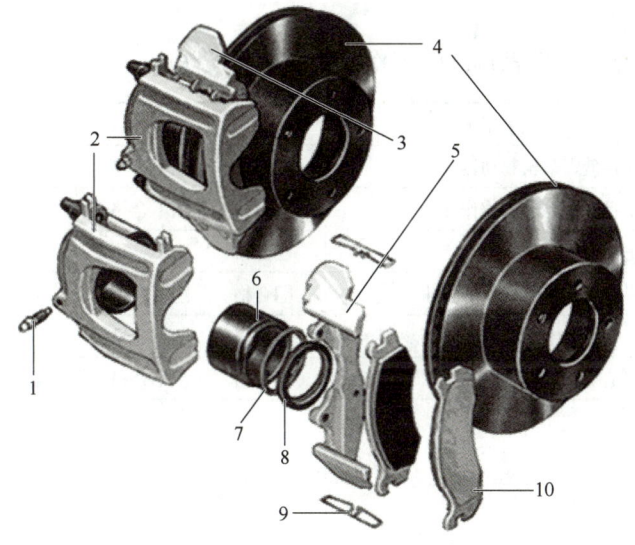

[查阅资料]
汽车制动系统的分类：

_____
_____

## 二、计划组织

| 小 组 组 别 | |
|---|---|
| 设备工具 | 带盘式制动器的汽车、_____ |
| 组织安排 | 一组二人：A 操作，B 观察及记录 |
| 准备工作 | 检查安全环保措施、熟悉布置工作场景 |

35

### 三、任务实施

| | 作业内容 | 质量要求 | 完成情况 |
|---|---|---|---|
| 准备 | 清点工具、清理工位 | | □完成　□未完成 |
| 拆卸 | 车轮 | | □完成　□未完成 |
| | 制动钳壳体 | | □完成　□未完成 |
| | 摩擦片 | | □完成　□未完成 |
| | 制动盘 | | □完成　□未完成 |
| 检查 | 盘式车轮制动器各零件 | | □完成　□未完成 |
| 安装 | 制动盘 | | □完成　□未完成 |
| | 摩擦片 | | □完成　□未完成 |
| | 制动钳壳体 | | □完成　□未完成 |
| | 车轮 | | □完成　□未完成 |
| 结束 | 工具清洁归位、工作场地清洁 | | □完成　□未完成 |

### 四、评价反思

在教师的指导下，反思自己的工作方式和工作质量。

| 项　目 | 评价指标 | 自　评 | 互　评 |
|---|---|---|---|
| 专业技能 | 拆装盘式车轮制动器并检查 | □合格　□不合格 | □合格　□不合格 |
| | 按照质量要求完成作业内容 | □合格　□不合格 | □合格　□不合格 |
| | 完整填写工作页 | □合格　□不合格 | □合格　□不合格 |
| 工作态度 | 着装规范，符合职业要求 | □合格　□不合格 | □合格　□不合格 |
| | 正确查阅维修资料和学习材料 | □合格　□不合格 | □合格　□不合格 |
| | 分工明确，配合默契 | □合格　□不合格 | □合格　□不合格 |
| 个人反思 | | 完成任务的安全、质量、时间和 6S 要求，是否达到最佳程度，请提出个人改进建议 | |
| 教师评价 | 教师签字　　　年　月　日 | 成绩 | |
| | | □合格　□不合格 | |

# 工作页 5-2  拆装鼓式车轮制动器并检查

| 任 务 名 称 | 拆装鼓式车轮制动器并检查 |
|---|---|
| 日　　期 | |
| 第___小组成员 | |

## 一、收集信息
[引导问题]

1. 鼓式车轮制动器的类型有_____。
2. 实训汽车鼓式车轮制动器的类型是_____。
3. 写出下列鼓式车轮制动器各部分的名称。

1 _____, 2 _____, 3 _____, 4 _____, 5 _____

6 _____, 7 _____, 8 _____, 9 _____, 10 _____

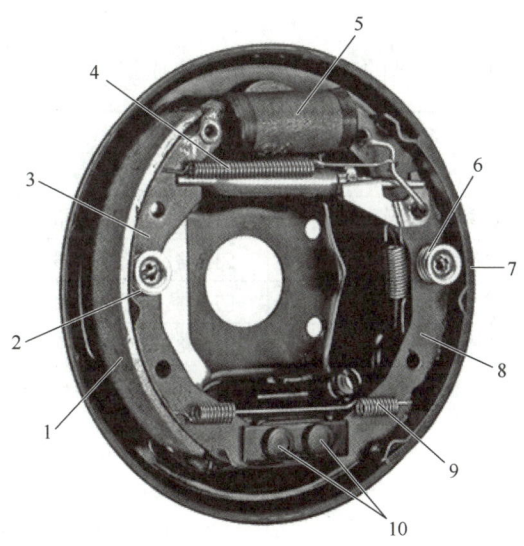

[查阅资料]

摩擦片表面油污如何清除？

_____

_____

## 二、计划组织

| 小 组 组 别 | |
|---|---|
| 设备工具 | 带鼓式制动器的汽车、_____ |
| 组织安排 | 一组二人：A 操作，B 观察及记录 |
| 准备工作 | 检查安全环保措施、熟悉布置工作场景 |

### 三、任务实施

| | 作业内容 | 质量要求 | 完成情况 |
|---|---|---|---|
| 准备 | 清点工具、清理工位 | | □完成 □未完成 |
| 拆卸 | 车轮 | | □完成 □未完成 |
| | 制动鼓 | | □完成 □未完成 |
| | 制动蹄 | | □完成 □未完成 |
| | 制动轮缸 | | □完成 □未完成 |
| 检查 | 鼓式车轮制动器各零件 | | □完成 □未完成 |
| 安装 | 制动轮缸 | | □完成 □未完成 |
| | 制动蹄 | | □完成 □未完成 |
| | 制动鼓 | | □完成 □未完成 |
| | 车轮 | | □完成 □未完成 |
| 结束 | 工具清洁归位、工作场地清洁 | | □完成 □未完成 |

### 四、评价反思

在教师的指导下，反思自己的工作方式和工作质量。

| 项目 | 评价指标 | 自评 | | 互评 | |
|---|---|---|---|---|---|
| 专业技能 | 拆装鼓式车轮制动器并检查 | □合格 | □不合格 | □合格 | □不合格 |
| | 按照质量要求完成作业内容 | □合格 | □不合格 | □合格 | □不合格 |
| | 完整填写工作页 | □合格 | □不合格 | □合格 | □不合格 |
| 工作态度 | 着装规范，符合职业要求 | □合格 | □不合格 | □合格 | □不合格 |
| | 正确查阅维修资料和学习材料 | □合格 | □不合格 | □合格 | □不合格 |
| | 分工明确，配合默契 | □合格 | □不合格 | □合格 | □不合格 |
| 个人反思 | | 完成任务的安全、质量、时间和6S要求，是否达到最佳程度，请提出个人改进建议 | | | |
| 教师评价 | 教师签字<br><br>年 月 日 | 成绩<br><br>□合格 □不合格 | | | |

# 工作页 5-3　调整驻车制动器

| 任 务 名 称 | 调整驻车制动器 |
|---|---|
| 日　　期 | |
| 第＿＿小组成员 | |

## 一、收集信息

[引导问题]

1. 驻车制动器安装位置有＿＿＿＿＿＿＿＿＿＿＿＿＿＿＿＿＿＿＿＿＿＿＿＿＿＿＿。
2. 实训汽车驻车制动器安装位置＿＿＿＿＿＿＿＿＿＿＿＿。
3. 驻车制动器的调整步骤：

_____
_____
_____

[查阅资料]

1. 盘式驻车制动器的工作原理：

_____
_____
_____

2. 混合制动器控制技术：

_____
_____
_____

## 二、计划组织

| 小 组 组 别 | |
|---|---|
| 设备工具 | 汽车、＿＿＿＿＿＿＿＿＿＿＿＿＿＿＿＿＿＿＿＿＿＿＿＿＿＿＿＿＿＿＿＿＿＿＿＿＿＿＿＿＿＿＿＿＿＿＿＿＿ |
| 组织安排 | 一组二人：A 操作，B 观察及记录 |
| 准备工作 | 检查安全环保措施、熟悉布置工作场景 |

## 三、任务实施

| 作业内容 | | 质量要求 | 完成情况 |
|---|---|---|---|
| 准备 | 清点工具、清理工位 | | □完成　□未完成 |
| 举升 | 举升汽车 | | □完成　□未完成 |
| 拉驻车制动器 | 拉驻车制动器操纵杆 2 齿 | | □完成　□未完成 |
| 调整 | 按情况拧转驻车制动器拉索调整螺母 | | □完成　□未完成 |
| 结束 | 工具清洁归位、工作场地清洁 | | □完成　□未完成 |

## 四、评价反思

在教师的指导下，反思自己的工作方式和工作质量。

| 项 目 | 评价指标 | 自 评 | 互 评 |
|---|---|---|---|
| 专业技能 | 调整驻车制动器 | □合格　□不合格 | □合格　□不合格 |
|  | 按照质量要求完成作业内容 | □合格　□不合格 | □合格　□不合格 |
|  | 完整填写工作页 | □合格　□不合格 | □合格　□不合格 |
| 工作态度 | 着装规范，符合职业要求 | □合格　□不合格 | □合格　□不合格 |
|  | 正确查阅维修资料和学习材料 | □合格　□不合格 | □合格　□不合格 |
|  | 分工明确，配合默契 | □合格　□不合格 | □合格　□不合格 |
| 个人反思 |  | 完成任务的安全、质量、时间和 6S 要求，是否达到最佳程度，请提出个人改进建议 ||
| 教师评价 | 教师签字<br><br>年　月　日 | 成绩 ||
|  |  | □合格　　□不合格 ||

# 工作页 5-4　液压式制动系统排空气

| 任 务 名 称 | 液压式制动系统排空气 |
|---|---|
| 日　　期 | |
| 第____小组成员 | |

## 一、收集信息

[引导问题]

1. 实训轿车所用制动液型号是_____。
2. 液压式制动系统排空气的步骤是：

_____
_____
_____
_____

[查阅资料]

1. 根据 GB 12981—2012《机动车辆制动液》，写出合成型制动液型号：_____。
2. 轿车更换制动液的时间是多久？或轿车行驶多少 km 应更换制动液？

_____
_____

## 二、计划组织

| 小 组 组 别 | |
|---|---|
| 设备工具 | 液压制动汽车、_____ |
| 组织安排 | 一组四人：A 负责踩制动踏板，B 负责排空气，C 负责补充制动液，D 观察及记录 |
| 准备工作 | 检查安全环保措施、熟悉布置工作场景 |

## 三、任务实施

| 作业内容 | | 质量要求 | 完成情况 |
|---|---|---|---|
| 准备 | 清点工具、清理工位 | | □完成　□未完成 |
| 举升 | 轿车 | | □完成　□未完成 |
| 踩刹车 | 一人负责踩制动踏板 | | □完成　□未完成 |
| 排空气 | 一人负责排空气 | | □完成　□未完成 |
| 加注制动液 | 一人负责补充制动液 | | □完成　□未完成 |
| 重复 | 以上步骤重复多次 | | □完成　□未完成 |
| 结束 | 工具清洁归位、工作场地清洁 | | □完成　□未完成 |

## 四、评价反思

在教师的指导下，反思自己的工作方式和工作质量。

| 项　　目 | 评　价　指　标 | 自　　评 | | 互　　评 | |
|---|---|---|---|---|---|
| 专业技能 | 液压式制动系统排空气 | □合格 | □不合格 | □合格 | □不合格 |
| | 按照质量要求完成作业内容 | □合格 | □不合格 | □合格 | □不合格 |
| | 完整填写工作页 | □合格 | □不合格 | □合格 | □不合格 |
| 工作态度 | 着装规范，符合职业要求 | □合格 | □不合格 | □合格 | □不合格 |
| | 正确查阅维修资料和学习材料 | □合格 | □不合格 | □合格 | □不合格 |
| | 分工明确，配合默契 | □合格 | □不合格 | □合格 | □不合格 |
| 个人反思 | | 完成任务的安全、质量、时间和6S要求，是否达到最佳程度，请提出个人改进建议 | | | |
| 教师评价 | 教师签字<br><br>年　月　日 | 成绩 | | | |
| | | □合格　　□不合格 | | | |